Leyes y Reglas para los Maestros.

**Folleto Gratis de las enmiendas posteriores
en www.LexJurisBooks.com**

Leyes y Reglas para los Maestros.
Copyrights ©1996-Presente **LexJuris®.**
Esta publicación es propiedad de LexJuris de Puerto Rico, Inc./ Publicaciones CD. Tiene todos los derechos de propiedad intelectual sobre el diseño y contenido.
Está prohibida la reproducción total o parcial en forma alguna sin el permiso escrito de LexJuris de Puerto Rico o Publicaciones CD.
No se reclama el trabajo del Gobierno de Puerto Rico.

Editora: **LexJuris de Puerto Rico**
Diseño y Contenido: **Publicaciones CD**
Preparado por: **Lcdo. Juan M. Díaz Rivera**

Hecho en Puerto Rico
Marzo, 2022

Leyes y Reglas para los Maestros.

**Folleto gratis de las enmiendas posteriores
en www.LexJurisBooks.com**

LexJuris de Puerto Rico
PO BOX 3185
Bayamón, P.R. 00960
Tels. (787) 269-6475 / 6435
Fax. (787) 740-4151
Email: **Ayuda@LexJuris.com**
Website: **www.LexJuris.com**
Tiendita: **www.LexJuris-Store.com**
Actualizaciones: **www.LexJurisBooks.com**
ISBN: 9798428130409

**LexJuris de Puerto Rico
Publicaciones CD.**
Derechos Reservados © 1996-Presente

Leyes y Reglamentos para los Maestros.
Tabla de Contenido

Ley de Certificados de Maestros por el Departamento de Educación. 1
    Art. 1. Definiciones. (18 L.P.R.A. sec. 260) 1
    Art. 2. Reglamento en cuanto a requisitos de los candidatos. (18 L.P.R.A. sec. 261) 1
    Art. 3. Certificados ya vigentes. (18 L.P.R.A. sec. 262) 2
    Art. 4. Contenido de los certificados. (18 L.P.R.A. sec. 263) 2
    Art. 5. Requisitos generales de los candidatos. (18 L.P.R.A. sec. 264) 2
    Art. 6. Normas adicionales de preparación académica y profesional. (18 L.P.R.A. sec. 265) 3
    Art. 7. Nombramiento sin certificado, prohibido. (18 L.P.R.A. sec. 266) .. 4
    Art. 8. Expedición de certificados. (18 L.P.R.A. sec. 267) 4
    Art. 9. Certificados vitalicios de maestros. (18 L.P.R.A. sec. 268) 4
    Art. 10. Duplicados prohibidos; certificaciones oficiales. (18 L.P.R.A. sec. 269) 4
    Art. 11. Certificados provisionales de maestros. (18 L.P.R.A. sec. 270) 4
    Arts. 12 y 13. Derogadas. (18 L.P.R.A. sec. 271 y 272) 5
    Art. 14. Expedición de certificados a base de certificados expedidos en los Estados Unidos; convenios de reciprocidad. (18 L.P.R.A. sec. 273) 5

Ley de Carrera Magisterial de 1999. 6
CAPITULO I DISPOSICIONES GENERALES 6
    Artículo 1.01.-Título (18 L.P.R.A. omitido) 6
    Artículo 1.02.-Declaración de Propósitos (18 L.P.R.A. omitido) 6
    Artículo 1.03.- Miembros de la Carrera Magisterial (18 L.P.R.A. sec. 311) 6
    Artículo 1.04.-Exclusiones (18 L.P.R.A. sec. 311a) 6
    Artículo 1.05.-El Reglamento de la Carrera Magisterial (18 L.P.R.A. sec. 311b) 7
CAPITULO II. DEROGADO 7
CAPITULO II. CLASIFICACIONES MAGISTERIALES 7
    Artículo 2.01.-Finalidad de la Clasificación y Nivel Magisterial (18 L.P.R.A. sec. 312) 7

Artículo 2.02.-Denominación de las Clasificaciones y Niveles Magisteriales (18 L.P.R.A. sec. 312a) 7

Artículo 2.03.-Nivel I en cada Clasificación (18 L.P.R.A. sec. 312b) 7

Artículo 2.04.-Nivel II en cada Clasificación (18 L.P.R.A. sec. 312c) 8

Artículo 2.05.-Nivel III en cada Clasificación (18 L.P.R.A. sec. 31d) 8

Artículo 2.06.-El Nivel IV en cada Clasificación (18 L.P.R.A. sec. 312e). 9

Artículo 2.07.-Sustitución de Horas de Educación Continuada con Créditos Académicos. (18 L.P.R.A. sec. 312f) 10

Artículo 2.08.-Requisitos Indispensables para Ascensos (18 L.P.R.A. sec. 312g) 10

Artículo 2.09.-Incentivos por nivel. (18 L.P.R.A. sec. 312h) 11

Artículo 2.10.-Revisión de Niveles (18 L.P.R.A. sec. 312i) 11

Artículo 2.11.-Procedimiento para la Revisión de Nivel en la Clasificación. (18 L.P.R.A. sec. 31j) 11

Artículo 2.12.-Entrada de Personal Docente Externo (18 L.P.R.A. sec. 312k) 12

CAPITULO III PROCEDIMIENTO DE ASCENSO 13

Artículo 3.01.-Naturaleza del Ascenso (18 L.P.R.A. sec. 313) 13

Artículo 3.02.-Reconocimiento de Clasificaciones y Niveles Magisteriales (18 L.P.R.A. sec. 312a) 13

Artículo 3.03.-El Derecho a Ascenso (18 L.P.R.A. sec. 313b) 13

Artículo 3.04.-Solicitud de Reconocimiento de Nivel (18 L.P.R.A. sec. 313c) 13

CAPITULO IV PLANES DE MEJORAMIENTO PROFESIONAL 14

Artículo 4.01.-Planes de Mejoramiento Profesional (18 L.P.R.A. sec. 314) 14

Artículo 4.02.-Contenido de los Planes (18 L.P.R.A. sec. 314a) 14

Artículo 4.03.-Preparación de los Planes (18 L.P.R.A. sec. 314b) 15

Artículo 4.04.-Estructura de los Planes (18 L.P.R.A. sec. 314d) 15

Artículo 4.05.-Radicación de los Planes y Confidencialidad de los Mismos (18 L.P.R.A. sec. 314e) 15

Artículo 4.06.-Enmiendas a los Planes (18 L.P.R.A. sec. 314f) 15

Artículo 4.07.-Cumplimiento de los Planes de Mejoramiento Profesional (18 L.P.R.A. sec. 314g) 16

Artículo 4.08.-Condición para Ascenso en Nivel (18 L.P.R.A. sec. 314h) 16

CAPITULO V EDUCACION CONTINUADA 16

Artículo 5.01.-Programa de Educación Continuada (18 L.P.R.A. sec. 315) 16

Artículo 5.02.-Programas de Educación Continuada del Departamento (18 L.P.R.A. sec. 315a) 16

Artículo 5.03.-Formulación del Programa de Educación Continuada (18 L.P.R.A. sec. 315b) 17

Artículo 5.04.-Comités de Educación Continuada (18 L.P.R.A. sec. 315c) 17

Artículo 5.05.-Funciones del Comité de Educación Continuada (18 L.P.R.A. sec. 315d) 17

Artículo 5.06.-Informes de los Comités de Educación Continuada (18 L.P.R.A. sec. 315e) 17

Artículo 5.07.-Ofrecimientos de Universidades (18 L.P.R.A. sec. 315f).. 18

Artículo 5.08.-Desarrollo Profesional Continuo (18 L.P.R.A. sec. 315g). 18

Artículo 5.09.-Otras Actividades de Educación Continuada (18 L.P.R.A. sec. 315h) 18

CAPITULO VI EVALUACION DE LOS MIEMBROS DE LA CARRERA MAGISTERIAL 19

Artículo 6.01-El Sistema de Evaluación (18 L.P.R.A. sec. 316) 19

Artículo 6.02.-Evaluación de los miembros de la Carrera Magisterial (18 L.P.R.A. sec. 316a) 19

Artículo 6.03.-Areas de Difícil Reclutamiento (18 L.P.R.A. sec. 316b)... 19

CAPITULO VII DEFINICION DE TERMINOS 20

Artículo 7.01.-Definiciones (18 L.P.R.A. sec. 310) 20

CAPITULO VIII DISPOSICIONES PROVISIONALES 21

Artículo 8.01.-Reconocimiento de Clasificaciones y Niveles Iniciales (18 L.P.R.A. sec. 317) 21

Artículo 8.02.-Reconocimiento de los rangos existentes. (18 L.P.R.A. sec. 317a)... 22

Artículo 8.03.-Consideración de ascenso de los miembros existentes. (18 L.P.R.A. sec. 317b) 22

CAPITULO IX DISPOSICIONES FINALES... 22

Artículo 9.01.-Protección de Derechos (18 L.P.R.A. sec. 318) 22

Artículo 9.02.-Vigencia de Reglamentos Existentes (18 L.P.R.A. sec. 318a)... 22

Artículo 9.03.-No Aplicabilidad de Leyes (18 L.P.R.A. sec. 318b).......... 23

Artículo 9.04.-Separabilidad (18 L.P.R.A. sec. 318c)................................ 23
Artículo 9.05.-Asignación de Fondos (18 L.P.R.A. sec. 318d)................ 23
Artículo 9.06.-Vigencia (18 L.P.R.A. sec. 318e) 23

Carta de Derechos de los Maestros del Sistema Público de Enseñanza en Puerto Rico. 24

Artículo 1.- Título (18 L.P.R.A. sec. 598)... 24
Artículo 2.- Aplicabilidad (18 L.P.R.A. sec. 598a)................................... 24
Artículo 3.- Derechos aplicables (18 L.P.R.A. sec. 598b) 24
Artículo 4.- Facultades y Responsabilidades. (18 L.P.R.A. sec. 598c)..... 28
Artículo 5. Publicación de la Reglamentación. (18 L.P.R.A. sec. 598d) .. 28
Artículo 6.- Requisito Informativo (18 L.P.R.A. sec. 598e) 29
Artículo 7.-Interpretación de la Ley (18 L.P.R.A. sec. 598f).................... 29
Artículo 8.- [Enmienda] 29
Artículo 9.- Cláusula de Separabilidad.. 29
Artículo 10.- Vigencia... 30

Ley de Maestros Permanentes, Requisitos.. 31

Sec. 1. Maestros permanentes - Requisitos. (18 L.P.R.A. sec. 214) 31
Sec. 3. Maestros permanentes - Nombramientos y licencias. (18 L.P.R.A. sec. 215) 31
Sec. 4. Maestros permanentes - Renuncias, licencias, traslados y ascensos. (18 L.P.R.A. sec. 216)... 32

Ley de Maestros Probatorios; Status Continuado 32

Sec. 2. Maestros probatorios; status continuado. (18 L.P.R.A. sec. 218).. 32

Ley del Maestro Bajo Contrato de 12 Meses. 33

Sec. 1. Maestros bajo contrato; año escolar de doce meses. (18 L.P.R.A. sec. 291) 33

Ley de Compensación Extraordinaria por Servicios fuera de Horas Regulares. 34

Art. 1. Compensación extraordinaria por servicios fuera de horas regulares. (18 L.P.R.A. sec. 297) 34

Art. 1. Compensación extra por servicios adicionales de maestros de economía doméstica. (18 L.P.R.A. sec. 297a) 34

Arts. 1 a 3-A. Compensación extraordinaria por servicios en programas financiados con fondos federales o donativos. (18 L.P.R.A. sec. 297b) .. 35

Ley de Contratos a Maestros Jubilados para los Programas Especiales. . 36

Arts. 1 a 3. Contratos a maestros jubilados para los programas especiales de enseñanza pública. (18 L.P.R.A. sec. 298) 36

Ley del Sistema de Retiro para Maestros del Estado Libre Asociado de Puerto Rico. 37

Sección 1.– (18 L.P.R.A. sec. 393 et seq.) 37

CAPÍTULO 1.- DEFINICIONES 37

Artículo 1.1. - Definiciones. (18 L.P.R.A. sec. 393) 37

CAPÍTULO 2: SISTEMA, JUNTA DE SINDICOS Y DIRECTOR EJECUTIVO 50

Artículo 2.1- Sistema de Retiro para Maestros (18 L.P.R.A. sec. 394) 50

Artículo 2.2- Poderes y Facultades del Sistema. (18 L.P.R.A. sec. 394a) 51

Artículo 2.3- Junta de Síndicos del Sistema (18 L.P.R.A. sec. 394c) 53

Artículo 2.4- [Derogado] (18 L.P.R.A. sec. 394d) 53

Artículo 2.5- [Derogado]. (18 L.P.R.A. sec. 394e) 54

Artículo 2.6- [Derogado] (18 L.P.R.A. sec. 394f) 54

Artículo 2.4- Nombramiento del Director Ejecutivo (18 L.P.R.A. sec. 394g) 54

Artículo 2.5- Facultades y deberes del Director Ejecutivo (18 L.P.R.A. sec. 394h) 54

Artículo 2.6.-Política Pública. (18 L.P.R.A. sec. 394i) 54

CAPÍTULO 3.- DISPOSICIONES APLICABLES A TODOS LOS PARTICIPANTES DEL SISTEMA 59

Artículo 3.1- Participantes del Sistema. (18 L.P.R.A. sec. 395) 59

Artículo 3.2- Cuentas de las aportaciones; propiedad de los participantes. (18 L.P.R.A. sec. 395a) 60

Artículo 3.3- Descuentos en los salarios. (18 L.P.R.A. sec. 395b) 60

Artículo 3.4- Reembolso de aportaciones. (18 L.P.R.A. sec. 395c) 60

Artículo 3.5- Reciprocidad entre sistemas de retiro. (18 L.P.R.A. sec. 395d) 61

Artículo 3.6- [Inconstitucional] Acreditación de servicios no cotizados. (18 L.P.R.A. sec. 395e) 61

Artículo 3.7-Reingreso del Pensionado al Servicio Activo. (18 L.P.R.A. sec. 395f) 66

Artículo 3.8.-Cómputo de los años de servicios. (18 L.P.R.A. sec. 395g) 67

Artículo 3.9.- [Inconstitucional] Edad de Retiro. (18 L.P.R.A. sec. 395h) 68

Artículo 3.10.-Pensión al acogerse al retiro. (18 L.P.R.A. sec. 395i) 68

Artículo 3.11.- [Inconstitucional] Pensión mínima. (18 L.P.R.A. sec. 395j) 69

Artículo 3.12.-Efectividad de la Pensión (18 L.P.R.A. sec. 395k) 69

Artículo 3.13.-Prueba del nacimiento. (18 L.P.R.A. sec. 395l) 70

Artículo 3.14.-Pensión será personal; cesión o embargo, prohibidos. (18 L.P.R.A. sec. 395m) 70

Artículo 3.15.- Exención de la Asociación de Empleados. (18 L.P.R.A. sec. 395n) 70

Artículo 3.16.-Deducciones de la pensión para cuotas o seguro. (18 L.P.R.A. sec. 395o) 70

Artículo 3.17.-Distribución de las aportaciones al ocurrir muerte de participante inactivo del Sistema. (18 L.P.R.A. sec. 395p) 71

Artículo 3.18.-Distribución de las aportaciones individuales al ocurrir muerte. (18 L.P.R.A. sec. 395q) 71

CAPÍTULO 4.-PROGRAMA DE BENEFICIOS DEFINIDOS PARA PARTICIPANTES EN EL SISTEMA AL 31 DE JULIO DE 2014.... 71

Artículo 4.1.-Fondo de Aportaciones del Sistema (18 L.P.R.A. sec. 396) 71

Artículo 4.2.-Cuenta de Aportaciones al Fondo (18 L.P.R.A. sec. 396a) . 72

Artículo 4.3.- Aportaciones al Fondo. (18 L.P.R.A. sec. 396b) 72

Artículo 4.4.-[Inconstitucional] Pensión por Edad y Años de Servicio (18 L.P.R.A. sec. 396c) 73

Artículo 4.4(a).- "Grandfather Provision" (18 L.P.R.A. sec. 396d) 76

Artículo 4.5.-Retiro por incapacidad. (18 L.P.R.A. sec. 396e) 77

Artículo 4.6.-[Parte Inconstitucional] Cómputos de Pensión por Incapacidad. (18 L.P.R.A. sec. 396f) 77

Artículo 4.7.- Suspensión de las pensiones por incapacidad; exámenes. (18 L.P.R.A. sec. 396g) 78

Artículo 4.8.-Pagos después del fallecimiento de un participante pensionado. (18 L.P.R.A. sec. 396h) 79

Artículo 4.9.-Beneficios Adicionales. (18 L.P.R.A. sec. 396i) 80

CAPÍTULO 5.- PROGRAMA DE APORTACIONES DEFINIDAS 81

Artículo 5.1- [Inconstitucional] Creación del Programa de Aportaciones Definidas. (18 L.P.R.A. sec. 397) 81

Artículo 5.2- [Inconstitucional] Transferencia al Programa. (18 L.P.R.A. sec. 397a) 82

Artículo 5.3- [Inconstitucional] Beneficios Acumulados (18 L.P.R.A. sec. 397b) 82

Artículo 5.4.- [Inconstitucional] Establecimiento de Cuentas de Aportaciones para el Programa de Aportaciones Definidas. (18 L.P.R.A. sec. 397c) 83

Artículo 5.5.-[Inconstitucional] Aportaciones de los Participantes del Programa de Aportaciones Definidas. (18 L.P.R.A. sec. 397d) 83

Artículo 5.6.- Aportaciones del Patrono. (18 L.P.R.A. sec. 397e) 84

Artículo 5.7.-Obligaciones del Patrono, Sanciones. (18 L.P.R.A. sec. 397f) 84

Artículo 5.8.-Créditos a la Cuenta de Aportaciones Definidas, Rentabilidad de Inversión y Derechos sobre la Cuenta de Aportaciones Definidas. (18 L.P.R.A. sec. 397g) 85

Artículo 5.9.-Débitos a la Cuenta de Aportaciones Definidas. (18 L.P.R.A. sec. 397h) 86

Artículo 5.10.-Beneficios a la Separación del Servicio. (18 L.P.R.A. sec. 397i) 86

Artículo 5.11.-Beneficios por Muerte, Incapacidad o Enfermedad Terminal. (18 L.P.R.A. sec. 397j) 87

Artículo 5.12.- Aplicabilidad de la Ley Uniforme de Valores. (18 L.P.R.A. sec. 397k) 89

CAPÍTULO 6.-INVERSIONES Y PRÉSTAMOS 89

Artículo 6.1.-Inversión de fondos; reglas y procedimientos. (18 L.P.R.A. sec. 398) 89

Artículo 6.2.-Tipos de inversiones autorizadas. (18 L.P.R.A. sec. 398a) . 90

Artículo 6.3.-Naturaleza de préstamos a participantes del Sistema; documentos, exentos. (18 L.P.R.A. sec. 398b) 90

Artículo 6.4.-Descuentos por préstamos e intereses. (18 L.P.R.A. sec. 398c) 91

Artículo 6.5.-Facultad para reglamentar procedimientos de préstamos. (18 L.P.R.A. sec. 398d) 91

CAPÍTULO 7.-DISPOSICIONES ADMINISTRATIVAS 91

Artículo 7.1.-Asignaciones ordinarias y especiales. (18 L.P.R.A. sec. 399) 91

Artículo 7.2.-Obligaciones del Sistema, del Maestro y del Patrono para la agilidad de los procesos. (18 L.P.R.A. sec. 399a) 92

Artículo 7.3.-Pérdida de Beneficios por actos de corrupción. (18 L.P.R.A. sec. 399b) 93

Artículo 7.4.-Penalidades. (18 L.P.R.A. sec. 399c) 93

Artículo 7.5- Programa de Orientaciones Pre-Retiro (18 L.P.R.A. sec. 399d) 94

Sección 2.-Derogación de Leyes Vigentes. 94

Sección 3.-Cláusula de Separabilidad. 95

Sección 4.–Disposiciones Transitorias. 95

Sección 5.–Vigencia. 96

Otras Leyes Relacionadas: 97

-Para aumentar a un 3 por ciento las pensiones bajo la Ley Núm. 218 de 1951: Sistema de Retiro para los Maestros 97

-Ley de Aumentar las pensiones a los Maestros según la Ley Núm. 91 del 2004 97

Ley de Prestamos Sobre Hogares para Maestros. 99

Sec. 2. Préstamos sobre hogares para maestros - Importe y pagos. (18 L.P.R.A. sec. 367) 99

Sec. 3. Préstamos sobre hogares para maestros - Fondos para préstamos; intereses. (18 L.P.R.A. sec. 368) 99

Sec. 4. Préstamos sobre hogares para maestros - Garantía para los préstamos; reglamentación. (18 L.P.R.A. sec. 369) 99

Sec. 5. Préstamos sobre hogares para maestros - Secretario de Justicia aprobará condiciones legales y garantía. (18 L.P.R.A. sec. 370) 100

Sec. 6. Préstamos sobre hogares para maestros - Limitación a fondos de préstamos. (18 L.P.R.A. sec. 371) 100

Ley para Crear Hogares para los Maestros- La Egida del Maestro. 101

Art. 1. Hogares para los maestros - Contribución para La Egida del Maestro. (18 L.P.R.A. sec. 376) 101

Art. 2. Hogares para los maestros - Pagos; fondo de depósito. (18 L.P.R.A. sec. 377) 101

Art. 3. Hogares para los maestros - Edificios para el hogar. (18 L.P.R.A. sec. 378) 101

Art. 4. Hogares para los maestros - Condiciones para poder hacer contribuciones. (18 L.P.R.A. sec. 379) 102

Ley de Deducciones de la Pensión o Renta Anual Vitalicia................ 102

Art. 1. Deducciones de la pensión o renta anual vitalicia para cuotas o seguro. (18 L.P.R.A. sec. 380) 102

Art. 2. Deducciones de la pensión o renta anual vitalicia para cuotas o seguro - Pago de las cantidades deducidas. (18 L.P.R.A. sec. 381) 102

Ley de Deducciones del Sueldo para Beneficios de Enfermedad y Otros Servicios. 103

Arts. 1 a 4A. Deducciones del sueldo para beneficios de enfermedad, accidentes, servicios médicos y seguro de vida. (18 L.P.R.A. sec. 382). 103

Ley del Aguinaldo de Navidad para los Maestros Retirados. 104

Arts. 1 a 3. Aguinaldo de Navidad. (18 L.P.R.A. sec. 383) 104

Ley de Ajuste de Pensiones de los Maestros Retirados....................... 104

Art. 2. Definiciones. (18 L.P.R.A. sec. 384) 104

Art. 3. Delegación de responsabilidad. (18 L.P.R.A. sec. 384a) 105

Art. 4. Cómputo final. (18 L.P.R.A. sec. 384b) 105

Art. 5. Costo. (18 L.P.R.A. sec. 384c)... 105

Art. 6. Efectividad. (18 L.P.R.A. sec. 384d) 105

Art. 7. Normas. (18 L.P.R.A. sec. 384e) 106

Leyes de Aumento de Salarios a los Maestros. 106

Artículo 1.- [Salario Básico] 106

Artículo 2.- [Aumento de Salario].. 106

Artículo 3.- [Ajuste a la Escala Salarial].. 106

Artículo 4.- [Procedencia de los Fondos]... 106

Artículo 5.- [Vigencia] 107

Ley de la Junta de Apelaciones del Sistema de Educación (JASE). 108

Art. 1. Cancelación o suspensión de certificado de maestro - Causas. (18 L.P.R.A. sec. 274) 108

Art. 2. Medidas correctivas. (18 L.P.R.A. sec. 274-1) 108

Art. 3. Deberes de maestros o empleados. (18 L.P.R.A. sec. 274-2) 109
Art. 4. Formulación de cargos. (18 L.P.R.A. sec. 274a) 110
Art. 5. Acción final y firme; efectos. (18 L.P.R.A. sec. 274b) 111
Derogadas. (18 L.P.R.A. sec. 274c y 274d) 111
Art. 6. Junta de Apelaciones del Sistema de Educación - Creación. (18 L.P.R.A. sec. 274e) 111
Art. 7. Junta de Apelaciones del Sistema de Educación - Jurisdicción. (18 L.P.R.A. sec. 274e-1) 112
Art. 8. Junta de Apelaciones del Sistema de Educación - Término para apelar. (18 L.P.R.A. sec. 274e-2) 113
Art. 9. Junta de Apelaciones del Sistema de Educación - Vista; señalamiento. (18 L.P.R.A. sec. 274f) 113
Art. 10. Junta de Apelaciones del Sistema de Educación - Vista; celebración. (18 L.P.R.A. sec. 274g) 113
Art. 11. Junta de Apelaciones del Sistema de Educación - Vista; forma. (18 L.P.R.A. sec. 274h) 114
Art. 12. Junta de Apelaciones del Sistema de Educación - Decisión; plazo para emitirla; notificación; reconsideración. (18 L.P.R.A. sec. 274i) 114
Art. 13. Junta de Apelaciones del Sistema de Educación - Revisión judicial. (18 L.P.R.A. sec. 274i-1) 115
Art. 14. Junta de Apelaciones del Sistema de Educación - Apelación resuelta a favor del apelante. (18 L.P.R.A. sec. 274i-2) 115
Art. 15. Separación sin destitución. (18 L.P.R.A. sec. 274j) 116
Art. [15] Anterior. Derogadas. (18 L.P.R.A. sec. 274k a 274m) 116
Art. 16. Toma de juramentos. (18 L.P.R.A. sec. 274o) 117
Art. 17. Definiciones. (18 L.P.R.A. sec. 274p) 117

Reg. 9180 Reglamento de Personal del Departamento de Educación de Puerto Rico. **118**
CAPÍTULO I: DISPOSICIONES GENERALES **118**
Artículo I. Base Legal. 118
Artículo II. Titulo 119
Artículo III. Aplicabilidad 119
Artículo IV. Deberes y Responsabilidades 119
Sección 4.1. Deberes de los Empleados 119
Sección 4.2. Deberes del Supervisor 122

Sección 4.3. Acciones por incumplimiento de deberes. 124
Artículo V. Composición del Servicio 124
Sección 5.1. Servicio de Carrera 124
Sección 5.2. Servicio de Confianza.. 125
Sección 5.3. Cambios de Categorías de Puestos 125
Artículo VI. Áreas Esenciales al Principio de Mérito 126
Sección 6.1. Áreas Esenciales al Principio de Mérito 126
CAPÍTULO II: PERSONAL DOCENTE... 126
Artículo I. Clasificación del Personal Docente 126
Artículo II. Reclutamiento y Selección de Personal Docente Con Funciones de Enseñanza y de Apoyo a la Docencia Ubicados en las Escuelas... 127
Sección 2.1. Aplicabilidad 127
Sección 2.2. Normas de Reclutamiento... 128
Sección 2.3. Requisitos 128
Sección 2.4. Condiciones Generales para Ingreso al Servicio Público. ... 128
Sección 2.5. Convocatoria de Empleo.. 129
Sección 2.6. Solicitud... 130
Sección 2.7. Procesamiento de Solicitudes 130
Sección 2.8. Registro de Turnos.. 132
Sección 2.9. Proceso de Selección 134
Sección 2.10. Revisión del Proceso de Selección 135
Artículo III. Reclutamiento y Selección de Personal Docente, Directivo, Administrativo, de Supervisión y del Nivel Postgrado. 135
Sección 3.1. Aplicabilidad 135
Sección 3.2. Requisitos 136
Sección 3.3. Condiciones Generales para Ingreso al Servicio Público. ... 136
Sección 3.1. Convocatoria de Empleo... 137
Sección 3.5. Solicitud... 137
Sección 3.7. Registro de Elegibles 139
Sección 3.8. Proceso de Selección 141
Artículo IV. Reclutamiento Especial del Personal Docente................... 142
Artículo V. Proceso de Nombramiento 143
Artículo VI. Estatus del Nombramiento... 144

Sección 6.1. Tipos de Nombramientos 144
Sección 6.2. Personal Permanente 145
Sección 6.3. Personal Probatorio 145
Artículo VII. Jornada de Trabajo y Asistencia. 147
Sección 7.1. Jornada de Trabajo 147
Sección 7.2. Registro y Control de Asistencia 149
Sección 7.3. Salidas Durante la Jornada Diaria de Trabajo 152
Artículo VIII- Ascensos y Descensos para el Personal Docente Directivo, Administrativo y de Supervisión. 152
Sección 8.1. Ascensos 152
Sección 8.2. Descensos 154
Artículo IX. Traslados y Reasignaciones del Personal Docente. 155
Sección 9.1. Disposiciones Generales sobre Traslados y Reasignaciones 155
Sección 9.2. Normas para las Traslados y Reasignaciones 156
Sección 9.3. Solicitudes de Traslado o Reasignación de Personal Docente 157
Artículo X. Adiestramiento 159
Sección 10.1. Objetivos 159
Artículo XI. Retención En El Servicio 159
Sección 11.1. Seguridad en el Empleo 159
Sección 11.2. Evaluación de Empleados 159
Artículo XII. Separaciones del Servicio del Personal Docente. 160
Sección 12.1. Cesantía 160
Sección 12.2. Cesantía por incapacidad 161
Sección 12.3. Separación por accidente de trabajo 161
Sección 12.4. Separación de empleados con status transitorio 162
Sección 12.5. Separación durante el período probatorio 162
Sección 12.6. Separación por incumplimiento de la obligación de rendir planillas 162
Sección 12.7. Separación de Empleados Convictos 162
Sección 12.8. Renuncia 162
Sección 12.9. Separación por Jubilación o Programas de Retiro 163
Sección 12.10. Reconsideración 163

Sección 12.11. Obligaciones al Cesar como Empleado 163
Artículo XIII. Reinstalaciones.. 164
Sección 13.1. Disposiciones Generales...................................... 164
Artículo XIV. Reingresos.. 165
Sección 14.1. Disposiciones Generales...................................... 165
Sección 14.2. Rechazo de Solicitudes de Reingreso 166
Sección 14.3. Período Probatorio en Casos de Reingresos 166

CAPITULO III PERSONAL NO DOCENTE DEL DEPARTAMENTO DE EDUCACION... 166

Artículo I. Clasificación de Puestos del Personal no Docente. 166
Sección 1.1. Plan de Clasificación de Puestos 166
Sección 1.2. Reclasificación de Puestos.................................... 167
Sección 1.3. Status de los Empleados en Puestos Reclasificados ... 167
Sección 1.4 Normas Generales para el Proceso de Reclasificación ... 168
Artículo II. Reclutamiento y Selección del Personal No Docente. ... 168
Sección 2.1. Normas de Reclutamiento..................................... 168
Sección 2.2. Condiciones Generales Para Ingreso al Servicio Público ... 169
Sección 2.3. Convocatoria de Empleo....................................... 170
Sección 2.4. Procesamiento de Solicitudes de Empleo 171
Sección 2.5. Adjudicación de Puntos 172
Sección 2.6. Registro de Elegibles 172
Sección 2.7. Proceso de Selección 174
Sección 2.8 Proceso de Nombramientos 175
Artículo III. Estatus del Nombramiento del Personal No Docente. ... 176
Sección 3.1. Tipos de Nombramientos...................................... 176
Sección 3.2. Personal permanente.. 176
Sección 3.3. Personal probatorio 176
Sección 3.4. Personal Transitorio... 177
Artículo IV. Jornada de Trabajo y Asistencia del Personal No Docente. 179
Sección 4.1. Jornada Regular de Trabajo del Personal 179
Sección 4.2 Tiempo Extra 179
Artículo V: Ascensos y Descensos del Personal No Docente. 180
Sección 5.1. Ascensos 180

Sección 5.2. Descensos 181
Artículo VI. Traslados del Personal No Docente. 183
Sección 6.1. Objetivos de los Traslados 183
Sección 6.2. Normas para los Traslados 183
Sección 6.3. Destaques y Designaciones Administrativas. 184
Artículo VII. Adiestramiento 185
Sección 7.1. Objetivos 185
Artículo VIII. Retención en el Servicio 186
Sección 8.1. Seguridad en el Empleo 186
Sección 8.2. Evaluación de Empleados 186
Artículo IX. Separaciones del Servicio del Personal No Docente. 187
Sección 9.1. Cesantía 187
Sección 9.2. Separación por incapacidad 187
Sección 9.3. Separación por accidente de trabajo 188
Sección 9.4. Separación de empleados con status transitorio 188
Sección 9.5. Separación durante el período probatorio 188
Sección 9.6. Separación por incumplimiento de la obligación de rendir planillas 188
Sección 9.7. Separación de Empleados Convictos 188
Sección 9.9. Separación por Jubilación o Programas de Retiro 189
Sección 9.10. Reconsideración 189
Sección 9.11. Obligaciones al Cesar como Empleado 190
Artículo X. Reinstalaciones 191
Sección 10.1. Disposiciones Generales 191
Artículo XI. Reingresos 191
Sección 11.1. Disposiciones Generales 191
Sección 11.2. Rechazo de Solicitudes de Reingreso 192
Sección 11.3. Período Probatorio en Casos de Reingresos 192

CAPITULO IV: BENEFICIOS MARGINALES PARA PERSONAL DOCENTEY NO DOCENTE 193
Artículo I: Norma General 193
Artículo II. Bonificaciones 193
Artículo III. Días Feriados 193
Artículo IV. Licencias 194

Sección 4.1. Normas Generales 194

Sección 4.2. Licencia de vacaciones 195

Sección 4.3. Licencia por enfermedad 198

Sección 4.4. Licencia Especial para Empleados con Enfermedades Graves de Carácter Catastrófico 201

Sección 4.5. Licencia de maternidad 202

Sección 4.6. Licencia de paternidad 205

Sección 4.7. Licencia especial con paga para la lactancia 206

Sección 4.8. Licencias sin sueldo 207

Sección 4.9. Licencias especiales 209

Artículo V. Expedientes de Personal 211

Sección 5.1. Custodia de los expedientes 211

Sección 5.2. Clasificación de los Expedientes 211

Sección 5.3. Contenido de los expedientes 212

Sección 5.4. Examen de los Expedientes 212

Sección 5.5. Conservación y Disposición de los Expedientes ... 213

CAPITULO IV: OTRAS DISPOSICIONES RELATIVAS A LA ADMINISTRACIÓN DE PERSONAL 214

Artículo I. Retribución 214

Artículo II. Diferenciales 214

Artículo III. Recesos 215

Artículo IV. Prohibición de Nepotismo 215

Artículo V. Prohibición Durante Período Eleccionario 215

Artículo VI. Oficina de Apelaciones del Sistema de Educación ... 216

CAPÍTULO V: DISPOSICIONES FINALES 216

Artículo I. Definiciones 216

Artículo II. Cláusula de Separabilidad 222

Artículo III. Cláusula de Salvedad 222

Artículo IV. Derogación 222

Artículo V. Vigencia 223

Reg. 7217 Reglamento para la Clasificación de los Programas de Preparación de Maestros en Puerto Rico 224

Sección 1 - Introducción 224

Sección 1.1 - Declaración de principios y metas. 224
Sección 1.2 - Autoridad estatutaria 224
Sección 1.3 -Aplicabilidad 225
Sección 1.4 - Enmiendas y revisiones 225
Sección 1.5 -Definiciones 225
Sección 2 -Estándares y criterios para la evaluación............................. 228
Sección 2.1- Estudiantes que aspiran a la certificación de maestro 229
Sección 2.1.1 – [Indicadores] 229
Sección 2.1.2 – [Indicadores] 229
Sección 2.1.3 – [Indicadores] 230
Sección 2.1.4 – [Indicadores] 230
Sección 2.1.5- [Indicadores] 230
Sección 2.1.6- [Indicadores] 231
Sección 2.1.7 – [Indicadores] 231
Sección 2.1.8 – [Indicadores] 231
Sección 2.1.9 – [Indicadores] 232
Sección 2.1.10 – [Indicadores] 232
Sección 2.2 - Currículo e instrucción: 232
Sección 2.2.1 – [Indicadores] 233
Sección 2.2.2 – [Indicadores] 233
Sección 2.2.3 – [Indicadores] 233
Sección 2.3 - Experiencias clínicas 234
Sección 2.3.1 – [Programas de Preparación] 234
Sección 2.3.2 – [Experiencias Clínicas] 234
Sección 2.3.3 – [Programas de Preparación] 234
Sección 2.3.4 – [Programas para más Grado o Nivel] 235
Sección 2.3.5 – [Indicadores] 235
Sección 2.4 – Reclutamiento, admisión y retención de estudiantes 235
Sección 2.4.1 – Credenciales o cualidades de los solicitantes................ 235
Sección 2.4.2 – Seguimiento y consejería del progreso de los estudiantes.
.... 236
Sección 2.4.3 - Garantizar el apoyo a los egresados. 237
Sección 2.4.4 - Satisfacer las necesidades de la profesión. 237

Sección 2.5 - Facultad 237
Sección 2.5.1 - Cualificaciones y credenciales de los miembros de la facultad. 237
Sección 2.5.2 - Reclutamiento y retención de miembros de la facultad.. 238
Sección 2.5.3 - Deberes de la facultad del programa de preparación de maestros. 238
Sección 2.5.4 - Desarrollo profesional de la facultad. 239
Sección 2.5.5 - Calidad de la instrucción. 239
Sección 2.6- Gobierno 240
Sección 2.6.1 – [Control] 240
Sección 2.6.2 – [Presiente o Persona Designada] 240
Sección 2.6.3 – [Unidad del Programa] 240
Sección 2.7 - Colaboración de la comunidad 240
Sección 2.8 - Recursos 241
Sección 2.8.1 - Recursos físicos y fiscales. 241
Sección 2.8.2 - Recursos para la enseñanza y la actividad académica. ... 241
Sección 3 - Evaluación y clasificación del desempeño de los programas de preparación de maestros. 242
Sección 3.1 - Informes Institucionales Anuales; Clasificación de instituciones; Planes de Acción Correctiva; Informes de Progreso; Asistencia técnica 242
Sección 3.2- Autoestudio; Planes de Mejoramiento; Seguimiento 243
Sección 3.3 - La designación de "Programa de Bajo Desempeño" y sus consecuencias 244
Sección 4 -Procedimientos para la evaluación de los programas 244
Sección 4.1 - Comités de evaluación. 244
Sección 4.2 - Deber de informar 245
Sección 4.3 - Revisión de determinaciones sobre clasificación 245
Sección 5 -Derogaciones 246
Sección 6 - Separabilidad 246
Sección 7 - Vigencia; período de transición 246

Reg. 8146 Reglamento de Certificación del Personal Docente de Puerto Rico. 247
PREÁMBULO 247

Artículo I. Base Legal 247
Artículo II. Título Y Aplicabilidad 248
Artículo III. Disposiciones Generales 248
Artículo IV. Implantación Del Reglamento 250
Artículo V. Definiciones 251
Artículo VI. Certificaciones 258
Artículo VII. Requisitos Generales y Procesos para la Solicitud, Expedición, Renovación y Cancelación de Certificados para Personal Docente. 259
Artículo VIII. Certificados para Maestros de Programas Académicos. .. 263
Artículo IX. Certificados para Maestros del Programa de Educación Especial. 272
Artículo X. Certificados para Maestros de Programas Ocupacionales. .. 282
Artículo XI. Certificados para Maestros de Programa Montessori. 291
Artículo XII. Certificados para Personal de Apoyo a la Docencia.......... 294
Artículo XIII. Certificados para Personal Docente Administrativo 296
Artículo XIV. Certificados para Personal Docente del Nivel Postsecundario.. 298
Artículo XV. Certificados para Personal Docente Administrativo del Nivel Postsecundario.. 304
Artículo XVI. Certificados Para Personal de Apoyo a la Docencia del Nivel Postsecundario 306
Artículo XVII. Certificados Para Personal Docente de Escuelas Privadas. 307
Artículo XVIII. Cláusula de Separabilidad 308
Artículo XIX. Cláusula Transitoria 308
Artículo XX. Cláusula Derogatoria 308
Artículo XXI. Vigencia 308

Ley de Certificados de Maestros por el Departamento de Educación.
Ley Núm. 94 de 21 de Junio de 1955, p. 489, según enmendada.

Art. 1. Definiciones. (18 L.P.R.A. sec. 260)

(1) Certificado de maestro. Documento expedido por el Secretario de Educación, que faculta al tenedor a realizar la labor docente o técnica especificada en el mismo.

(2) Certificado provisional de maestro. Documento autorizando con carácter provisional y transitorio al tenedor a realizar labor docente, cuando éste no reúne los requisitos de preparación académica y experiencia o de cualquiera de ellas, según lo requiera la ley y el reglamento en vigor para el otorgamiento del certificado de maestro.

(3) Acreditado. Refiérese a escuelas normales, colegios de pedagogía, colegios de artes liberales, colegios de ciencias, facultades de ciencias sociales, facultades de humanidades o facultades de ciencias naturales y universidades acreditadas por el Consejo de Educación Superior o por las asociaciones regionales o profesionales de los Estados Unidos de Norte América, organizadas para la acreditación oficial de estudios universitarios.

(4) Maestro. A los fines de las secs. 260 et seq. de este título aplicase a todo el personal de supervisión, técnico y docente del sistema escolar con exclusión del personal de oficina.

(5) Escuela elemental. Incluye los grados del kindergarten o escuela de párvulos al sexto. Los maestros a ser certificados en el área de párvulos deberán tener preparación especial en dicha área.

(6) Escuela secundaria. Comprende la escuela intermedia, compuesta de los grados séptimo, octavo y noveno, y la escuela superior, compuesta de los grados décimo, undécimo y duodécimo.

(7) Escuela privada acreditada. Es una escuela elemental, intermedia, o superior cuyos cursos reciben crédito escolar equivalente al que conceden las escuelas públicas u otras escuelas privadas acreditadas.

(Junio 21, 1955, Núm. 94, p. 489, art. 1; Mayo 11, 1989, Núm. 8, p. 41.)

Art. 2. Reglamento en cuanto a requisitos de los candidatos. (18 L.P.R.A. sec. 261)

El Secretario de Educación queda facultado para adoptar un reglamento sujeto a la aprobación del Gobernador de Puerto Rico, estableciendo los requisitos académicos, vocacionales, técnicos, de experiencia profesional y de especialidades relacionados con su profesión que deberán reunir los aspirantes a los certificados para ejercer en las distintas categorías de maestros dentro del sistema de educación de Puerto Rico y de las escuelas privadas debidamente acreditadas por el Departamento de Educación de Puerto Rico, así como los requisitos para obtener la renovación de dichos certificados. Dicho reglamento será promulgado por el Secretario de Educación y tendrá fuerza de ley inmediatamente después de haber sido aprobado por el Gobernador; Disponiéndose, que el reglamento será publicado por dos (2) veces en uno o más periódicos de general circulación en el Estado Libre Asociado un mes antes de ser sometido al Gobernador. Copia del reglamento será enviada a la Legislatura de Puerto Rico.

(Junio 21, 1955, Núm. 94, p. 489, art. 2.)

Art. 3. Certificados ya vigentes. (18 L.P.R.A. sec. 262)

Los certificados para ejercer en las escuelas públicas y en las escuelas privadas debidamente acreditadas, que estuvieren vigentes en la fecha de la aprobación de esta ley, continuarán en vigor con la misma validez que tenían en dicha fecha.

(Junio 21, 1955, Núm. 94, p. 489, art. 3.)

Art. 4. Contenido de los certificados. (18 L.P.R.A. sec. 263)

Los certificados de maestro expedidos por el Secretario de Educación especificarán la clase de servicio que autorizan, el nivel escolar, la fecha de su expedición y la fecha de expiración.

(Junio 21, 1955, Núm. 94, p. 489, art. 4.)

Art. 5. Requisitos generales de los candidatos. (18 L.P.R.A. sec. 264)

Los candidatos a certificados de maestros deben reunir los siguientes requisitos:

(1) Ser ciudadano de Estados Unidos de América.

(2) Tener conducta moral intachable y no estar inscrito en el Registro de Personas Convictas por Delitos Sexuales y Abuso contra Menores.

(3) Presentar certificado de buena salud independientemente de cualquier impedimento físico que pueda tener el solicitante.

(4) Haber cumplido dieciocho (18) años de edad.

(5) Poseer diploma de Normal o su equivalente o el grado de Bachiller en Artes especializado en la enseñanza de la Escuela Elemental expedido por la Universidad de Puerto Rico u otra institución colegial o universitaria debidamente acreditada, para enseñar en la Escuela Elemental; de Bachiller en Artes o en Ciencias, especializado en Educación o su equivalente, expedido por la Universidad de Puerto Rico u otra institución colegial o universitaria acreditada, para enseñar en la escuela secundaria; y para

desempeñar cargos de supervisión y de técnicos, deberán poseer por lo menos Bachiller en Artes o en Ciencias, especializado en Educación o su equivalente, expedido por la Universidad de Puerto Rico u otra institución colegial o universitaria debidamente acreditada, con experiencia y los créditos en técnicas especializadas, o en administración y supervisión escolar que fije el reglamento. Los maestros vocacionales deberán poseer los requisitos mínimos de preparación académica que fije el Plan Estatal de Instrucción Vocacional y los requisitos que fije el reglamento; la equivalencia de los diplomas y grados exigidos para el otorgamiento del certificado de maestro la determinará la preparación académica y profesional del candidato de acuerdo con normas establecidas por la Universidad de Puerto Rico o colegios y universidades debidamente acreditados. Serán aceptables para la certificación de maestros de música exclusivamente, en los distintos niveles o categorías, los estudios técnico-musicales y pedagógicos cursados en el Conservatorio de Música de Puerto Rico. Serán aceptables para la certificación de maestros de artes exclusivamente, los estudios especializados en técnicas artísticas y pedagógicas cursados en la Escuela de Artes Plásticas del Instituto de Cultura Puertorriqueña. Serán aceptables para la certificación de maestros de teatro exclusivamente, los estudios especializados en arte dramático yo teatral cursados en la Universidad de Puerto Rico o colegios y universidades debidamente acreditados.

(6) Aquel grado de experiencia que determine el reglamento.

Una persona que no cumpla con el requisito de ciudadanía pero que resida legalmente en Estados Unidos y cumpla con los demás requisitos recibirá un certificado de maestro para enseñar únicamente en escuelas privadas.

(Junio 21, 1955, Núm. 94, p. 489, art. 5; Mayo 26, 1967, Núm. 66, p. 273; Mayo 27, 1970, Núm. 40, p. 99; Marzo 23, 1971, Núm. 8, p. 18; Junio 9, 1972, Núm. 91, p. 241; Julio 13, 1978, Núm. 41, p. 527; Julio 18, 1986, Núm. 152, p. 492; Febrero 18, 2011, Núm. 9, art. 1, enmienda el inciso 2.)

Art. 6. Normas adicionales de preparación académica y profesional. (18 L.P.R.A. sec. 265)

Se faculta al Secretario de Educación de Puerto Rico para establecer en el reglamento normas de preparación académica y profesional adicionales a las aquí establecidas, para el otorgamiento de certificados que faculten a los candidatos a desempeñar plazas que requieran preparación académica y profesional además del grado de bachiller.

(Junio 21, 1955, Núm. 94, p. 489, art. 6.)

Art. 7. Nombramiento sin certificado, prohibido. (18 L.P.R.A. sec. 266)

El Secretario de Educación no extenderá o aprobará nombramiento de maestro para ejercer en las escuelas públicas y privadas acreditadas de Puerto Rico, en favor de persona alguna que no posea un certificado de maestro en vigor del grado correspondiente al puesto que corresponda tal nombramiento.

(Junio 21, 1955, Núm. 94, p. 489, art. 7.)

Art. 8. Expedición de certificados. (18 L.P.R.A. sec. 267)

El Secretario de Educación expedirá el certificado correspondiente cuando el candidato reúna los requisitos establecidos en las secs. 260 et seq. de este título y en el reglamento, y dicho certificado será válido para el propósito y por el período para el cual fuere expedido. El certificado se expedirá originalmente por un período de seis (6) años, al expirar el cual se podrá renovar por uno o más períodos de seis (6) años a los candidatos que reúnan los requisitos fijados por ley y por reglamento.

(Junio 21, 1955, Núm. 94, p. 489, art. 8; Mayo 26, 1967, Núm. 66, p. 273.)

Art. 9. Certificados vitalicios de maestros. (18 L.P.R.A. sec. 268)

El Secretario de Educación expedirá certificados vitalicios de las distintas categorías a los maestros que hayan trabajado satisfactoriamente en las escuelas públicas o privadas acreditadas de Puerto Rico durante un período no menor de cincuenta (50) meses, de los cuales deberán haber trabajado por lo menos treinta (30) meses como maestro en una plaza de la misma categoría del certificado a expedirse. La experiencia que un maestro adquiera trabajando a base de un certificado de maestro provisional no se computará como experiencia válida para la expedición del certificado vitalicio.

(Junio 21, 1955, Núm. 94, p. 489, art. 9.)

Art. 10. Duplicados prohibidos; certificaciones oficiales. (18 L.P.R.A. sec. 269)

No se expedirán duplicados de certificados de maestro. No obstante, se podrán expedir certificaciones oficiales que acrediten la posesión de un certificado.

(Junio 21, 1955, Núm. 94, p. 489, art. 10.)

Art. 11. Certificados provisionales de maestros. (18 L.P.R.A. sec. 270)

El Secretario de Educación expedirá certificados provisionales de maestros por un periodo no mayor de tres (3) años de cualquiera de las categorías especificados en el reglamento, a aquellas personas que no reúnan los requisitos de experiencia, preparación académica o profesional, fijados en el Artículo 1 siguiente a esta Ley y en el reglamento, cuando no consiga personas con certificados de maestros para las vacantes que ocurran en el sistema de educación pública o en las escuelas privadas acreditadas, de acuerdo con el reglamento que al efecto promulgare y mientras el solicitante demuestre que continúa progresando académicamente para alcanzar su cualificación.

(Junio 21, 1955, Núm. 94, p. 489, art. 11; Diciembre 28, 2003, Núm. 320, art. 1.)

Arts. 12 y 13. Derogadas. (18 L.P.R.A. sec. 271 y 272)

Ley de Junio 30, 1965, Núm. 115, p. 339, art. 17, ef. Junio 30, 1965.

Art. 14. Expedición de certificados a base de certificados expedidos en los Estados Unidos; convenios de reciprocidad. (18 L.P.R.A. sec. 273)

(a) El Secretario de Educación podrá reconocer como válidos para extender certificado similar para ejercer en las escuelas públicas y privadas acreditadas de Puerto Rico, los certificados expedidos por cualquier estado o territorio de los Estados Unidos de Norte América, siempre que tales certificados representen, a su juicio, el mínimo de preparación académica y otros requisitos generales establecidos por las secs. 260 et seq. de este título y por el reglamento para la expedición de certificados de la misma categoría en Puerto Rico, siempre y cuando que en dicho estado o territorio existiere, en las leyes y reglamentos escolares, una cláusula de reciprocidad con el Estado Libre Asociado de Puerto Rico.

(b) Se autoriza además, al Secretario de Educación a celebrar convenios de reciprocidad sobre certificación de maestros, con uno o más estados yo territorios de los Estados Unidos de Norte América, siempre que los requisitos de preparación, experiencia y otros que se exigen en estos estados o territorios sean comparables con las exigencias de las secs. 260 et seq. de este título y de los reglamentos aplicables según estén vigentes al momento de firmar el convenio.

(Junio 21, 1955, Núm. 94, p. 489, art. 14; Mayo 16, 1972, Núm. 31, p. 58.)

Ley de Carrera Magisterial de 1999.
Ley Núm. 158 de 30 de junio de 1999, según enmendada.

CAPITULO I DISPOSICIONES GENERALES

Artículo 1.01.-Título (18 L.P.R.A. omitido)

Esta Ley se conocerá como "Ley de la Carrera Magisterial".

(Junio 30, 1999, Núm. 158, art. 1.01; enmendada en el Agosto 28, 2002, Núm. 208, art. 1.)

Artículo 1.02.-Declaración de Propósitos (18 L.P.R.A. omitido)

Las Exposiciones de Motivos de la Ley [Núm. 208 de 28 de agosto de 2002] y de esta Ley forman parte del texto normativo y constituyen su declaración de propósitos.

(Junio 30, 1999, Núm. 158, art. 1.02; enmendada en el Agosto 28, 2002, Núm. 208, art. 2.)

Artículo 1.03.- Miembros de la Carrera Magisterial (18 L.P.R.A. sec. 311)

Serán miembros de la Carrera Magisterial los maestros del salón de clases, los maestros bibliotecarios, los orientadores escolares, los trabajadores sociales escolares, los maestros especialistas en tecnología instruccional, los coordinadores industriales y los coordinadores de programas vocacionales, que:
1. Posean certificados regulares de maestro en la categoría en que se desempeñen,
2. Tengan status permanente, y,
3. Estén trabajando como maestros de salón de clases, maestros bibliotecarios, orientadores escolares, trabajadores sociales escolares, maestros especialistas en tecnología instruccional, coordinadores de programas vocacionales y coordinadores industriales y estén realizando las funciones inherentes en la categoría de puesto para el cual se les expidió el certificado regular.

(Junio 30, 1999, Núm. 158, art. 1.03; enmendada en el Agosto 28, 2002, Núm. 208, art. 1.)

Artículo 1.04.-Exclusiones (18 L.P.R.A. sec. 311a)

Estarán excluidos de la Carrera Magisterial los maestros con status probatorio, transitorio elegible y provisional.

(Junio 30, 1999, Núm. 158, art. 1.04; enmendada en el Agosto 28, 2002, Núm. 208, art. 1.)

Artículo 1.05.-El Reglamento de la Carrera Magisterial (18 L.P.R.A. sec. 311b)

El Secretario promulgará un Reglamento de la Carrera Magisterial, complementario de esta Ley, armonizando sus disposiciones con ésta."

(Junio 30, 1999, Núm. 158, art. 1.05; enmendada en el Agosto 28, 2002, Núm. 208, art. 1.)

CAPITULO II. DEROGADO

(Junio 30, 1999, Núm. 158, Capítulo II fue derogado en Agosto 28, 2002, Núm. 208, art. 2.)

CAPITULO II. CLASIFICACIONES MAGISTERIALES

(Junio 30, 1999, Núm. 158, Capítulo III fue enmendado y renumerado como Capítulo II en Agosto 28, 2002, Núm. 208, art. 3.)

Artículo 2.01.-Finalidad de la Clasificación y Nivel Magisterial (18 L.P.R.A. sec. 312)

Las clasificaciones y niveles establecen un orden en la jerarquía según su preparación académica y años de experiencia.

(Junio 30, 1999, Núm. 158, art. 3.01; enmendado y renumerado como art. 2.01 en el Agosto 28, 2002, Núm. 208, art. 3.)

Artículo 2.02.-Denominación de las Clasificaciones y Niveles Magisteriales (18 L.P.R.A. sec. 312a)

Las clasificaciones y niveles magisteriales tendrán las siguientes denominaciones:
1. Maestro de Salón de Clases
2. Maestro Bibliotecario
3. Orientador Escolar
4. Trabajador Social Escolar
5. Maestro Especialista en Tecnología Instruccional
6. Coordinador Industrial
Coordinador de Programas Vocacionales

En todas las clasificaciones anteriores existirán los niveles del I al IV, cuyos ocupantes cumplirán con todos los requisitos dispuestos en esta Ley y en la Ley de su profesión particular, si alguna.

(Junio 30, 1999, Núm. 158, art. 3.02; enmendado y renumerado como art. 2.02 en el Agosto 28, 2002, Núm. 208, art. 3.)

Artículo 2.03.-Nivel I en cada Clasificación (18 L.P.R.A. sec. 312b)

El Nivel I en cada clasificación se otorgará al miembro de la Carrera Magisterial que:

(a) Obtenga la permanencia en el Sistema de Educación Pública, conforme a la Ley Núm. 312 de 15 de mayo de 1938, según enmendada.

(b) Radique Solicitud de Activación al amparo de esta Ley.

Radique y se apruebe el Plan de Mejoramiento Profesional.

(Junio 30, 1999, Núm. 158, art. 3.03; enmendado y renumerado como art. 2.03 en el Agosto 28, 2002, Núm. 208, art. 3.)

Artículo 2.04.-Nivel II en cada Clasificación (18 L.P.R.A. sec. 312c)

El Nivel II en cada clasificación se otorgará al miembro de la Carrera Magisterial que apruebe los siguientes requisitos:

(a) Dieciocho (18) créditos académicos en nivel subgraduado en áreas de estudios relacionados con las categorías de puestos incluidos en esta Ley, aprobados en una institución educativa superior debidamente acreditada o reconocida en Puerto Rico.

Doscientas (200) horas contacto en actividades de educación continuada, desde que se le reconoció el Nivel I.

(c) Diez (10) años de experiencia docente en el Sistema de Educación Pública.

(d) Evaluaciones satisfactorias de su desempeño docente; o en su lugar, los siguientes requisitos:

1. Siete (7) años de experiencia docente en el Sistema de Educación Pública.

2. Dieciocho (18) créditos académicos a nivel graduado en áreas de estudios relacionadas con la categoría del puesto en que se desempeña, aprobados en una institución educativa superior debidamente acreditada o reconocida en Puerto Rico.

3. Doscientas (200) horas-contacto en actividades de educación continuada desde que se le reconoció el Nivel I.

Evaluaciones satisfactorias de su desempeño docente

El reconocimiento de la clasificación será efectivo en la fecha en que el miembro de la Carrera Magisterial evidencie haber completado debidamente su Plan de Mejoramiento Profesional y el mismo haya sido aprobado por la autoridad correspondiente.

(Junio 30, 1999, Núm. 158, art. 3.04; enmendado y renumerado como art. 2.04 en el Agosto 28, 2002, Núm. 208, art. 3.)

Artículo 2.05.-Nivel III en cada Clasificación (18 L.P.R.A. sec. 31d)

El Nivel III en cada clasificación se otorgará al miembro de la Carrera Magisterial que apruebe los siguientes requisitos:

(a) Maestría en la categoría en que se desempeña.

(b) Siete (7) años de experiencia docente en el Sistema de Educación Pública.

(c) Doscientas (200) horas-contacto en actividades de educación continuada desde que se le reconoció el nivel que ocupa al momento de solicitar el ascenso.

(d) Evaluaciones satisfactorias de su desempeño docente; o en su lugar, los siguientes requisitos:

1. Cuarenta y cinco (45) créditos académicos a nivel graduado en áreas de estudios relacionadas con la categoría en que se desempeña, aprobados en una institución educativa superior debidamente acreditada o reconocida en Puerto Rico.

2. Cien (100) horas contacto en actividades de educación continuada desde que se reconoció el nivel que ocupa al momento de solicitar el ascenso.

3. Siete (7) años de experiencia docente en el Sistema de Educación Pública.

Evaluaciones satisfactorias de su desempeño docente.

El reconocimiento del nivel será efectivo en la fecha en que el miembro de la Carrera Magisterial evidencie haber completado debidamente su Plan de Mejoramiento Profesional y el mismo haya sido aprobado por la autoridad correspondiente.

Se les reconocerá el incentivo correspondiente al Nivel II a aquellos miembros de la Carrera Magisterial que asciendan del Nivel I al Nivel III y cumplan con todos los requisitos de éste Artículo.

(Junio 30, 1999, Núm. 158, art. 3.05; enmendado y renumerado como art. 2.05 en el Agosto 28, 2002, Núm. 208, art. 3.)

Artículo 2.06.-El Nivel IV en cada Clasificación (18 L.P.R.A. sec. 312e)

El Nivel IV se otorgará al miembro de la Carrera Magisterial que apruebe los siguientes requisitos:

(a) Doctorado en la categoría en que se desempeña.

(b) Doscientas (200) horas- contacto en actividades de educación continuada desde que se le reconoció el Nivel III.

(c) Cien (100) horas de adiestramientos al personal docente de la escuela o del Sistema o que invierta cien (100) horas en un proyecto especial en beneficio del Sistema de Educación Pública.

(d) Diez (10) años de experiencia docente en el Sistema.

(e) Evaluaciones satisfactorias de su desempeño docente.

O en su lugar, los siguientes requisitos:

1. Cuarenta y cinco (45) créditos académicos conducentes al grado de doctor en áreas de estudios relacionadas con la categoría en que se desempeña, aprobados en una institución educativa superior debidamente acreditada o reconocida en Puerto Rico.

2. Trescientas (300) horas contacto en actividades de educación continuada desde que se le reconoció el Nivel III.

3. Cien (100) horas de adiestramientos al personal docente de la escuela o del Sistema o cien (100) horas en el desarrollo de un proyecto especial en beneficio del Sistema.

4. Diez (10) años de experiencia docente en el Sistema.

Evaluaciones satisfactorias de su desempeño docente.

El reconocimiento de la clasificación y nivel será efectivo en la fecha en que el miembro de la Carrera Magisterial evidencie haber completado debidamente su Plan de Mejoramiento Profesional y el mismo haya sido aprobado por la autoridad correspondiente.

(Junio 30, 1999, Núm. 158, art. 3.06; enmendado y renumerado como art. 2.06 en el Agosto 28, 2002, Núm. 208, art. 3.)

Artículo 2.07.-Sustitución de Horas de Educación Continuada con Créditos Académicos. (18 L.P.R.A. sec. 312f)

Las horas de participación en programas de educación continuada podrán sustituirse con créditos académicos en cursos de las disciplinas relacionadas con la especialidad del miembro de la Carrera Magisterial. A tal propósito, catorce (14) horas de participación en programas de educación continua equivaldrán a un (1) crédito académico. Los estudios formales, sin embargo, no se podrán sustituir por experiencias en programas de educación continuada.

(Junio 30, 1999, Núm. 158, art. 3.07; enmendado y renumerado como art. 2.07 en el Agosto 28, 2002, Núm. 208, art. 3.)

Artículo 2.08.-Requisitos Indispensables para Ascensos (18 L.P.R.A. sec. 312g)

En los procedimientos relacionados con ascensos en nivel no se podrá dispensar ni se podrá obviar ninguno de los requisitos establecidos en este Capítulo, excepto lo dispuesto en el artículo 6.03.

(Junio 30, 1999, Núm. 158, art. 3.08; enmendado y renumerado como art. 2.08 en el Agosto 28, 2002, Núm. 208, art. 3.)

Artículo 2.09.-Incentivos por nivel. (18 L.P.R.A. sec. 312h)
Los incentivos por nivel para los miembros de la Carrera Magisterial serán los siguientes:
1. Para el Nivel I en cada clasificación se concederá a la persona en el momento en que adquiera el mismo, un siete (7) por ciento de su salario básico.
2. Para el Nivel II en cada clasificación se concederá a la persona en el momento en que adquiera el mismo, un nueve (9) por ciento de su salario básico.
3. Para el Nivel III en cada clasificación se concederá a la persona en el momento en que adquiera el mismo, un veinticinco (25) por ciento de su salario básico.
4. Para el Nivel IV en cada clasificación se concederá a la persona en el momento en que adquiera el mismo, un cuarenta (40) por ciento de su salario básico.
(Junio 30, 1999, Núm. 158, art. 3.09; enmendado y renumerado como art. 2.09 en el Agosto 28, 2002, Núm. 208, art. 3.)

Artículo 2.10.-Revisión de Niveles (18 L.P.R.A. sec. 312i)
A propósito de estimular el cumplimiento con los Planes de Mejoramiento Profesional, el Secretario autorizará uno o más adelantos como incentivo para la conclusión de cada etapa de los mismos.

A tal efecto, un miembro de la Carrera Magisterial podrá recibir uno o más adelantos durante la vigencia de su Plan de Mejoramiento Profesional, pudiendo recibir el importe consolidado correspondiente a más de una etapa si concluyesen éstas en un mismo año o si las reclamase a la vez. Cada uno de los adelantos por etapa equivaldrá, en el caso de un miembro que se prepara para el Nivel II, a uno punto ocho (1.8) por ciento del salario básico dispuesto. En el caso de un miembro que se prepara para el Nivel III, a un cinco (5) por ciento del salario básico dispuesto. En el caso de un miembro que se prepara para el Nivel IV los adelantos por etapa equivaldrán a un ocho (8) por ciento del salario básico.
(Junio 30, 1999, Núm. 158, art. 3.10; enmendado y renumerado como art. 2.10 en el Agosto 28, 2002, Núm. 208, art. 3.)

Artículo 2.11.-Procedimiento para la Revisión de Nivel en la Clasificación. (18 L.P.R.A. sec. 31j)
El procedimiento relacionado con revisiones de nivel en la clasificación al amparo del Artículo anterior será el siguiente:

1. Los miembros de la Carrera Magisterial solicitarán la revisión de su nivel en la clasificación en la fecha que el Secretario señale en el Reglamento de la Carrera Magisterial que emita al efecto. La solicitud deberá acompañarse con una copia certificada del Plan de Mejoramiento Profesional, el cual será expedido por el Director de su escuela, así como con documentos que acrediten que el solicitante ha concluido satisfactoriamente la etapa del Plan en que basa su reclamo. Las solicitudes de revisión se radicarán en la oficina del Director.

2. El Director constituirá un Comité de Evaluación de los Planes de Mejoramiento Profesional conjuntamente con un representante del Consejo Escolar, un facilitador docente para la clasificación particular y el delegado de la unión. Este Comité analizará las solicitudes sin entrar en consideraciones no relacionadas con el contenido de los Planes de Mejoramiento Profesional de los solicitantes. Concluido el análisis, someterán todos los expedientes al Secretario junto con un Informe con sus recomendaciones indicando si el candidato está o no está calificado. Los Directores informarán sobre tal determinación a los solicitantes.

3. El Secretario revisará los informes de los Directores y el Comité, y tomará las determinaciones que procedan de acuerdo con la Ley. La determinación del Secretario se le informará a los solicitantes mediante el procedimiento que establezca el Reglamento de la Carrera Magisterial.

4. Las determinaciones del Secretario serán revisables a través de los procedimientos de quejas agravios y arbitraje establecidos en la Ley Núm. 45 de 25 de febrero de 1998, conocida como "Ley de Relaciones del Trabajo para Servicio Público de Puerto Rico" y en el convenio colectivo entre el Departamento de Educación y el representante exclusivo de los empleados afectados.

(Junio 30, 1999, Núm. 158, art. 3.11; enmendado y renumerado como art. 2.11 en el Agosto 28, 2002, Núm. 208, art. 3.)

Artículo 2.12.-Entrada de Personal Docente Externo (18 L.P.R.A. sec. 312k)

El Secretario podrá autorizar la entrada a la Carrera Magisterial a toda persona que cumpla con los requisitos del Capítulo II de esta Ley; disponiéndose que las personas así nombradas entrarán al Sistema en la clasificación y nivel que le corresponda, de acuerdo a su preparación, experiencia docente, horas contacto en actividades de educación continuada y evaluaciones satisfactorias de su desempeño."

(Junio 30, 1999, Núm. 158, art. 3.12; enmendado y renumerado como art. 2.12 en el Agosto 28, 2002, Núm. 208, art. 3.)

CAPITULO III PROCEDIMIENTO DE ASCENSO

Artículo 3.01.-Naturaleza del Ascenso (18 L.P.R.A. sec. 313)

Los ascensos en niveles constituyen reconocimientos al esfuerzo consecuente de los miembros de la Carrera Magisterial que cumplen con su Plan de Mejoramiento Profesional. Ningún funcionario, Consejo o Comité del Departamento o de una escuela podrá negarse a reconocer la clasificación y nivel que hubiese alcanzado un miembro de la Carrera Magisterial al concluir su Plan de Mejoramiento Profesional si en su desempeño todas sus evaluaciones fuesen satisfactorias.

(Junio 30, 1999, Núm. 158, art. 4.01; enmendado y renumerado como art. 3.01 en el Agosto 28, 2002, Núm. 208, art. 4.)

Artículo 3.02.-Reconocimiento de Clasificaciones y Niveles Magisteriales (18 L.P.R.A. sec. 312a)

El reconocimiento de clasificaciones y niveles en la Carrera Magisterial constituye una facultad indelegable del Secretario.

(Junio 30, 1999, Núm. 158, art. 4.02; enmendado y renumerado como art. 3.02 en el Agosto 28, 2002, Núm. 208, art. 4.)

Artículo 3.03.-El Derecho a Ascenso (18 L.P.R.A. sec. 313b)

Tendrán derecho a ascenso en nivel los miembros de la Carrera Magisterial que demuestren, mediante la presentación de documentos fehacientes, que:

1. Han concluido satisfactoriamente sus Planes de Mejoramiento Profesional;

2. Han obtenido evaluaciones satisfactorias, de manera consistente, de su desempeño docente en donde se demuestra que poseen las destrezas profesionales enumeradas en el Artículo 2.01 de esta Ley.

Los años de servicio por sí solos no califican a ningún miembro de la Carrera Magisterial para ascenso en nivel.

(Junio 30, 1999, Núm. 158, art. 4.03; enmendado y renumerado como art. 3.03 en el Agosto 28, 2002, Núm. 208, art. 4.)

Artículo 3.04.-Solicitud de Reconocimiento de Nivel (18 L.P.R.A. sec. 313c)

El procedimiento relacionado con el ascenso en nivel al amparo del artículo anterior será el siguiente:

1. Los miembros de la Carrera Magisterial solicitarán el ascenso en nivel en la fecha que el Secretario señale en el Reglamento de la Carrera Magisterial. La solicitud deberá acompañarse con una copia certificada del Plan de Mejoramiento Profesional, y con documentos fehacientes que acrediten que el solicitante ha concluido el mismo satisfactoriamente. Las

solicitudes de reconocimiento de nivel se radicarán en la oficina del Director.

2. Los Directores y el Comité analizarán las solicitudes sin entrar en consideraciones no relacionadas con lo dispuesto en el Artículo 4.03 de esta Ley. Concluido el análisis, someterán todos los expedientes al Secretario junto con un Informe con sus recomendaciones indicando si el candidato está o no está calificado para el nivel cuyo reconocimiento solicita. Los Directores informarán a los solicitantes sobre las recomendaciones que en cada caso se someterán al Secretario.

3. El Secretario revisará los Informes de los Directores y el Comité y tomará las determinaciones que procedan de acuerdo con la Ley. La determinación del Secretario se le informará a los solicitantes mediante el procedimiento que establezca el Reglamento de la Carrera Magisterial.

4. Las determinaciones finales del Secretario serán revisables a través de los procedimientos de quejas agravios y arbitraje establecidos en la Ley Núm. 45 de 25 de febrero 1998, conocida como "Ley de Relaciones del Trabajo para Servicios Público de Puerto Rico" y en el convenio colectivo entre el Departamento de Educación y el representante exclusivo de los empleados afectados.

(Junio 30, 1999, Núm. 158, art. 4.04; enmendado y renumerado como art. 3.04 en el Agosto 28, 2002, Núm. 208, art. 4.)

CAPITULO IV PLANES DE MEJORAMIENTO PROFESIONAL

Artículo 4.01.-Planes de Mejoramiento Profesional (18 L.P.R.A. sec. 314)

Los Planes de Mejoramiento Profesional son programas de acción de cinco (5) años diseñados por los miembros de la Carrera Magisterial con el fin de dirigir sus esfuerzos a los objetivos que ellos mismos se han propuesto.

(Junio 30, 1999, Núm. 158, art. 5.01; enmendado y renumerado como art. 4.01 en el Agosto 28, 2002, Núm. 208, art. 5.)

Artículo 4.02.-Contenido de los Planes (18 L.P.R.A. sec. 314a)

Los planes combinarán los siguientes elementos:

1. Estudios formales con crédito académico en instituciones universitarias acreditadas o reconocidas en Puerto Rico en áreas relacionadas con la especialidad;

2. Horas de participación en actividades de educación continuada organizadas por el Departamento, aprobadas por éste o por el Comité de Evaluación Continuada;

3. Práctica supervisada en el área de su especialidad, y;

Actividades académicas y no académicas, de valor para la escuela, los estudiantes y la comunidad, como el desarrollo de proyectos de investigación, la organización de actividades estudiantiles, la prestación de servicios de orientación a los alumnos y a sus padres, el ofrecimiento de adiestramientos al personal docente de la escuela y la atención de estudiantes con problemas de rezago o de estudiantes de alto rendimiento académico.

(Junio 30, 1999, Núm. 158, art. 5.02; enmendado y renumerado como art. 4.02 en el Agosto 28, 2002, Núm. 208, art. 5.)

Artículo 4.03.-Preparación de los Planes (18 L.P.R.A. sec. 314b)

A la fecha de su ingreso a la Carrera Magisterial, lo mismo que al alcanzar un nuevo nivel, el miembro de la Carrera Magisterial preparará, en coordinación con el Director de su escuela, un Plan de Mejoramiento Profesional con el fin de capacitarse para el siguiente nivel.

(Junio 30, 1999, Núm. 158, art. 5.03; enmendado y renumerado como art. 4.03 en el Agosto 28, 2002, Núm. 208, art. 5.)

Artículo 4.04.-Estructura de los Planes (18 L.P.R.A. sec. 314d)

Los planes se dividirán en cinco etapas. Para cada etapa, el miembro de la Carrera Magisterial precisará las metas y los objetivos específicos que se propone alcanzar en relación con la aprobación de créditos académicos en instituciones universitarias, horas de participación en cursillos y programas de educación continua y la organización de actividades como las que valida el Artículo 4.02 de esta Ley.

(Junio 30, 1999, Núm. 158, art. 5.04; enmendado y renumerado como art. 4.04 en el Agosto 28, 2002, Núm. 208, art. 5.)

Artículo 4.05.-Radicación de los Planes y Confidencialidad de los Mismos (18 L.P.R.A. sec. 314e)

Los planes se radicarán en la oficina del Director, que será su custodio, y tendrán el carácter de documentos confidenciales mientras los miembros de la Carrera Magisterial no inicien el proceso correspondiente al reconocimiento de nivel pautado en el Capítulo III, o reclamen revisiones de su nivel al amparo del Artículo 2.10 de esta Ley.

(Junio 30, 1999, Núm. 158, art. 5.05; enmendado y renumerado como art. 4.05 en el Agosto 28, 2002, Núm. 208, art. 5.)

Artículo 4.06.-Enmiendas a los Planes (18 L.P.R.A. sec. 314f)

Los miembros de la Carrera Magisterial, en coordinación con los Directores, podrán enmendar sus Planes de Mejoramiento Profesional.

También podrán anejarles documentos o escritos que sean pertinentes en cualquier momento que lo estimen necesario.

(Junio 30, 1999, Núm. 158, art. 5.06; enmendado y renumerado como art. 4.06 en el Agosto 28, 2002, Núm. 208, art. 5.)

Artículo 4.07.-Cumplimiento de los Planes de Mejoramiento Profesional (18 L.P.R.A. sec. 314g)

El desarrollo de los Planes de Mejoramiento Profesional será de la exclusiva responsabilidad de los miembros de la Carrera Magisterial. No obstante, los Directores harán los ajustes administrativos necesarios para facilitar su cumplimiento sin restarle horas de atención a los estudiantes.

(Junio 30, 1999, Núm. 158, art. 5.07; enmendado y renumerado como art. 4.07 en el Agosto 28, 2002, Núm. 208, art. 5.)

Artículo 4.08.-Condición para Ascenso en Nivel (18 L.P.R.A. sec. 314h)

No serán elegibles para ascenso en nivel ni para revisión de niveles, los miembros de la Carrera Magisterial que no hubiesen cumplido con su Plan de Mejoramiento Profesional."

(Junio 30, 1999, Núm. 158, art. 5.08; enmendado y renumerado como art. 4.08 en el Agosto 28, 2002, Núm. 208, art. 5.)

CAPITULO V EDUCACION CONTINUADA

Artículo 5.01.-Programa de Educación Continuada (18 L.P.R.A. sec. 315)

Los programas de educación continua consistirán de cursos, seminarios, conferencias, talleres y actividades educativas con crédito académico u horas contacto. Serán impartidos o aprobados por el Departamento y darán la oportunidad de examinar temas y problemas de la educación o de desarrollar y perfeccionar destrezas profesionales de las respectivas responsabilidades de los miembros de la Carrera Magisterial.

(Junio 30, 1999, Núm. 158, art. 6.01; enmendado y renumerado como art. 5.01 en el Agosto 28, 2002, Núm. 208, art. 6.)

Artículo 5.02.-Programas de Educación Continuada del Departamento (18 L.P.R.A. sec. 315a)

El Departamento planificará, organizará e impartirá, directamente o a través de universidades u otras instituciones educativas, programas de educación continuada dirigidos a satisfacer necesidades del Sistema de Educación Pública. La estructuración de estos programas se hará en estrecha colaboración con los componentes del Sistema.

(Junio 30, 1999, Núm. 158, art. 6.02; enmendado y renumerado como art. 5.02 en el Agosto 28, 2002, Núm. 208, art. 6.)

Artículo 5.03.-Formulación del Programa de Educación Continuada (18 L.P.R.A. sec. 315b)

El Secretario cuidará que los programas de educación continuada:

1. Respondan a las necesidades de las escuelas y sus componentes.

2. Se programen en días y horas convenientes.

3. Se celebren en lugares accesibles.

Se anuncien con tiempo suficiente.

(Junio 30, 1999, Núm. 158, art. 6.03; enmendado y renumerado como art. 5.03 en el Agosto 28, 2002, Núm. 208, art. 6.)

Artículo 5.04.-Comités de Educación Continuada (18 L.P.R.A. sec. 315c)

Cada escuela del Sistema de Educación Pública tendrá un Comité de Educación Continuada. El Comité consistirá de dos (2) miembros de la Carrera Magisterial designados por el Director, además de éste, quien será su Presidente.

(Junio 30, 1999, Núm. 158, art. 6.04; enmendado y renumerado como art. 5.04 en el Agosto 28, 2002, Núm. 208, art. 6.)

Artículo 5.05.-Funciones del Comité de Educación Continuada (18 L.P.R.A. sec. 315d)

El Comité de Educación Continuada de la escuela realizará las siguientes funciones:

1. Identificará las necesidades específicas de la escuela en lo referente a adiestramientos de corta duración.

2. Colaborará en la divulgación y promoción de las actividades de educación continua en su escuela.

3. Organizará conferencias y actividades profesionales para analizar temas tratados en los programas de educación continuada.

(Junio 30, 1999, Núm. 158, art. 6.05; enmendado y renumerado como art. 5.05 en el Agosto 28, 2002, Núm. 208, art. 6.)

Artículo 5.06.-Informes de los Comités de Educación Continuada (18 L.P.R.A. sec. 315e)

Los informes semestrales de los Comités al Secretario constituirán la base para formular los Programas de Educación Continuada. Dichos informes se someterán en la fecha que indique el Secretario.

(Junio 30, 1999, Núm. 158, art. 6.06; enmendado y renumerado como art. 5.06 en el Agosto 28, 2002, Núm. 208, art. 6.)

Artículo 5.07.-Ofrecimientos de Universidades (18 L.P.R.A. sec. 315f)

El Secretario coordinará y promoverá conjuntamente con el Presidente de la Universidad de Puerto Rico y los Presidentes de otras instituciones universitarias y educativas, en y fuera de Puerto Rico, el ofrecimiento de programas de estudios post graduados por la Universidad de Puerto Rico y otras universidades o instituciones educativas, en y fuera de Puerto Rico, con el propósito de satisfacer las necesidades del Sistema de Educación Pública y, en particular, las de los miembros de la Carrera Magisterial. También, promoverán la organización de actividades de desarrollo profesional del magisterio. Gestionará además, la formalización de acuerdos entre instituciones universitarias y educativas del país y además de otros países; así como del establecimiento de sistemas de convalidación de créditos por horas de participación en programas de educación continuada impartidos por las instituciones universitarias y educativas.

(Junio 30, 1999, Núm. 158, art. 6.07; Agosto 24, 2000, Núm. 192, sección 1; enmendado y renumerado como art. 5.07 en el Agosto 28, 2002, Núm. 208, art. 6.)

Notas Importantes:
Enmiendas
-2002, ley 208 – Esta ley enmienda este artículo y lo renumera como artículo 5.07.
-2000, ley 192 – Esta ley enmienda este artículo e incluye las siguientes secciones aplicables:
"Sección 2. - El Secretario, el Presidente de la Universidad de Puerto Rico y los Presidentes de otras instituciones universitarias en Puerto Rico, aprobarán reglamentación en conjunto, para la implantación de esta Ley."
"Sección 3. - Esta Ley tendrá vigencia inmediata después de su aprobación."

Artículo 5.08.-Desarrollo Profesional Continuo (18 L.P.R.A. sec. 315g)

Los Planes de Mejoramiento Profesional constituirán esfuerzos sistemáticos para renovar y desarrollar las destrezas de los miembros de la Carrera Magisterial. A ese fin, el Departamento proveerá tiempo en el calendario escolar para que cada miembro de la Carrera Magisterial desarrolle su propio Plan de Mejoramiento Profesional.

(Junio 30, 1999, Núm. 158, art. 6.08; enmendado y renumerado como art. 5.08 en el Agosto 28, 2002, Núm. 208, art. 6.)

Artículo 5.09.-Otras Actividades de Educación Continuada (18 L.P.R.A. sec. 315h)

Todo miembro de la Carrera Magisterial obtendrá, de ser necesario, autorización para asistir a actividades de educación continuada ofrecidas por organizaciones profesionales u otras entidades. En todo caso deberá ser notificado al Comité de Educación Continuada a fin de asegurar que le sean acreditadas las horas correspondientes."

(Junio 30, 1999, Núm. 158, art. 6.09; enmendado y renumerado como art. 5.09 en el Agosto 28, 2002, Núm. 208, art. 6.)

CAPITULO VI EVALUACION DE LOS MIEMBROS DE LA CARRERA MAGISTERIAL

Artículo 6.01-El Sistema de Evaluación (18 L.P.R.A. sec. 316)

El sistema de evaluación de miembro de la Carrera Magisterial se establecerá con el fin de alentar el desarrollo de aptitudes y destrezas profesionales con arreglo a lo previsto en esta Ley. El Secretario de Educación establecerá los procedimientos para evaluar a los miembros de la Carrera Magisterial.

(Junio 30, 1999, Núm. 158, art. 7.01; enmendado y renumerado como art. 6.01 en el Agosto 28, 2002, Núm. 208, art. 7.)

Artículo 6.02.-Evaluación de los miembros de la Carrera Magisterial (18 L.P.R.A. sec. 316a)

El Secretario establecerá en el Reglamento de la Carrera Magisterial los procedimientos para evaluar a los miembros de la misma. En el caso de los maestros de la sala de clases, se evaluará su labor mediante el análisis de los Planes de Mejoramiento Profesional, de entrevistas periódicas con los evaluados, de visitas a su salón y mediante el análisis del desempeño académico de sus estudiantes. En cuanto a los demás miembros de la Carrera Magisterial se evaluará su labor mediante el análisis de los Planes de Mejoramiento Profesional, de entrevistas periódicas con los evaluados, de visitas a sus centros de trabajo y mediante la evaluación de informes sometidos de labor realizada. Todos los miembros deben demostrar que poseen las destrezas profesionales propias de su clasificación. Las evaluaciones de sus directores podrán ser revisadas a través de los procedimientos de quejas agravios y arbitraje establecidos en la Ley Núm. 45 del 25 de febrero de 1998 conocida como "Ley de Relaciones del Trabajo para Servicio Público de Puerto Rico y en el convenio colectivo entre el Departamento de Educación y el representante exclusivo de los empleados afectado.

(Junio 30, 1999, Núm. 158, art. 7.02; enmendado y renumerado como art. 6.02 en el Agosto 28, 2002, Núm. 208, art. 7.)

Artículo 6.03.-Areas de Difícil Reclutamiento (18 L.P.R.A. sec. 316b)

El Secretario podrá establecer por Reglamento incentivos para atraer o mantener en la Carrera Magisterial a aquellos candidatos o miembros con especialidades de difícil reclutamiento.

(Junio 30, 1999, Núm. 158, art. 7.03; enmendado y renumerado como art. 6.03 en el Agosto 28, 2002, Núm. 208, art. 7.)

CAPITULO VII DEFINICION DE TERMINOS

Artículo 7.01.-Definiciones (18 L.P.R.A. sec. 310)

A los efectos de esta Ley, los términos que se definen a continuación tendrán el significado que se indica.

1. Carrera Magisterial - Sistema de niveles para promover el mejoramiento profesional del maestro de salón de clases, del maestro bibliotecario, del orientado escolar, del trabajador social escolar, del maestro especialista en tecnología instruccional, del coordinador industrial y del coordinador de programas vocacionales, a través de estudios formales, actividades profesionales, práctica docente y clasificaciones y niveles que definen funciones y jerarquías en el Sistema de Educación Pública.

2. Departamento - El Departamento de Educación de Puerto Rico.

3. Director - El Director de Escuela.

4. Educación Continuada - Conjunto de actividades educativas, con crédito académico u horas contacto.

5. Estudios formales - Estudios universitarios conducentes a un grado académico.

6. Evaluación - Proceso para ponderar el conocimiento adquirido, las capacidades y destrezas profesionales de los miembros de la Carrera Magisterial.

7. Miembro de la Carrera Magisterial - Se refiere al maestro del salón de clase, al maestro bibliotecario, orientador escolar, trabajador social escolar, maestro especialista en tecnología instruccional, coordinador de programas vocacionales y coordinador industrial.

8. Mejoramiento Profesional - El desarrollo y perfeccionamiento de las destrezas docentes por medio del estudio formal, la práctica docente y experiencias en programas de educación continua.

9. Nivel - Lugar que ocupa un miembro de la Carrera Magisterial en su profesión, entre I y IV.

10. Organizaciones Profesionales- Todas aquellas que surjan del currículo de los Programas Académicos y todas aquellas bonafide que agrupan a Profesionales de la Educación para fines de su mejoramiento profesional.

11. Plan de Mejoramiento Profesional o Plan- Programa de cinco (5) años formulado con el fin de ampliar su conocimiento y promover el desarrollo

de destrezas profesionales a través de estudios formales, de programas de educación continua y de práctica docente.

12. Reconocimiento de Clasificación y Nivel Magisterial - Proceso mediante el cual se reconoce que un miembro de la Carrera Magisterial ha cumplido su Plan de Mejoramiento Profesional y ha alcanzado un nuevo nivel.

13. Secretario - El Secretario de Educación.

Sistema - El Sistema de Educación Pública de Puerto Rico.

(Junio 30, 1999, Núm. 158, art. 8.01; enmendado y renumerado como art. 7.01 en el Agosto 28, 2002, Núm. 208, art. 8.)

CAPITULO VIII DISPOSICIONES PROVISIONALES

Artículo 8.01.-Reconocimiento de Clasificaciones y Niveles Iniciales (18 L.P.R.A. sec. 317)

Los orientadores escolares, trabajadores sociales escolares, maestros especialistas en tecnología instruccional, coordinadores de programas vocacionales y coordinadores industriales que estuviesen laborando en el Sistema a la fecha de vigencia de esta Ley podrán reclamar, dentro del año siguiente, la clasificación y nivel magisterial que les corresponda según las normas que con carácter provisional establece este Artículo.

A ese efecto se le reconocerá la ubicación de:

Nivel I - los funcionarios con permanencia; con no menos de dos (2) años de experiencia en el Sistema.

Nivel II - los funcionarios con permanencia; con más de dos (2) años y menos de trece (13) años de experiencia en el Sistema que tengan un grado de maestría otorgado por una institución educativa superior debidamente acreditada o reconocida en Puerto Rico; o con más de dos (2) años y menos de ocho (8) años de experiencia en el Sistema que tengan un grado de doctorado otorgado por una institución educativa superior debidamente acreditada o reconocida en Puerto Rico.

Nivel III - los funcionarios con permanencia, con no menos de trece (13) años de experiencia en el Sistema y que tengan un grado de maestría otorgado por una institución educativa superior debidamente acreditada o reconocida en Puerto Rico; o con no menos de ocho (8) años de experiencia en el Sistema y que tengan un grado de doctorado otorgado por una institución educativa superior debidamente acreditada o reconocida en Puerto Rico.

Nivel IV - los funcionarios con permanencia, con no menos de quince (15) años de experiencia en el Sistema y que tengan un grado de doctor otorgado por una institución educativa superior debidamente acreditada o reconocida en Puerto Rico.

(Junio 30, 1999, Núm. 158, art. 9.01; enmendado y renumerado como art. 8.01 en el Agosto 28, 2002, Núm. 208, art. 9.)

Artículo 8.02.-Reconocimiento de los rangos existentes. (18 L.P.R.A. sec. 317a)

Todo maestro y maestro bibliotecario, que voluntariamente y en virtud de la Ley 158 de 18 de julio de 1999, haya ingresado o sea miembro de la Carrera Magisterial al momento de vigencia de esta Ley y esté clasificado como:

1. Maestro Auxiliar, será denominado Maestro I o Maestro Bibliotecario I.

2. Maestro Asociado, será denominado Maestro III o Maestro Bibliotecario III.

3. Maestro, será denominado Maestro o Maestro Bibliotecario IV.

(Junio 30, 1999, Núm. 158, art. 9.02; enmendado y renumerado como art. 8.02 en el Agosto 28, 2002, Núm. 208, art. 9.)

Artículo 8.03.-Consideración de ascenso de los miembros existentes. (18 L.P.R.A. sec. 317b)

Todo maestro y maestro bibliotecario, que voluntariamente y en virtud de la Ley 158 de 18 de julio de 1999, haya ingresado o sea miembro de la Carrera Magisterial al momento de vigencia de esta Ley y desee se considerado para otro nivel diferente al que le corresponde en virtud del Artículo 8.02 de esta Ley, deberá cumplir con los requisitos inherentes al nivel para el cual solicita ascenso."

(Junio 30, 1999, Núm. 158, art. 9.03; enmendado y renumerado como art. 8.03 en el Agosto 28, 2002, Núm. 208, art. 9.)

CAPITULO IX DISPOSICIONES FINALES

Artículo 9.01.-Protección de Derechos (18 L.P.R.A. sec. 318)

Ninguna disposición de esta Ley modifica, revoca, altera o invalida derechos adquiridos por el personal docente del Departamento de Educación Pública.

(Junio 30, 1999, Núm. 158, art. 10.01; enmendado y renumerado como art. 9.01 en el Agosto 28, 2002, Núm. 208, art. 10.)

Artículo 9.02.-Vigencia de Reglamentos Existentes (18 L.P.R.A. sec. 318a)

Las normas administrativas y reglamentarias en vigor que no sean incompatibles con las disposiciones de esta Ley continuarán vigentes hasta que sean derogadas o enmendadas.

(Junio 30, 1999, Núm. 158, art. 10.02; enmendado y renumerado como art. 9.02 en el Agosto 28, 2002, Núm. 208, art. 10.)

Artículo 9.03.-No Aplicabilidad de Leyes (18 L.P.R.A. sec. 318b)

Las disposiciones de la Ley Núm. 34 de 13 de junio de 1966, según enmendada, no serán de aplicación a los miembros de la Carrera Magisterial.

(Junio 30, 1999, Núm. 158, art. 10.03; enmendado y renumerado como art. 9.03 en el Agosto 28, 2002, Núm. 208, art. 10.)

Artículo 9.04.-Separabilidad (18 L.P.R.A. sec. 318c)

Si cualquier parte de esta Ley fuese declarada inconstitucional por un Tribunal competente las demás disposiciones quedarán en vigor y efecto.

(Junio 30, 1999, Núm. 158, art. 10.04; enmendado y renumerado como art. 9.04 en el Agosto 28, 2002, Núm. 208, art. 10.)

Artículo 9.05.-Asignación de Fondos (18 L.P.R.A. sec. 318d)

A partir del año fiscal 2000-01 los fondos para implantar esta Ley se consignarán anualmente en el Presupuesto de Gastos correspondientes al Departamento de Educación.

(Junio 30, 1999, Núm. 158, art. 10.05; enmendado y renumerado como art. 9.05 en el Agosto 28, 2002, Núm. 208, art. 10.)

Artículo 9.06.-Vigencia (18 L.P.R.A. sec. 318e)

Esta Ley comenzará a regir inmediatamente después de su aprobación, con excepción de las disposiciones relacionadas con los incentivos correspondientes a los niveles los cuales entrarán en vigor a partir del 1ro. de julio de 2003.

Toda persona que no pertenezca a la Carrera Magisterial, cuya clasificación esté incluida en el Artículo 2.02 y desee participar de la Carrera Magisterial, tendrá un año, a partir de la vigencia de esta Ley, para solicitar su ingreso a la misma.

(Junio 30, 1999, Núm. 158, art. 10.06; enmendado y renumerado como art. 9.06 en el Agosto 28, 2002, Núm. 208, art. 10.)

Notas importantes:
-Enmiendas integradas:
1. Ley Núm. 192 de 24 de agosto de 2000
2. Ley Núm. 208 de 28 de agosto de 2002

Véase la Exposición de Motivos de la Ley Núm. 208 de 28 de agosto de 2002 en www.LexJuris.com Esta Ley enmienda el Capítulo I, deroga el Capítulo II completo, enmienda y renumera el resto de los capítulos.

Carta de Derechos de los Maestros del Sistema Público de Enseñanza en Puerto Rico.
Ley Núm. 160 de 30 de diciembre de 2020

Artículo 1.- Título (18 L.P.R.A. sec. 598)

Esta Ley se conocerá como "Carta de Derechos de los Maestros del Sistema Público de Enseñanza de Puerto Rico".

(Diciembre 30, 2020, Núm. 160, art. 1.)

Artículo 2.- Aplicabilidad (18 L.P.R.A. sec. 598a)

Esta Ley aplicará a todo maestro(a) del sistema público de enseñanza, sea este(a) permanente, transitorio, probatorio, sustituto(a), por contrato o servicios profesionales u otra categoría. Esto incluye aquellos maestros(as), instructores(as), profesores(as) o guías que enseñen en programas de alternativos, de adultos, veteranos, en las instituciones correccionales o penales o en proyectos pilotos, especiales o innovadores del Departamento de Educación.

(Diciembre 30, 2020, Núm. 160, art. 2.)

Artículo 3.- Derechos aplicables (18 L.P.R.A. sec. 598b)

Derechos de los Maestros del Sistema Público de Enseñanza de Puerto Rico. Los(as) maestros(as) tienen derecho a:

(a) que no se discrimine por razones de raza, color, sexo, nacionalidad, edad, origen o condición social, ideas políticas o religiosas, conforme a las leyes estatales y federales;

(b) recibir un trato justo, digno y respetuoso de sus compañeros de profesión, el personal administrativo y gerencial de la escuela y la agencia, alumnos, padres y la comunidad general;

(c) un clima institucional favorable al proceso educativo que ofrezca seguridad y proteja la integridad física, emocional y moral de todos los miembros de la comunidad escolar;

(d) a que la planta física, las áreas que comprenden el plantel escolar o las inmediaciones en las que ejerce sus funciones docentes estén libre de barreras arquitectónicas que le impidan desplazarse. La infraestructura de los edificios debe mantenerse en buenas condiciones de forma que no represente un peligro a la integridad física de los(as) maestros(as) y demás miembros de la comunidad escolar;

(e) que se respete y proteja su integridad física, emocional y moral en las áreas que componen el plantel escolar o su área de trabajo;

(f) que se le ofrezca la oportunidad de actualizar sus conocimientos pedagógicos y profesionales mediante capacitación o desarrollo profesional de forma que repercuta, no solo en su enriquecimiento intelectual, sino en la calidad de la educación que imparte de forma que esta sea pertinente a los estudiantes, actualizada y de excelencia;

(g) que se respete su libertad y/o convicciones religiosas, morales, e ideológicas mientras estas no conflijan con los derechos constitucionales de sus alumnos, padres, compañeros de trabajo, supervisores y conciudadanos;

(h) que se respete su intimidad en lo que respecta a su estilo de vida, convicciones o pensamientos siempre y cuando estas no representen una desviación del ordenamiento jurídico actual;

(i) que se respete la autonomía pedagógica del personal docente. Siempre que cubra el contenido del curso, utilice métodos y procedimientos pedagógicos éticos y dentro del marco legal contractual y reglamentario del puesto que ocupa. Esto incluye su autonomía de:

1. adaptar el temario de los cursos al perfil sociocultural y geográfico de sus estudiantes después de haber consultado los mismos con sus supervisores;

2. adoptar la metodología y/o procedimientos pedagógicos que, según su juicio profesional, sea el más pertinente al estudiante y suscite mejor el interés y la curiosidad de sus alumnos en el contenido a enseñarse;

3. modificar las estrategias pedagógicas para prestarle atención singularizada a estudiantes con discapacidades, conforme al nivel de ejecución del estudiante, problemas específicos de aprendizaje, estudiantes de alto rendimiento académico o con habilidades especiales;

4. organizar grupos de alumnos para realizar estudios o proyectos especiales relacionados con sus cursos; y

5. utilizar cada mapa curricular como una guía y no como un sistema rígido, integrando libros, estrategia o metodología de enseñanza de aprendizaje, siempre y cuando no se ponga en riesgo fondos federales.

(j) que se le evalúe de forma objetiva, imparcial y justa, notificando en o antes de cinco (5) días calendario la evaluación y se le informe de los resultados de la misma posteriormente;

(k) asociarse, de forma voluntaria, a distintas entidades como colegios profesionales, sindicatos o asociaciones, según las leyes y reglamentos aplicables;

(l) que se les reconozca la autoridad necesaria para mantener un ambiente de aprendizaje ordenado dentro de los parámetros y limitaciones legales, reglamentarias, éticas y morales de nuestro ordenamiento. Esto incluye el derecho del maestro a solicitar capacitación, desarrollo profesional, mentoría o recursos que le permitan desarrollar técnicas, métodos y destrezas disciplinarias efectivas;

(m) que el personal de seguridad del plantel se encuentre disponible y accesible para intervenir en situaciones en las que la conducta del estudiante represente un peligro a su integridad física, emocional o moral o a la de sus alumnos, compañeros de trabajo o la comunidad escolar, siempre que ello no conflija con los derechos de los estudiantes;

(n) que le acompañen sus supervisores, trabajadores sociales, consejeros y/o cualquier profesional relacionado con la conducta y manejo de crisis a aquellas reuniones con padres, madres, encargados, tutores o custodios legales cuando entienda que esto aportará a mantener un diálogo pacífico y racional con estos, excepto, en el caso de los estudiantes con discapacidades que responderá a las disposiciones federales y las leyes especiales aplicables a dichos estudiantes;

(o) que se le remunere diligentemente por la labor realizada y/o conforme a los parámetros de la contratación o el puesto o nombramiento que ocupan;

(p) que se le informe de las oportunidades para participar en iniciativas o proyectos pilotos, innovadores o especiales que la administración y gerencia de Nivel Central vaya a implementar; y se les permita solicitar participar de estas siempre que la solicitud sea hecha de forma oportuna y conforme a los requisitos de la iniciativa o programa;

(q) que se reconozca el valor e importancia de su profesión y su gestión como docente ya sea mediante alguna actividad recreacional, de reconocimiento, remuneración, o concesión del día laboral durante la fecha señalada en el calendario escolar, publicado por Nivel Central, como el "Día del Maestro" o "Docente";

(r) participar en los procesos deliberativos y decisionales de la escuela a través de los consejos escolares y aspirar a representar a la facultad en estos;

(s) ser informado sobre las políticas y procedimientos nuevos a ser implantados en las escuelas o aquellos de Nivel Central que afecten sus beneficios o derechos;

(t) utilizar las licencias a las que tiene derecho de forma oportuna y conforme a las disposiciones del Reglamento de Personal Docente y otras leyes aplicables;

(u) que se respete el principio de mérito en las decisiones administrativas concernientes a recursos humanos y que dichos principios y reglas estén claramente contenidos en el Reglamento de Personal de la agencia;

(v) no incurrir en responsabilidad civil personal por acciones u omisiones legales realizadas como parte de sus funciones, deberes o responsabilidades delegadas o inherentes a los miembros del Consejo Escolar. Lo anterior no se extiende a acciones u omisiones incurridas fuera del ámbito de sus responsabilidades como miembros del Consejo Escolar o que intencional o negligentemente lesionen la integridad física, emocional o moral del personal del Departamento, los estudiantes del Sistema de Educación Pública y sus padres, madres, tutores o custodios legales; incluyendo el ejercicio o disfrute de alguno de sus derechos reconocidos en el marco legal aplicable;

(w) que se les provea los materiales de trabajo directamente necesarios para enseñar los contenidos del curso. Esto incluye, pero no se limita a libros del curso, cuadernos, guías del maestro, mapas curriculares, estándares y expectativas de los grados y cursos que enseña; como también aquellos recursos y materiales pedagógicos y tecnológicos necesarios para la materia o curso a enseñar;

(x) que no se dilate, de forma caprichosa, arbitraria o injustificada, los procesos de entrega de materiales didácticos necesarios para la metodología de enseñanza incluyendo aquellos proyectos especiales e innovadores que se ofrezcan;

(y) que la administración de nivel central y regional reconozca y honre sus derechos adquiridos conforme a las leyes, reglamentos y jurisprudencia aplicable;

(z) elevar querellas y apelaciones en cuanto a asuntos de personal y que estas sean atendidas, de forma objetiva, justa e imparcial por la Oficina de Apelaciones del Departamento o su equivalente, de conformidad con los reglamentos aplicables;

(aa) que el Departamento proteja, de forma razonable y dentro de los poderes que ejerce, la reputación y honra de los(as) maestros(as) de ataques frívolos e infundados a su persona o ética profesional siempre que ello no constituya un riesgo potencial a los derechos e integridad física y moral de los estudiantes y la comunidad escolar. Esto incluye el deber de la agencia y su personal de entrevistar al maestro a quien se le impute alguna acción indebida, ilegal o contraria a la ética; como también realizar investigaciones diligentes y oportunas de forma que se pueda tomar decisiones informadas y justas;

(bb) que el Departamento reconozca las condiciones médicas o discapacidades que hayan sido oportunamente informadas y evidenciadas, conforme a los reglamentos y leyes aplicables, de forma que se le provea un acomodo razonable para el ejercicio de su profesión. De igual forma, el

Departamento debe ser sensible con las necesidades particulares de los(as) maestros(as) tratándole con respeto y dignidad;

(cc) que existan mecanismos y protocolos de emergencia para lidiar con situaciones de crisis emocional o traumática que el maestro pueda sufrir en el cumplimiento de sus funciones o deberes como docente. Esto puede incluir el apoyo de psicólogos o profesionales de la salud capacitados para lidiar con situaciones de esta índole, la sustitución del maestro mientras se atiende la emergencia; como también mecanismos de mediación y de prácticas restaurativas que le permitan a la comunidad escolar mantener un ambiente e interacciones interpersonales saludables;

(dd) al debido proceso de ley en todo proceso disciplinario al que se le someta y que la administración tome las medidas cautelares necesarias para que su carrera profesional no sea afectada sin existir una adjudicación en su contra y restando aún foros apelativos para revisar la decisión administrativa; y

(ee) que se garantice un proceso de mediación, en el caso de surgir la intención de presentar una querella contra el maestro, creando un Comité de Mediación entre el maestro, director y/o supervisor inmediato, representación sindical, de así solicitarlo, y la parte querellante, siempre que ello no constituya un riesgo potencial a los derechos e integridad física y moral de los estudiantes.

(Diciembre 30, 2020, Núm. 160, art. 3.)

Artículo 4.- Facultades y Responsabilidades. (18 L.P.R.A. sec. 598c)

El Departamento de Educación y demás agencias e instrumentalidades públicas en la que laboren maestros(as) del sistema público de enseñanza deberán adoptar los reglamentos, o realizar las enmiendas necesarias a los ya existentes para cumplir con los mandatos y disposiciones establecidas en esta Ley no más tarde de noventa (90) días siguientes a la aprobación de la misma.

(Diciembre 30, 2020, Núm. 160, art. 4.)

Artículo 5. Publicación de la Reglamentación. (18 L.P.R.A. sec. 598d)

Los reglamentos adoptados, modificados o enmendados, como también, la Carta de Derechos de los Maestros del Sistema Público de Enseñanza, deberán ser publicados de forma preponderante y clara en la página digital (web) de la agencia y, además, tener copia disponible en las Oficinas Regionales Educativas (OREs), así como en la oficina de recursos humanos y división legal y/u oficina de querellas de Nivel Central del Departamento.

La Carta de Derechos de los Maestros del Sistema Público de Enseñanza será distribuida en la primera reunión del inicio de todos los cursos escolares.
(Diciembre 30, 2020, Núm. 160, art. 5.)

Artículo 6.- Requisito Informativo (18 L.P.R.A. sec. 598e)
El Departamento de Educación deberá incluir copia de esta Carta de Derechos de los Maestros del Sistema Público de Enseñanza de Puerto Rico en el paquete de documentos que la División de Recursos Humanos les provee a los maestros de nuevo ingreso cuando estos se disponen a comenzar labores en la agencia.
(Diciembre 30, 2020, Núm. 160, art. 6.)

Artículo 7.-Interpretación de la Ley (18 L.P.R.A. sec. 598f)
Esta Ley deberá interpretarse en la forma más objetiva, clara y beneficiosa para el maestro. En caso de conflicto entre las disposiciones de esta Ley y las disposiciones de cualquier otra ley, prevalecerá aquella que resultare más favorable para el maestro, siempre que ello no constituya un riesgo potencial a los derechos e integridad física y moral de los estudiantes, o esté en conflicto con el deber de *parens patriae* del Estado para el bienestar y seguridad de la niñez o la regla de hermenéutica contenida en la Carta de Derechos de las Personas con Impedimentos y su aplicación a estudiantes con discapacidades, o con derechos federales y locales reconocidos a poblaciones más vulnerables protegidas como los estudiantes con discapacidades.
(Diciembre 30, 2020, Núm. 160, art. 7.)

Artículo 8.- [Enmienda]
Se enmienda el Artículo 2.12(a) de la Ley 85-2018, según enmendada. [Véase Ley Núm. 85 de 2018, art. 2.12(a).

Artículo 9.- Cláusula de Separabilidad
Si cualquier cláusula, párrafo, subpárrafo, oración, palabra, letra, artículo, disposición, acápite o parte de esta Ley fuera anulada o declarada inconstitucional, la resolución, dictamen o sentencia a tal efecto dictada no afectará, perjudicará, ni invalidará el remanente de esta Ley. El efecto de dicha sentencia quedará limitado a la cláusula, párrafo, subpárrafo, oración, palabra, letra, artículo, disposición, acápite o parte de la misma que así hubiere sido anulada o declarada inconstitucional. Si la aplicación a una persona o a una circunstancia de cualquier cláusula, párrafo, subpárrafo, oración, palabra, letra, artículo, disposición, acápite o parte de esta Ley fuera invalidada o declarada inconstitucional, la resolución, dictamen o sentencia a tal efecto dictada no afectará ni invalidará la aplicación del

remanente de esta Ley a aquellas personas o circunstancias en que se pueda aplicar válidamente. Es la voluntad expresa e inequívoca de esta Asamblea Legislativa que los tribunales hagan cumplir las disposiciones y la aplicación de esta Ley en la mayor medida posible, aunque se deje sin efecto, anule, invalide, perjudique o declare inconstitucional alguna de sus partes o, aunque se deje sin efecto, invalide o declare inconstitucional su aplicación a alguna persona o circunstancia.

(Diciembre 30, 2020, Núm. 160, art. 9.)

Artículo 10.- Vigencia
Esta Ley será vigente inmediatamente después de su aprobación.

(Diciembre 30, 2020, Núm. 160, art. 10.)

Nota Importante
-2020, Ley 160 – Exposición de Motivos. Véase Ley Núm. 160 del 2020 en www.LexJuris.com

Ley de Maestros Permanentes, Requisitos
Ley Núm. 312 de 15 de mayo de 1938, p. 574, según enmendada

Sec. 1. Maestros permanentes - Requisitos. (18 L.P.R.A. sec. 214)

Todo maestro en servicio activo en las escuelas públicas, mediante nombramiento hecho de conformidad con la Ley Escolar, los reglamentos del Departamento de Educación y los reglamentos de la Junta Estatal de Instrucción Vocacional, Técnica y de Altas Destrezas, y que haya ejercido como tal en cualquier categoría de escuela durante el período probatorio que se especifica más adelante, tendrá derecho a ser contratado con carácter permanente en la categoría correspondiente en que esté ejerciendo al expirar dicho período probatorio, sin otras pruebas de calificación o capacidad profesional que la posesión de una licencia regular de la misma categoría del puesto que ocupa el maestro y haber realizado, a juicio del Departamento de Educación, labor satisfactoria. Para los efectos de las secs. 214 a 218 de este título, no se tomará en consideración el tiempo que los maestros ejerzan en calidad de provisionales. Tales maestros tendrán derecho a ser contratados con carácter permanente en el municipio en que están ejerciendo al expirar el período probatorio. El tiempo trabajado por los maestros con certificado regular en calidad de sustituto y que hayan realizado labor satisfactoria en puestos de la misma categoría se convalidará como período probatorio. La equivalencia de los dos (2) años de período probatorio comprenderá el trabajo realizado con contrato sustituto o probatorio durante dos (2) años consecutivos. Tales maestros tendrán derecho a ser contratados con carácter probatorio o permanente en el municipio donde estén trabajando cuando les corresponda una plaza en propiedad.

(Mayo 15, 1938, Núm. 312, p. 574, sec. 1; Mayo 12, 1944, Núm. 96, p. 213, sec. 1; Mayo 30, 1970, Núm. 77, p. 201; Marzo 19, 1971, Núm. 7, p. 17.)

Sec. 3. Maestros permanentes - Nombramientos y licencias. (18 L.P.R.A. sec. 215)

El nombramiento de los maestros comprendidos en el período probatorio quedará sujeto a lo dispuesto en las secs. 212 y 213 de este título; Disponiéndose, que las licencias de los maestros probatorios se expedirán sólo por un (1) año.

(Mayo 15, 1938, Núm. 213, p. 574, sec. 3, ef. 90 días después de Mayo 15, 1938.)

Sec. 4. Maestros permanentes - Renuncias, licencias, traslados y ascensos. (18 L.P.R.A. sec. 216)

Las renuncias, licencias sin sueldo, los traslados y ascensos de los maestros permanentes se regirán por los reglamentos que al efecto promulgue el Secretario de Educación.

(Mayo 15, 1938, Núm. 312, p. 574, sec. 4, ef. 90 días después de Mayo 15, 1938.)

Ley de Maestros Probatorios; Status Continuado
Ley Núm. 312 de 15 de mayo de 1938, p. 574, según enmendada.

Sec. 2. Maestros probatorios; status continuado. (18 L.P.R.A. sec. 218)

Los maestros de todas las categorías, a excepción de los maestros especiales, serán clasificados por el Departamento de Educación como maestros probatorios durante los primeros dos (2) años de ejercicio consecutivo. Aquellos maestros que para el 1ro de julio de 1938 hayan completado dos (2) o más años de ejercicio consecutivo se considerarán que han completado su período de prueba. Cualquier maestro en ejercicio en las escuelas públicas, a excepción de los maestros especiales, tendrá derecho a contrato permanente después de esa fecha, si a juicio del Departamento de Educación fuere evidente que dicho maestro ha completado satisfactoriamente su período probatorio; Disponiéndose, que en el caso de aquellas plazas de maestros contratados por la Junta Estatal de Instrucción Vocacional, Técnica y de Altas Destrezas sujetas a requisitos de demanda, matrícula u otros especificados en el Plan Estatal de Instrucción Vocacional, podrán suprimirse cuando no llenaren dichos requisitos de demanda, matrícula, etc., en cuyos casos los maestros que las ocuparan podrán quedar fuera de contrato, pero que dichos maestros tendrán derecho preferente sobre todos los demás candidatos para cubrir vacantes o nuevas plazas de la misma especialidad o de otras para las cuales estén debidamente preparados dentro de los tres (3) años siguientes a la fecha de la supresión de tales plazas; Disponiéndose, además, que cuando un maestro contratado para ejercer como maestro elemental, probatorio o permanente, pase a ocupar una plaza de maestro de escuela secundaria asignada a escuela intermedia, dicho maestro conservará en la nueva plaza la condición de probatorio o permanente según fuere el caso; y Disponiéndose, que cuando un maestro de escuela intermedia, probatorio o permanente, pase a una escuela elemental, conservará igualmente en su plaza elemental la condición de probatorio o permanente.

(Mayo 15, 1938, Núm. 312, p. 574, sec. 2; Mayo 12, 1944, Núm. 96, p. 213, sec. 2.)

Ley del Maestro Bajo Contrato de 12 Meses.
Ley Núm. 39 de 15 de Abril de 1941, p. 577

Sec. 1. Maestros bajo contrato; año escolar de doce meses. (18 L.P.R.A. sec. 291)

A partir de la aprobación de esta ley los maestros de las escuelas públicas de Puerto Rico serán contratados y recibirán sueldos por doce (12) meses escolares; diez (10) meses serán destinados al curso escolar regular según establecido en la sec. 79 de este título. Las vacaciones se disfrutarán en armonía con el calendario escolar en el cual se desempeñan, a tenor con las necesidades del sistema.

Cuando un maestro trabajare por un período menor de diez (10) meses destinados al curso escolar regular tendrá derecho a la parte proporcional de las vacaciones con sueldo que le corresponda según reglamentación al efecto.

A los fines de esta sección, se entenderá por maestros de escuelas públicas todo el personal docente con excepción de aquellos que ejerzan funciones administrativas, técnicas y de supervisión. Este personal acumulará vacaciones a razón de dos días y medio (212) por mes trabajado acumulables hasta un máximo de sesenta (60) días.

Las vacaciones se autorizarán en forma escalonada durante el año a fin de garantizar la normalidad en el funcionamiento de las escuelas.

El personal administrativo, técnico y de supervisión que participe del programa de actividades educativas adicionales a la fecha de aprobación de la Ley Núm. 30 del 7 de mayo de 1976, tendrá derecho a disfrutar del período no lectivo correspondiente al receso de Navidades sin cargo a sus vacaciones regulares.

El Secretario de Educación autorizará licencia especial con sueldo por un máximo de dos (2) semanas en el receso de un curso escolar a aquel personal técnico, administrativo y de supervisión que interese realizar estudios profesionales en el campo educativo o participar en viajes culturales o en actividades educativas debidamente organizadas o aprobadas por el Secretario de Educación. Esta autorización será previa al receso en que interese disfrutar y estará condicionada a garantizar el funcionamiento adecuado de las escuelas y los distritos escolares.

El Secretario de Educación promulgará la reglamentación necesaria para la instrumentación de esta sección.

(Abril 15, 1941, Núm. 39, p. 577, sec. 1; Agosto 7, 1946, Núm. 24, p. 71, sec. 1; Mayo 30, 1970, Núm. 76, p. 199; Mayo 7, 1976, Núm. 30, p. 81, art. 1; Julio 6, 1976, Núm. 1, p. 817, retroactiva a Julio 1, 1976.)

Ley de Compensación Extraordinaria por Servicios fuera de Horas Regulares.
Ley Núm. 43 de 17 de mayo de 1955, según enmendada.

Art. 1. Compensación extraordinaria por servicios fuera de horas regulares. (18 L.P.R.A. sec. 297)

Se autoriza al Secretario de Educación a contratar los servicios de maestros, funcionarios o empleados del Departamento de Educación y del Estado Libre Asociado de Puerto Rico, sus instrumentalidades, subdivisiones políticas, corporaciones públicas o de las subsidiarias de éstas y pagarles la debida compensación extraordinaria por los servicios adicionales que hubieren prestado como maestros, o en cualquier otra capacidad, en escuelas extramuros, programas de alfabetización, programas de televisión y radiodifusión públicas y otras actividades de índole similar a cargo del Departamento de Educación, fuera de sus horas regulares de servicios como maestros o servidores públicos, sin sujeción a lo dispuesto por la sec. 551 del Título 3, o a las disposiciones de cualquier otra ley en contrario.

(Mayo 17, 1955, Núm. 43, p. 149, art. 1; Junio 28, 1957, Núm. 108, p. 533; Junio 24, 1971, Núm. 84, p. 271, sec. 1.)

Art. 1. Compensación extra por servicios adicionales de maestros de economía doméstica. (18 L.P.R.A. sec. 297a)

Se autoriza al Secretario de Educación a contratar o utilizar los servicios de maestros en ejercicio y otros funcionarios o empleados del Estado Libre Asociado de Puerto Rico, y pagarles la debida compensación extraordinaria por los servicios adicionales que prestaren como maestros encargados del Centro de Economía Doméstica (head teachers), maestros de economía doméstica para adultos, maestros supervisores de economía doméstica y otras actividades de índole similar, fuera de sus horas regulares de trabajo como maestros o servidores públicos e independientemente de las funciones ordinarias de sus cargos, sin sujeción a lo dispuesto por la sec. 551 del Título 3 y a las disposiciones de cualquier otra ley en contrario.

(Junio 13, 1958, Núm. 31, p. 46, art. 1, retroactiva a Julio 1, 1956.)

Arts. 1 a 3-A. Compensación extraordinaria por servicios en programas financiados con fondos federales o donativos. (18 L.P.R.A. sec. 297b)

(a) Se autoriza al Secretario de Educación a contratar los servicios de los propios funcionarios, maestros y empleados del Departamento de Educación, maestros y otros funcionarios o empleados de los departamentos, agencias e instrumentalidades del Estado Libre Asociado de Puerto Rico, o sus subdivisiones políticas, y a pagarles la debida compensación extraordinaria por los servicios adicionales que hubieren prestado o prestaren como maestros o en cualquier otra capacidad fuera de sus horas regulares de trabajo durante el curso escolar regular yo el mes de actividades establecido por la sec. 291 de este título, relacionados con el desarrollo de programas educativos financiados total o parcialmente por fondos del Gobierno de los Estados Unidos o por donativos de fundaciones y otras entidades de propósitos educativos, sin sujeción a lo dispuesto en la sec. 551 del Título 3 o de cualquier otra ley en contrario.

(b) Se autoriza, además, al Secretario de Educación a contratar los servicios de los propios funcionarios, maestros y empleados del Departamento de Educación, maestros y otros funcionarios o empleados del Estado Libre Asociado de Puerto Rico y a pagarles compensación adicional por los servicios que éstos hubieren prestado o prestaren durante sus vacaciones relacionados con el desarrollo de programas educativos financiados total a parcialmente con fondos del Gobierno de los Estados Unidos o por donativos de fundaciones y otras entidades de propósitos educativos, sin sujeción a lo dispuesto en la sec. 551 del Título 3 o cualquier otra ley en contrario.

(c) En los casos de contratación de funcionarios o empleados del Estado Libre Asociado de Puerto Rico cubiertos por los dos anteriores incisos de esta sección, dicha contratación deberá hacerse con la previa aprobación del Director de la Oficina de Gerencia y Presupuesto.

(d) El Secretario de Educación promulgará las reglas necesarias para llevar a cabo los propósitos de esta sección incorporando en ellas aquellas disposiciones que fueran necesarias a los efectos de asegurar que para la prestación de estos servicios se considere en primer lugar personal idóneo desempleado.

(Junio 25, 1965, Núm. 90, p. 241, arts. 1 a 3-A; Mayo 11, 1967, Núm. 28, p. 222.)

Ley de Contratos a Maestros Jubilados para los Programas Especiales.
Ley Núm. 33 de 9 de junio de 1956, según enmendada.

Arts. 1 a 3. Contratos a maestros jubilados para los programas especiales de enseñanza pública. (18 L.P.R.A. sec. 298)

(a) Se autoriza al Secretario de Educación a contratar a cualquier persona jubilada por años de servicios bajo las disposiciones de los sistemas de retiro auspiciados por el Estado Libre Asociado de Puerto Rico o por sus instrumentalidades y mayor de 58 años de edad para que preste sus servicios como maestro en los programas especiales de enseñanza pública en períodos parciales (part time); alfabetización, educación de adultos y para otras actividades a cargo del Departamento de Educación y a pagarles la compensación correspondiente para estos servicios a base de cinco (5) dólares por hora de trabajo en adición a los pagos que por concepto de pensión reciba la persona así contratada.

(b) Los servicios que presten los pensionados así contratados por el Secretario de Educación de acuerdo a lo dispuesto en esta sección no se tomarán en consideración para recibir una pensión mejorada ni le darán derecho a recibir una nueva pensión por lo cual no se le harán descuentos algunos de su compensación para fines de retiro mientras presten esos servicios.

(c) Cualquier disposición de ley o parte de ley que esté en conflicto con las disposiciones de la presente no se aplicará en los casos de pensionados así contratados por el Secretario de Educación de acuerdo con lo aquí dispuesto.

(Junio 9, 1956, Núm. 33, p. 101, arts. 1 a 3; Junio 20, 1966, Núm. 83, p. 265, sec. 2; Junio 28, 1969, Núm. 113, p. 325.)

Ley del Sistema de Retiro para Maestros del Estado Libre Asociado de Puerto Rico.
Ley Núm. 160 de 24 de diciembre de 2013, según enmendada.

Notas Importantes
Jurisprudencia
-**2014 TSPR 58** – Declara inconstitucional varios artículos de esta ley.
Véase las notas al final de los artículos derogado de esta ley y/o la Opinión del Tribunal para el texto completo.

Sección 1.– (18 L.P.R.A. sec. 393 et seq.)

Esta Ley será conocida y citada como la "Ley del Sistema de Retiro para Maestros del Estado Libre Asociado de Puerto Rico".

(Diciembre 24, 2013, Núm. 160, Sección 1.)

CAPÍTULO 1.- DEFINICIONES

Artículo 1.1. - Definiciones. (18 L.P.R.A. sec. 393)

Las siguientes palabras y términos, cuando sean usados o se haga referencia a los mismos en esta Ley, tendrán el significado indicado a continuación a menos que del contexto surja claramente otro significado. Los tiempos usados en el presente incluyen también el futuro, si en algún lugar se usa una palabra en masculino solamente como norma genérica, se entenderá enmendado a una palabra o palabras que muestren la inclusión masculina y femenina, así como no binaria en el lenguaje, salvo en aquellos casos que tal interpretación resultase absurda. El número singular incluye el plural y el plural el singular.

(a) AAFAF-la Autoridad de Asesoría Financiera y Agencia Fiscal de Puerto Rico, creada por la Ley 2-2017.

(b) Acuerdo de Reestructuración-significa cualquier acuerdo entre (1) el Gobierno de Puerto Rico, sus Empresas Públicas, Municipios o Sistemas de Retiro; (2) la JSAF; (3) bonistas del Gobierno; (4) aseguradoras de bonos, se hayan o no subrogado en el derecho de crédito de los(as) bonistas, del Gobierno; con relación a, o en apoyo de, cualquier transacción que implique una Modificación Calificativa, según este concepto es definido en el Título VI de PROMESA, o un Ajuste, según este concepto es utilizado en el Título III de PROMESA, de los bonos del Gobierno.

(c) AEP-la Autoridad de Edificios Públicos de Puerto Rico, creada por la Ley Núm. 56 de 19 de junio de 1958, según enmendada.

(d) Aportación Adicional Anual.-la aportación anual certificada por el actuario externo del Sistema, preparada al menos ciento veinte días (120) días antes del comienzo del año fiscal 2018- 2019, y luego cada dos (2) años hasta el año fiscal 2041-2042, como necesaria para evitar que el valor de los activos brutos proyectados del Sistema sea, durante cualquier año fiscal subsiguiente, menor a trescientos ($300) millones de dólares, sujeto a lo dispuesto en el Artículo 7.1 de esta Ley. Si por cualquier razón, la Certificación de dicha Aportación Adicional Anual para el año fiscal correspondiente no estuviese disponible dentro del término establecido de ciento veinte (120) días, o antes, con el consentimiento de la Oficina de Gerencia y Presupuesto, la Aportación Adicional Anual para ese año fiscal será la del año fiscal inmediatamente anterior, sujeto a lo establecido en el Artículo 7.1 de esta Ley.

(e) Aportaciones Individuales.-aquellas cantidades que se hayan descontado o se descontaren del salario del participante, para ser acreditadas a su Cuenta de Aportaciones al Fondo o a su Cuenta de Aportaciones Definidas, según aplique.

(f) Aportación Uniforme para la Justicia Magisterial.-la aportación anual a realizarse al Sistema equivalente en el año fiscal 2016-2017 a $30 millones, en el año fiscal 2017-2018 a $30 millones y, a partir del año fiscal 2018-2019 y por los años subsiguientes hasta el año fiscal 2041- 2042, a $60 millones.

(g) Bonos Impugnados-colectivamente, todas las emisiones de bonos realizadas por el Gobierno cuyas garantías jurídicas, cuantías garantizadas, fuentes de pago comprometidas o autorizaciones legales hayan sido retadas ante el Tribunal de Distrito de los Estados Unidos para el Distrito de Puerto Rico o ante el Tribunal General de Justicia por parte del Gobierno de Puerto Rico, sus Empresas Públicas, Municipios, Sistemas de Retiro, la JSAF, los comités oficiales de acreedores(as) y retirados(as), cualesquiera otras Partes Interesadas, según dicho término es definido en el Código de Quiebras de los Estados Unidos, o personas con legitimación activa para intervenir mediante la presentación de petición de quiebra, memorando de derecho, moción, demanda, o procedimiento adversarial al amparo de algún caso presentado y pendiente de resolución final bajo del Título III de PROMESA. Incluye, sin que se entienda como una limitación:

(1) la Serie A de los *Senior Pension Funding Bonds* emitida por la Administración de los Sistemas de Retiro de los Empleados del Gobierno y la Judicatura (ASR) el 31 de enero de 2008 por la cantidad agregada de mil quinientos ochenta y ocho millones ochocientos diez mil setecientos noventa y nueve y sesenta céntimos (1,588,810,799.60) dólares en principal, que incluye mil quinientos cuarenta y tres millones setecientos

setenta mil (1,543,770,000) dólares en bonos a plazo y cuarenta y cinco millones cuarenta mil setecientos noventa y nueve dólares y sesenta céntimos (45,040,799.60) dólares en bonos de apreciación de capital, y que fue suscrita por *UBS Financial Services Incorporated of Puerto Rico, Popular Securities, Santander Securities, BBVAPR MSD, Citi, Lehman Brothers, Merrill Lynch & Co., Oriental Financial Services Corporation, Samuel A. Ramírez & Co., Inc., Scotia Capital, TCM Capital y Wachovia Capital Markets, LLC* originalmente ofrecidos para reventa exclusivamente a residentes de Puerto Rico en el mercado de capital de Puerto Rico;

(2) la Serie B de los *Senior Pension Funding Bonds* emitida por la ASR el 2 de junio de 2008 por la cantidad agregada de mil cincuenta y ocho millones seiscientos treinta y cuatro mil seiscientos trece y cinco céntimos (1,058,634,613.05) dólares en principal, que incluye ochocientos dieciséis millones cien mil (816,100,000) dólares en bonos a plazo y doscientos cuarenta y dos millones quinientos treinta y cuatro mil seiscientos trece y cinco céntimos (242,534,613.05) dólares en bonos de apreciación de capital, y que fue suscrita por *UBS Financial Services Incorporated of Puerto Rico, Popular Securities, Santander Securities originalmente ofrecidos para reventa exclusivamente a residentes de Puerto Rico en el mercado de capital de Puerto Rico;*

(3) la Serie C de los *Senior Pension Funding Bonds* emitida por la ASR el 30 de junio de 2008 por la cantidad agregada de trescientos millones doscientos dos mil novecientos treinta (300,202,930) dólares en principal, que incluye doscientos noventa y ocho millones (298,000,000) de dólares en bonos a plazo y dos millones doscientos dos mil novecientos treinta (2,202,930) dólares en bonos de apreciación de capital, y que fue suscrita por *UBS Financial Services Incorporated of Puerto Rico, Popular Securities, Santander Securities, BBVAPR MSD, Citi, Eurobank MSD, Lehman Brothers, Merrill Lynch & Co., Oriental Financial Services Corporation, Samuel A. Ramírez & Co., Inc., Scotia Capital y Wachovia Capital Markets, LLC* y originalmente ofrecidos para reventa exclusivamente a residentes de Puerto Rico en el mercado de capital de Puerto Rico;

(4) la Serie K de los *Government Facilities Revenue Refunding Bonds* emitidos por la Autoridad de Edificios Públicos (AEP) el 1 de julio de 2009 por la cantidad de cincuenta millones (50,000,000) de dólares en principal de bonos a plazo identificados por el número CUSIP 745235L82 al momento de la emisión, y que fue suscrita por *Merrill Lynch & Co. y Ramírez & Co., Inc.;*

(5) la Serie P de los *Government Facilities Revenue Refunding Bonds* emitida por la AEP el 1 de julio de 2009 por la cantidad agregada de

trescientos treinta millones novecientos treinta y cinco mil (330,935,000) dólares en principal, que incluye doscientos quince millones ciento sesenta mil (215,160,000) dólares en bonos a plazo identificados por los números CUSIP 745235K75, 745235K83, 745235K91, 745235L25 y 745235L33 al momento de la emisión, y ciento quince millones setecientos setenta y cinco mil (115,775,000) dólares en bonos en serie identificados por los números CUSIP 745235L41, 745235L58, 745235L66 y 745235L74 al momento de la emisión, y que fue suscrita por *Merrill Lynch & Co., Ramírez & Co., Inc., Barclays Capital, Goldman Sachs & Co., J.P. Morgan, Morgan Stanley, Popular Securities, Santander Securities y UBS Financial Services Incorporated of Puerto Rico;*

(6) la Serie Q de los *Government Facilities Revenue Refunding Bonds* emitida por la AEP el 28 de octubre de 2009 por la cantidad agregada de ciento cincuenta y dos millones quinientos cuarenta mil (152,540,000) dólares en principal, que incluye ciento cuarenta y cuatro millones trescientos cuarenta mil (144,340,000) dólares en bonos a plazo identificados por los números CUSIP 745235M24, 745235M32 y 745235M40 al momento de la emisión, y ocho millones doscientos mil (8,200,000) dólares en bonos en serie identificados por el número de CUSIP 745235L90 al momento de la emisión, y que fue suscrita por *Merrill Lynch & Co., Ramírez & Co., Inc., Barclays Capital, Goldman Sachs & Co., J.P. Morgan, Morgan Stanley, Popular Securities, Santander Securities y UBS Financial Services Incorporated of Puerto Rico;*

(7) la Serie R de los *Government Facilities Revenue Bonds* emitida por la AEP el 24 de agosto de 2011 por la cantidad agregada de setecientos cincuenta y seis millones cuatrocientos cuarenta y nueve mil (756,449,000) dólares en principal identificados por los números CUSIP 745235 M57, 745235 M73, 745235 M65 y 745235 M81 al momento de la emisión, y que fue suscrita por *Popular Securities, Bank of America Merrill Lynch, Santander Securities, UBS Financial Services Incorporated of Puerto Rico, Barclays Capital, BBVAPR MSD, Citigroup, FirstBank Securities, Oriental Financial Services, Ramírez & Co., Inc., Raymond James y Scotia MSD*, y originalmente ofrecidos para reventa exclusivamente a residentes de Puerto Rico en el mercado de capital de Puerto Rico;

(8) la Serie S de los *Government Facilities Revenue Bonds* emitida por la AEP el 24 de agosto de 2011 por la cantidad agregada de trescientos tres millones novecientos cuarenta y cinco mil (303,945,000) dólares en principal, que incluye doscientos ocho millones novecientos cuarenta y cinco mil (208,945,000) dólares en bonos a plazo identificados por los números CUSIP 745235P62 y 745235P70 al momento de la emisión, y noventa y cinco millones (95,000,000) de dólares en bonos en serie

identificados por los números CUSIP 745235M99, 745235N23, 745235N31, 745235N49, 745235N56, 745235N64, 745235N72, 745235N80, 745235N98, 745235P21, 745235P39, 745235P47, 745235P54 y 745235P88 al momento de la emisión, y que fue suscrita por *Ramírez & Co., Inc., RBC Capital Markets, Barclays Capital, BMA Capital Markets, Bank of America Merrill Lynch, Citigroup, Goldman Sachs & Co., Jefferies & Company, J.P. Morgan, Morgan Stanley, Raymond James, UBS Financial Services Incorporated of Puerto Rico, Wells Fargo Securities, BBVAPR MSD, FirstBank Puerto Rico Securities, Oriental Financial Services, Popular Securities, Santander Securities, Scotia MSD y VAB Financial;*

(9) la Serie T de los *Government Facilities Revenue Bonds – Qualified Zone Academy Bonds* emitida por la AEP el 22 de diciembre de 2011 por la cantidad agregada de ciento veintiún millones quinientos veintiocho mil (121,528,000) dólares en principal identificados por el número CUSIP 745235Q20 al momento de la emisión, y que fue suscrita por *Santander Securities y UBS Financial Services Puerto Rico;*

(10) la Serie U de los *Government Facilities Revenue Refunding Bonds* emitida por la AEP el 21 de junio de 2012 por la cantidad agregada de quinientos ochenta y dos millones trescientos cuarenta y cinco mil (582,345,000) dólares en principal, que incluye quinientos treinta y ocho millones seiscientos setenta y cinco mil (538,675,000) dólares en bonos a plazo identificados por el número CUSIP 745235R37 al momento de la emisión, y cuarenta y tres millones seiscientos setenta mil (43,670,000) dólares en bonos en serie identificados por los números CUSIP 745235S51, 745235R45, 745235R52, 745235R60, 745235R78, 745235R86, 745235R94, 745235S28, 745235S36, 745235S44 y 745235S69 al momento de la emisión, y que fue suscrita por *Goldman Sachs & Co., BMO Capital Markets, RBC Capital Markets, Barclays, Bank of America Merrill Lynch, Citigroup, Jefferies, J.P. Morgan, Morgan Stanley, Ramírez & Co., Inc., Raymond James | Morgan Keegan, Wells Fargo Securities, BBVAPR MSD, FirstBank PR Securities, Oriental Financial Services, Popular Securities, Santander Securities, Scotia MSD, UBS Financial Services Puerto Rico y VAB Financial;*

(11) la Serie A de los *General Obligation* Bonds emitida por el Gobierno de Puerto Rico el 17 de marzo de 2014 por la cantidad de tres mil quinientos millones (3,500,000,000) de dólares en principal de bonos a plazo identificados por el número CUSIP 74514LE86 al momento de la emisión, y que fue suscrita por *Barclays, Morgan Stanley, RBC Capital Markets, Bank of America Merrill Lynch, Goldman Sachs & Co., J.P. Morgan, Ramírez & Co., Inc., FirstBank PR Securities, Jefferies, Mesirow*

Financial, Inc., Oriental Financial Services, Popular Securities, Santander Securities y UBS Financial Services Puerto Rico;

(12) la Serie A de los *Public Improvement Refunding Bonds – General Obligation Bonds* emitida por el Gobierno de Puerto Rico el 3 de abril de 2012 por la cantidad agregada de dos mil trescientos dieciocho millones ciento noventa mil (2,318,190,000) dólares en principal, que incluye mil seiscientos setenta y ocho millones setecientos cuarenta y cinco mil (1,678,745,000) dólares en bonos a plazo identificados por los números CUSIP 74514LD20, 74514LB63, 74514LB71 y 74514LB89 al momento de la emisión, y seiscientos treinta y nueve millones cuatrocientos cuarenta y cinco mil (639,445,000) dólares en bonos en serie identificados por los números CUSIP 74514LA31, 74514LC47, 74514LA49, 74514LC54, 74514LA56, 74514LC62, 74514LD46, 74514LC70, 74514LA64, 74514LD53, 74514LC88, 74514LA72, 74514LD61, 74514LA80, 74514LD79, 74514LD38, 74514LC96, 74514LA98, 74514LB22, 74514LD87, 74514LB30, 74514LB48, 74514LB97, 74514LB55, 74514LC21 y 74514LC39 al momento de la emisión, y que fue suscrita por *Barclays Capital, J.P. Morgan, Goldman Sachs & Co., Jefferies, BMO Capital Markets, Bank of America Merrill Lynch, Citigroup, Morgan Stanley, Ramírez & Co., Inc., Raymond James, RBC Capital Markets, UBS Financial Services Puerto Rico, Wells Fargo Securities, BBVAPR MSD, FirstBank PR Securities, Oriental Financial Services, Popular Securities, Santander Securities, Scotia MSD y VAB Financial;*

(13) la Serie B de los *Public Improvement Refunding Bonds* emitida por el Gobierno de Puerto Rico el 29 de marzo de 2012 por la cantidad agregada de cuatrocientos quince millones doscientos setenta mil (415,270,000) dólares en principal, que incluye cuarenta y nueve millones seiscientos diez mil (49,610,000) dólares en bonos a plazo identificados por el número CUSIP 74514LA23, y trescientos sesenta y cinco millones seiscientos sesenta mil (365,660,000) dólares en bonos en serie identificados por los números CUSIP 74514LZS9, 74514LZT7, 74514LZU4, 74514LZV2, 74514LZW0, 74514LZX8, 74514LZY6, 74514LZZ3, y que fue suscrita por *UBS Financial Services Puerto Rico, Bank of America Merrill Lynch, Popular Securities, Santander Securities, Barclays Capital, BBVAPR MSD, Citigroup, FirstBank PR Securities, Oriental Financial Services, Ramírez & Co., Inc., Raymond James y Scotia MSD;*

(14) la Serie C de los *Public Improvement Refunding Bonds* emitida por el Gobierno de Puerto Rico el 17 de marzo de 2011 por la cantidad agregada de cuatrocientos cuarenta y dos millones quince mil (442,015,000) dólares en principal, que incluye ciento veintisiete millones quince mil (127,015,000) dólares en bonos a plazo identificados por el número CUSIP

74514LXH5, y trescientos quince millones (315,000,000) de dólares en bonos en serie identificados por los números CUSIP 74514LWY9, 74514LXD4, 74514LXE2, 74514LXA0, 74514LXB8, 74514LXF9, 74514LWZ6, 74514LXC6, 74514LXG7 y 74514LWX1, y que fue suscrita por *Morgan Stanley, Barclays Capital, BMO Capital Markets, Bank of America Merrill Lynch, Citi, Goldman Sachs & Co., Jefferies & Company, J.P. Morgan, Ramírez & Co., Inc., Raymond James, RBC Capital Markets, UBS Financial Services Incorporated of Puerto Rico, Wells Fargo Securities, BBVAPR MSD, FirstBank Puerto Rico Securities, Oriental Financial Services, Popular Securities, Santander Securities y VAB Financial;*

(15) la Serie D de los *Public Improvement Refunding Bonds* emitida por el Gobierno de Puerto Rico el 12 de julio de 2011 por la cantidad de cincuenta y dos millones ciento noventa mil (52,190,000) dólares en principal en bonos en serie identificados por los números CUSIP 74514LYX9, 74514LYY7, 74514LYZ4, 74514LZA8, 74514LB6, 74514LZC4, 74514LZH3, 74514LZF7, 74514LZD2, 74514LZJ9, 74514LZG5 y 74514LZE0, y que fue suscrita por *J.P. Morgan, Barclays Capital, BMO Capital Markets, Bank of America Merrill Lynch, Citi, Goldman Sachs & Co., Jefferies & Company, Morgan Stanley, Ramírez & Co., Inc., Raymond James, RBC Capital Markets, UBS Financial Services Incorporated of Puerto Rico, Wells Fargo Securities, BBVAPR MSD, FirstBank Puerto Rico Securities, Oriental Financial Services, Popular Securities, Santander Securities, Scotia MSD y VAB Financial;*

(16) la Serie E de los *Public Improvement Bonds* emitida por el Gobierno de Puerto Rico el 12 de julio de 2011 por la cantidad de doscientos cuarenta y cinco millones novecientos quince mil (245,915,000) dólares en principal en bonos en serie identificados por los números CUSIP 74514LZK6, 74514LZL4, 74514LZM2, 74514LZN0, 74514LZP5 y 74514LZQ3, y que fue suscrita por *J.P. Morgan, Barclays Capital, BMO Capital Markets, Bank of America Merrill Lynch, Citi, Goldman Sachs & Co., Jefferies & Company, Morgan Stanley, Ramírez & Co., Inc., Raymond James, RBC Capital Markets, UBS Financial Services Incorporated of Puerto Rico, Wells Fargo Securities, BBVAPR MSD, FirstBank Puerto Rico Securities, Oriental Financial Services, Popular Securities, Santander Securities, Scotia MSD y VAB Financial;*

(17) la Serie A de los *Public Improvement Refunding Bonds* emitida por el Gobierno de Puerto Rico el 17 de septiembre de 2009 por la cantidad de tres millones cuatrocientos veinticinco mil (3,425,000) dólares en principal de bonos a plazo identificados por el número CUSIP 74514LVV6, y que fue suscrita por *Morgan Stanley, JP Morgan, Barclays Capital, Goldman

Sachs & Co., Merrill Lynch, Ramírez & Co., Inc., Popular Securities, Santander Securities y UBS Financial Services of Puerto Rico;

(18) la Serie 2007 A-4 de los *Public Improvement Refunding Bonds* emitida por el Gobierno de Puerto Rico el 17 de septiembre de 2009 por la cantidad de noventa y tres millones ochocientos treinta y cinco mil (93,835,000) dólares en principal de bonos en serie identificados por los números CUSIP 74514LVT1 y 74514LVU8, y que fue suscrita por *Morgan Stanley y JP Morgan;*

(19) la Serie B de los *Public Improvement Refunding Bonds* emitida por el Gobierno de Puerto Rico el 17 de noviembre de 2009 por la cantidad de trescientos setenta y dos millones seiscientos ochenta y cinco mil (372,685,000) dólares en principal de bonos a plazo identificados por los números CUSIP 74514LVX2, 74514LVY0, 74514LVZ7 y 74514LVW4, y que fue suscrita por *Morgan Stanley, JP Morgan, Barclays Capital, Goldman Sachs, Merrill Lynch, Ramírez & Co., Inc., Popular Securities, Santander Securities y UBS Financial Services Incorporated of Puerto Rico;*

(20) la Serie C de los *Public Improvement Refunding Bonds* emitida por el Gobierno de Puerto Rico el 16 de diciembre de 2009 por la cantidad de doscientos diez millones doscientos cincuenta mil (210,250,000) dólares en principal de bonos a plazo identificados por el número CUSIP 74514LWA1, y que fue suscrita por *Morgan Stanley, Citi, JP Morgan, Barclays Capital, Goldman Sachs & Co., Merrill Lynch & Co., Ramírez & Co., Inc., UBS Financial Services Incorporated of Puerto Rico, FirstBank Puerto Rico Securities, Popular Securities y Santander Securities;* y,

(21) la Serie A de los *Public Improvement Refunding Bonds* emitida por el Gobierno de Puerto Rico el 17 de febrero de 2011 por la cantidad de trescientos cincuenta y seis millones quinientos veinte mil (356,520,000) dólares en principal de bonos en serie identificados por los números CUSIP 74514LWN3, 74514LWJ2, 74514LWP8, 74514LWK9, 74514LWL7, 74514LWM5, 74514LWQ6, 74514LWT0, 74514LWR4 y 74514LWS2, y que fue suscrita por *Barclays Capital, Jefferies & Company, Bank of America Merrill Lynch, Citi, Goldman Sachs & Co., J.P. Morgan, Morgan Stanley, Ramírez & Co., Inc., Raymond James, RBC Capital Markets, UBS Financial Services Incorporated of Puerto Rico, Wells Fargo Securities, BBVAPR MSD, FirstBank Puerto Rico Securities, Oriental Financial Services, Popular Securities y Santander Securities.*

(h) Bonos No Impugnados-colectivamente, todas las emisiones de bonos realizadas por el Gobierno cuyas garantías jurídicas, cuantías garantizadas, fuentes de pago comprometidas o autorizaciones legales no hayan sido retadas ante el Tribunal de Distrito de los Estados Unidos para el Distrito de Puerto Rico o ante el Tribunal General de Justicia por parte del Gobierno, la JSAF, los comités oficiales de acreedores(as) y retirados (as), cualesquiera otras Partes Interesadas, según dicho término es definido en el Código de Quiebras de los Estados Unidos, o personas con legitimación activa para intervenir mediante la presentación de petición de quiebra, memorando de derecho, moción, demanda, o procedimiento adversarial al amparo de algún caso presentado y pendiente de resolución final bajo del Título III de PROMESA; y, (ii) que aún estén pendientes de pago.

(i) Código de Quiebras-se refiere al Título 11 del Código de los Estados Unidos, el cual dispone sobre los mecanismos de composición o ajustes de deudas para individuos(as), corporaciones y entidades gubernamentales.

(j) Coeficiente de Financiación Adecuada-es la proporción, equivalente a 1.2, de recursos propios totales del Fideicomiso para la Administración Conjunta de los Sistemas de Retiro relativo a sus obligaciones totales, según determinados anualmente mediante estudio actuarial independiente basado en el método y la valoración agregada del costo y la financiación actuarial utilizados por la Oficina del Contralor del Estado de Nueva York para la administración de los sistemas de retiro gubernamentales de ese estado, para alcanzar un nivel adecuado de financiación de las pensiones.

(k) Cuenta de Aportaciones Definidas.-la cuenta creada a partir del 1 de agosto de 2014 a nombre de cada participante conforme a lo establecido en el Artículo 5.4 de esta Ley.

(l) Cuenta de Aportaciones al Fondo.-la cuenta donde se contabiliza el balance de las aportaciones individuales acreditadas a nombre del participante en el Fondo al 31 de julio de 2014.

(m) CUSIP: se refiere al Comité de Procedimientos Uniformes de Identificación de Valores (Committee on Uniform Securities Identification Procedures), cuyo sistema de numeración permite la identificación única de todas las acciones y los bonos registrados en los mercados de capital de los Estados Unidos y Canadá, y se utiliza para crear una distinción concreta entre los valores que se negocian en los mercados públicos. El Comité de Procedimientos Uniformes de Identificación de Valores (CUSIP) supervisa todo el sistema de numeración CUSIP.

(n) Director(a) Ejecutivo(a).-la persona o la entidad que la Junta de Retiro, creada mediante la "Ley para Garantizar el Pago a Nuestros Pensionados y Establecer un Nuevo Plan de Aportaciones Definidas Para los Servidores Públicos", designe para ejercer las funciones de Administrador(a) del Sistema.

(o) Empleado(a) del Sistema.-todo aquel empleado(a) del Sistema que accedió a transferir al Sistema sus aportaciones y años de servicio acreditados del Sistema de Retiro de los Empleados del Gobierno del Estado Libre Asociado de Puerto Rico o de cualquier otro sistema de retiro del Estado Libre Asociado de Puerto Rico. Además, significará todo aquel empleado(a) que comenzó a trabajar en el Sistema en o después del 29 de marzo de 2004.

(p) ERISA-significa la "Ley para la Seguridad de los Ingresos de Retiro de los Empleados" (en inglés, "Employee Retirement Income Security Act") de 1974, incorporada al Título 29 del Código de los Estados Unidos.

(q) Fideicomiso para la Administración Conjunta de los Sistemas de Retiro: en adelante, FACSiR, es el nuevo Sistema de Retiro diseñado y promovido en esta Ley, y que administraría un nuevo fideicomiso en el que se consolidan los recursos y las obligaciones del Sistema de Retiro de los Empleados del Gobierno de Puerto Rico, según establecido por la Ley Núm. 447 de 15 de mayo de 1951, según enmendada, en adelante SRE; el Sistema de Retiro para la Judicatura, creado mediante la Ley Núm. 12 de 19 de octubre de 1954, según enmendada, en adelante SRJ; y el Sistema de Retiro para Maestros de Puerto Rico, según establecido por la Ley 160-2013, en adelante SRM, y se centralizan la gestión y los gastos de administración de los mismos, tras la confirmación de un Plan de Ajuste viable, justo y equitativo para el pueblo y para los(as) Pensionados y Participantes de los Sistemas de Retiro.

(r) Fondo.-el Fondo de Aportaciones al Sistema, así designado en el Artículo 4.1.

(s) Gobierno.-el Gobierno del Estado Libre Asociado de Puerto Rico y cualquier subdivisión política de este, todos los municipios de Puerto Rico, y aquellas otras organizaciones gubernamentales que deban acogerse a las disposiciones de esta Ley.

(t) Ingresos del Fideicomiso o Ingresos del FACSiR-incluirán, sin que se entienda como una lista exhaustiva o limitación:

(1) la transferencia del cien (100) por ciento del balance depositado en la Cuenta para el Pago de las Pensiones Acumuladas, creada por virtud de la Ley 106-2017, según enmendada;

(2) el cien (100) por ciento de las aportaciones individuales de los(as) Participantes;

(3) el cien (100) por ciento de las aportaciones patronales del Gobierno de Puerto Rico;

(4) el cien (100) por ciento de los ahorros anuales producidos por la descarga, anulación o reducción en el Servicio de Deuda Pendiente de Pago de los Bonos Impugnados;

(5) la restitución del cien (100) por ciento de las aportaciones individuales retenidas a los Participantes del Programa de Cuentas de Ahorro para el Retiro, creado por virtud del Capítulo 3 de la Ley Núm. 447 de 15 de mayo de 1951, y los daños correspondientes a la rentabilidad de inversión dejada de devengar tras el incumplimiento del Administrador del SRE con el Artículo 3-103 y el Artículo 3-105 del Programa de Cuentas de Ahorro para el Retiro y la Ley Núm. 447 de 15 de mayo de 1951, según enmendada;

(6) el cien (100) por ciento de cualesquiera sentencias judiciales, y los derechos propios y del Gobierno de Puerto Rico a procurar y recibir restitución, por daños y perjuicios sufridos en el erario público a consecuencia de la impericia, negligencia, temeridad o malicia de los bancos suscriptores y sus representantes o consultores(as) profesionales en la emisión, compra y venta de Bonos Impugnados;

(7) el cien (100) por ciento de los réditos por las inversiones y los activos del FACSiR, incluyendo los activos de los Sistemas de Retiro que no hayan sido liquidados o transferidos a la Cuenta para el Pago de las Pensiones Acumuladas tras la aprobación de la Ley 106-2017, según enmendada, cuya titularidad también será transferida, sin liquidar el activo, al FACSiR;

(8) el cien (100) por ciento de las economías netas producidas en la administración del FACSiR y sus activos;

(9) el cien (100) por ciento de cualesquiera otros ingresos propios que pueda generar el FACSiR sin arriesgar el Coeficiente de Financiación Adecuada, en cumplimiento con los deberes fiduciarios dispuestos en la Sección 3.08 de esta Ley, y que sean cónsonos con los poderes conferidos al Fideicomiso en ley; y,

(10) la cantidad mayor entre (i) el cincuenta (50) por ciento de los ahorros anuales producidos por la descarga o reducción en el servicio de deuda de Bonos No Impugnados, o (ii) la totalidad de los ahorros anuales que sean necesarios producir en el servicio de deuda de Bonos No Impugnados para alcanzar el Coeficiente de Financiación Adecuada en un plazo no mayor de quince (15) años, a través de un Plan de Ajuste de Deuda bajo el Título III de PROMESA.

(u) Interés Compuesto.-nueve punto cinco por ciento (9.5%) anual para propósitos del pago de los servicios no cotizados hechos en o antes del 31 de julio de 2014 y dos por ciento (2%) anual para propósitos de los reembolsos de aportaciones individuales.

(v) JSAF: la Junta de Supervisión y Administración Financiera, creada al amparo de los Títulos I y II de PROMESA.

(w) Junta de Síndicos.-la Junta de Retiro, creada mediante la "Ley para Garantizar el Pago a Nuestros Pensionados y Establecer un Nuevo Plan de Aportaciones Definidas Para los Servidores Públicos".

(x) "Ley Sarbanes-Oxley"-significa la "Ley Sarbanes-Oxley" de 2002, Ley Pública 107-204, aprobada por el Gobierno de los Estados Unidos el 30 de julio de 2002.

(y) Maestro(s)(as).-profesional que enseña en los salones de clase, los(as) Directores(as) y Subdirectores(as) de Escuela y demás denominaciones y categoría de maestros(as) que existan o puedan existir dentro de la nomenclatura del Departamento de Educación del Estado Libre Asociado de Puerto Rico, el(la) Secretario(a) del Departamento de Educación y funcionarios(as) subalternos(as), y aquellos otros(as) empleados(as) o funcionarios(as) que se acojan a los beneficios de esta Ley, de acuerdo con las disposiciones de la misma, siempre que posean un certificado válido para trabajar como maestros(as).

(z) Mejores Prácticas de Contabilidad-significa el establecimiento de un sistema de controles de contabilidad que sean cónsonos con los principios de contabilidad generalmente aceptados (GAAP, por sus siglas en inglés), ERISA y la "Ley Sarbanes-Oxley". Además significa, sin que se entienda como una lista exhaustiva o una limitación: (1) la creación de un equipo de auditores(as) internos(as); (2) la publicación trimestral y permanente de un desglose detallado de los ingresos, los gastos, las inversiones y su rendimiento, las personas naturales o jurídicas que administran los activos o asesoran en la inversión de los activos, y los honorarios y otras tarifas devengadas por las personas naturales o jurídicas que administran los activos o asesoran en la inversión de los activos; (3) la publicación anual y permanente de estados financieros auditados y estudios de valoración actuarial; (4) la publicación trimestral y permanente de un resumen estadístico de los(as) Participantes y Pensionados, desglosados por grupos de edad, escalas salariales o de beneficios, y programas de retiro correspondientes; (5) la realización y publicación regular y permanente de auditorías de cumplimiento (compliance audits) y rendimiento (performance audits), conforme los estándares de la Oficina de Rendición de Cuentas Gubernamental de los Estados Unidos (US GAO, por sus siglas en inglés), también conocido como Yellow Book; (6) la traducción al español y al inglés de todos los informes periódicos cuya producción es requerida mediante esta Ley; (7) la remisión de copias fieles y exactas, de manera regular y permanente, de cualesquiera informes periódicos sean requeridos producir mediante ley, reglamento, boletín administrativo, carta circular, principios de contabilidad generalmente aceptados, o políticas internas para los sistemas de retiro en Puerto Rico o de conformidad a normas del gobierno de Estados Unidos de América, a la Asamblea Legislativa y a las comisiones legislativas que tengan jurisdicción sobre los Sistemas de Retiro y el Presupuesto del Gobierno de Puerto Rico; y, (8) la adopción y publicación de políticas de inversión.

(aa) Participante en Servicio Activo.-el(la) participante que hace una aportación individual mensual al Sistema. Se considerará servicio activo el periodo durante el cual el(la) participante esté acogido(a) a una licencia sin sueldo autorizada oficialmente por el patrono.

(bb) Participante Inactivo(a).- aquel(lla) participante que en algún momento realizó una aportación individual al Sistema y se separó del servicio sin posteriormente solicitar la devolución de sus aportaciones.

(cc) Participantes.-los(as) maestros(as) y empleados(as) del Sistema, según dispuesto en el Artículo 3.1 de esta Ley.

(dd) Pensión.-cantidad a la que tiene derecho el participante de recibir al momento de retirarse del servicio, de acuerdo con las disposiciones de esta Ley.

(ee) Pensionados(as).todo(a) participante que reciba una pensión del Sistema, de acuerdo con las disposiciones de esta Ley.

(ff) Plan de Ajuste-plan propuesto por la JSAF para la reducción de las deudas del Gobierno a través del Título III de PROMESA, conforme la Sección 312 de PROMESA.

(gg) Programa de Aportaciones Definidas.-el programa establecido en el Capítulo 5 de esta Ley.

(hh) Programa de Beneficio Definido.-Programa establecido en el Capítulo 4 de esta Ley.

(ii) PROMESA-la Ley Pública 114-187, también conocida como "Ley de Supervisión, Administración y Estabilidad Económica de Puerto Rico", aprobada por el Gobierno de los Estados Unidos de América.

(jj) Quiebra-El proceso de reestructuración de deuda al que la JSAF acogió al Gobierno el 3 de mayo de 2017, ante el Tribunal de Distrito de los Estados Unidos para el Distrito de Puerto Rico, al amparo del Título III de PROMESA.

(kk) Salario.-retribución total que devenga un participante. Al computar la retribución se excluirá toda bonificación concedida en adición al salario, así como todo pago por concepto de horas extras ordinarias de trabajo.

(ll) Salario Promedio.-el promedio de los treinta y seis (36) salarios mensuales más altos que el(la) participante haya obtenido. Esto no aplica al cómputo de pensiones por incapacidad.

(mm) Servicio de Deuda Pendiente de Pago de los Bonos Impugnados-es el costo de amortización, incluyendo el pago de intereses y la porción correspondiente del principal, o las transferencias anuales de fondos públicos que deben ser realizadas por el Gobierno en cumplimiento con las emisiones de bonos que aún no se hubieren madurado, vencido, cancelado, intercambiado, refinanciado o reestructurado desde la fecha de vigencia de la Sección 405 de PROMESA, o en la fecha de efectividad de la Sección 362 del Código de Quiebras de los Estados Unidos según aplicable a Puerto Rico mediante la Sección 301(a) de PROMESA, y hasta las respectivas fechas de vencimiento de cada emisión de bonos.

(nn) Sistema.-el Sistema de Retiro para Maestros del Estado Libre Asociado de Puerto Rico.

(oo) Sistemas de Retiro- el Sistema de Retiro de los Empleados del Gobierno de Puerto Rico, según establecido por la Ley Núm. 447 de 15 de mayo de 1951, según enmendada, en adelante SRE; el Sistema de Retiro para la Judicatura, creado mediante la Ley Núm. 12 de 19 de octubre de 1954, según enmendada, en adelante SRJ; y el Sistema de Retiro para Maestros de Puerto Rico, según establecido por la Ley 160-2013, en adelante SRM. Para propósitos de esta Ley, no incluye el Sistema de Retiro de la Universidad de Puerto Rico ni el Sistema de Retiro de los Empleados de la Autoridad de Energía Eléctrica.

(Diciembre 24, 2013, Núm. 160, art. 1.1; Agosto 23, 2017, Núm. 106, art. 6.5, enmienda los incisos (f) y (k) anteriores; Junio 9, 2021, Núm. 7, art. 2.08, enmienda en términos generales.)

CAPÍTULO 2: SISTEMA, JUNTA DE SINDICOS Y DIRECTOR EJECUTIVO

Artículo 2.1- Sistema de Retiro para Maestros (18 L.P.R.A. sec. 394)

(a) Se crea un sistema de retiro que se denominará Sistema de Retiro para los Maestros de Puerto Rico, el cual estará compuesto por un Programa de Beneficios Definidos y un Programa de Aportaciones Definidas.

(b) El Sistema es un organismo del Gobierno, independiente y separado de otros.

(c) Los fondos del Sistema se utilizarán y aplicarán para el pago de pensiones y otros beneficios, según lo dispuesto en esta Ley, en provecho de los participantes del Sistema, sus dependientes y beneficiarios.

(d) Cualquier cambio en la estructura de beneficios de este Sistema deberá estar sustentado con estudios actuariales previos, en los cuales se determine su costo y fuente de financiamiento. La Junta de Síndicos y la Administración de este Sistema no estarán sujetas a las disposiciones de la Ley Núm. 164 de 23 de julio de 1974, mejor conocida como la "Ley de la Administración de Servicios Generales" y la Ley Núm. 95 de 29 de junio de 1963, según enmendada, mejor conocida como la "Ley de Beneficios de Salud para Empleados Públicos".

(e) El Sistema, incluyendo todas sus operaciones, sus propiedades muebles o inmuebles, su capital, ingresos y sobrantes, estarán exentos de toda clase de contribuciones, impuestos, arbitrios o cargos, incluyendo las licencias que se impusieren por el Gobierno. Además, el Sistema estará exento del pago de toda clase de cargos o impuestos requeridos por ley para la presentación de acciones y procedimientos judiciales, para la emisión de certificaciones en las oficinas, instrumentalidades y dependencias del Estado Libre Asociado de Puerto Rico y sus subdivisiones políticas, y para el otorgamiento de documentos públicos y su registro en el Registro de la Propiedad de Puerto Rico.

(f) El Sistema es una agencia del Gobierno Central excluida de las disposiciones de la Ley 184-2004, según enmendada, conocida como la "Ley para la Administración de los Recursos Humanos en el Servicio Público" y todos los reglamentos promulgados en virtud de la misma, exceptuando las áreas esenciales al principio de mérito según definido en dicha Ley, las cuales se incorporarán a la reglamentación que se adopte en su normativa interna para implantarse en todo su vigor. Además, al Sistema le aplicarán las disposiciones de la Ley 45-1998, según enmendada, mejor conocida como la "Ley de Relaciones del Trabajo para el Servicio Público de Puerto Rico".

(g) Todas las disposiciones del Reglamento de Personal y del convenio colectivo vigente en el Sistema al aprobarse esta Ley continuarán siendo efectivas hasta la firma de un nuevo convenio colectivo.

(h) El Sistema deberá mantener un reglamento para regir su sistema de recursos humanos, el cual estará basado en el principio de mérito.

(Diciembre 24, 2013, Núm. 160, art. 2.1)

Artículo 2.2- Poderes y Facultades del Sistema. (18 L.P.R.A. sec. 394a)

(a) A los fines de llevar a cabo los deberes que dispone esta Ley, el Sistema tendrá los siguientes poderes y facultades:

(1) Demandar y ser demandado.

(2) Formular, aprobar, adoptar, enmendar y derogar reglas y reglamentos para la debida ejecución de las disposiciones de esta Ley, los cuales una vez aprobados y promulgados por la Junta de Síndicos tendrán fuerza de ley.

(3) Formular y aprobar un presupuesto de gastos para su gobierno y administración.

(4) Llevar a cabo investigaciones en todos los asuntos de su incumbencia, obligar la comparecencia de testigos mediante citación al efecto que podrá ser tramitada a través de la Oficina del Superintendente de la Policía de Puerto Rico, y tomar juramento a dichos testigos.

(5) Adoptar un sello oficial.

(6) Establecer la Junta de Síndicos con la autoridad para establecer la organización administrativa del Sistema.

(7) Solicitar y obtener en las oficinas del gobierno aquellos informes que crea convenientes en relación con la buena administración del Sistema, y llevar libros de contabilidad apropiados para determinar las condiciones del mismo.

(8) Realizar el pago de las pensiones a los pensionados del Sistema, el reembolso de aportaciones individuales en los casos previstos en las disposiciones de esta Ley, el pago de los salarios a sus empleados y los gastos legalmente incurridos.

(9) Contratar los servicios necesarios para la administración del Sistema, incluyendo consultores y manejadores de inversiones, actuario y cualquier servicio profesional que sea necesario.

(10) Invertir los fondos en la forma provista por las disposiciones de esta Ley.

(11) Vender, ceder o traspasar el importe de los créditos hipotecarios que posea el Sistema, así como carteras de préstamos personales que administren. Los intereses que devenguen dichas hipotecas estarán exentos del pago de contribuciones sobre ingresos al Estado Libre Asociado de Puerto Rico, en manos de todo tenedor subsiguiente de las mismas.

(12) Delegar en el Director Ejecutivo o su representante autorizado la aprobación de los préstamos autorizados por las disposiciones de esta Ley, conforme a la reglamentación que la Junta de Síndicos aprobare, en virtud de los poderes otorgados por esta Ley.

(13) Establecer, mediante reglamentos, uno o más planes de seguro en relación con los préstamos de cualquier naturaleza que el Sistema conceda a sus participantes. El Sistema podrá actuar como asegurador, reasegurador o contratar a terceros que asuman el riesgo en cualquiera de dichos planes.

A tal fin el Sistema queda facultado para autorizar que se tomen de los fondos generales del Sistema, mediante la aprobación de la Junta de Síndicos, las sumas que determine sean necesarias para establecer los fondos especiales de reserva de cada uno de dichos planes de seguro. Las sumas así tomadas serán reintegradas a los fondos generales del Sistema, según los fondos especiales así creados vayan acumulando las reservas necesarias de los ingresos provenientes de las primas y recargos que se cobren. La Junta de Síndicos ordenará estudios actuariales y de riesgo que den base para determinar la cuantía de la prima a ser cobrada a los aseguradores en cada uno de dichos planes. Si cualquier plan de seguro fuese descontinuado luego de haber sido puesto en operación, las sumas que sobrasen en el fondo especial correspondiente al plan descontinuado después de pagar las obligaciones que al mismo corresponda, pasarán a los fondos generales del Sistema.

(14) Poseer, adquirir, enajenar y traspasar todo tipo de bienes e hipotecar o arrendar cualquiera de ellos con sus derechos y privilegios, dentro de los límites permitidos por ley.

(15) Tomar dinero a préstamo de cualquier fuente de financiamiento incluyendo las instituciones privadas así como también del Gobierno del Estado Libre Asociado de Puerto Rico y del Gobierno de los Estados Unidos o mediante colocaciones directas de deuda y bonos, garantizando dicha deuda por los activos del Sistema. Los intereses devengados por dichas obligaciones estarán exentos de pago de contribuciones sobre ingresos al Estado Libre Asociado de Puerto Rico.

(16) Solicitar, recibir y aceptar fondos, donaciones federales, estatales o de cualquiera otra índole.

(Diciembre 24, 2013, Núm. 160, art. 2.2)

Artículo 2.3- Junta de Síndicos del Sistema (18 L.P.R.A. sec. 394c)

Los poderes y facultades del Sistema y la responsabilidad de establecer la organización administrativa y buen funcionamiento del mismo recaerá sobre la Junta de Retiro, creada mediante la "Ley para Garantizar el Pago a Nuestros Pensionados y Establecer un Nuevo Plan de Aportaciones Definidas para los Servidores Públicos". [Ley Núm. 106 de 2017.]

(Diciembre 24, 2013, Núm. 160, art. 2.3; Agosto 23, 2017, Núm. 106, art. 6.6, enmienda en términos generales.)

Artículo 2.4- [Derogado] (18 L.P.R.A. sec. 394d)

(Diciembre 24, 2013, Núm. 160, art. 2.4; Agosto 23, 2017, Núm. 106, art. 6.7, deroga este articulo 2.4.)

Artículo 2.5- [Derogado]. (18 L.P.R.A. sec. 394e)
(Diciembre 24, 2013, Núm. 160, art. 2.5; Agosto 23, 2017, Núm. 106, art. 6.7, deroga este articulo2.5.)

Artículo 2.6- [Derogado] (18 L.P.R.A. sec. 394f)
(Diciembre 24, 2013, Núm. 160, art. 2.6; Agosto 23, 2017, Núm. 106, art. 6.7, deroga este articulo 2.6.)

Artículo 2.4- Nombramiento del Director Ejecutivo (18 L.P.R.A. sec. 394g)

Para ejecutar las disposiciones de esta Ley, la Junta de Síndicos nombrará un Director Ejecutivo del Sistema y fijará su salario.

(Diciembre 24, 2013, Núm. 160, art. 2.7; Agosto 23, 2017, Núm. 106, art. 6.7, renumera este articulo como articulo 2.4.)

Artículo 2.5- Facultades y deberes del Director Ejecutivo (18 L.P.R.A. sec. 394h)

El Director Ejecutivo será el principal Oficial Ejecutivo del Sistema y tendrá, sin que ello se interprete como una limitación, los siguientes deberes y responsabilidades:

(a) Dirigirá y supervisará todas las actividades técnicas y administrativas del Sistema, afín con las disposiciones reglamentarias vigentes o que adoptare subsiguientemente la Junta.

(b) Será responsable del debido funcionamiento del Sistema.

(c) Adoptará los reglamentos necesarios para el establecimiento de un sistema de recursos humanos para la Administración y la Junta de Síndicos de conformidad con lo dispuesto en esta Ley, aprobado por la Junta de Síndicos.

(d) Podrá reclutar, cesantear o destituir empleados, además de contratar servicios profesionales y consultivos.

(e) Velará porque se ponga en vigor las disposiciones de esta Ley.

(f) Certificará los pagos necesarios que han de hacerse según las disposiciones de esta Ley.

(g) Ejecutará aquellas otras funciones que la Junta de Síndicos le encomiende o delegue.

(Diciembre 24, 2013, Núm. 160, art. 2.8; Agosto 23, 2017, Núm. 106, art. 6.7, renumera este articulo como articulo 2.5.)

Artículo 2.6.-Política Pública. (18 L.P.R.A. sec. 394i)

Será política pública del Sistema:

(a) proteger el presente y futuro de nuestros(as) servidores(as) públicos(as) para impedir que caigan en la pobreza tras una vida de servicio por su país, y para reclutar y retener el mejor talento posible ahora y siempre en el servicio público de Puerto Rico;

(b) expresar el más absoluto y enérgico rechazo a cualquier Plan de Ajuste o Acuerdo de Reestructuración que reduzca, perjudique, amenace, subordine o empeore las pensiones, las anualidades, los beneficios y otras acreencias actuales de servidores(as) públicos(as) Pensionados y los Participantes de los Sistemas de Retiro, más de lo que ya fueron reducidas, perjudicadas, amenazadas o empeoradas previo a la radicación de la petición de quiebra el 3 de mayo de 2017;

(c) definir como inviable y rechazar absolutamente cualquier Plan de Ajuste que produzca una reestructuración insostenible de los bonos del Gobierno de Puerto Rico, sus Corporaciones Públicas y los Sistemas de Retiro, y que no evite un segundo evento de insolvencia o quiebra para las finanzas públicas;

(d) reconocer que una reestructuración insostenible de los bonos del Gobierno de Puerto Rico, sus Corporaciones Públicas y los Sistemas de Retiro, o cualquier evento sucesivo de insolvencia o quiebra para las finanzas públicas, representa una amenaza directa e intolerable para los servicios públicos esenciales de los que depende el pueblo de Puerto Rico, y para las pensiones y otras acreencias de los(as) servidores(as) públicos(as) que los proveen, ya sean Pensionados o Participantes de los Sistemas de Retiro;

(e) medir y promover la sostenibilidad de la deuda de Puerto Rico pagadera con fondos públicos de manera agregada y según determinada mediante análisis de la capacidad de sostener el servicio de esa deuda agregada conforme el poder adquisitivo en Puerto Rico, y neto del gasto necesario para satisfacer el pago de las pensiones y los servicios públicos esenciales;

(f) condenar el Plan de Ajuste Conjunto para el Gobierno de Puerto Rico, la Administración de los Sistemas de Retiro de Empleados del Gobierno y la Judicatura de Puerto Rico, y la Autoridad de Edificios Públicos de Puerto Rico, presentado por la JSAF el 27 de septiembre de 2019, enmendado el 28 de febrero de 2020 y el 9 de marzo de 2021, ante el Tribunal de Distrito de los Estados Unidos para el Distrito de Puerto Rico, por ser irremediablemente incompatible con la Política Pública descrita en esta Ley;

(g) rechazar cualquier Plan de Ajuste que pretenda utilizar la Sección 1129(b) del Código de Quiebras de los Estados Unidos para imponer recortes adicionales a servidores(as) públicos(as) Pensionados(as) y Participantes de los Sistemas de Retiro;

(h) rechazar cualquier Plan de Ajuste o Acuerdo de Reestructuración cuya viabilidad o garantía de pago para el servicio de deuda requiera aumentar o establecer impuestos regresivos, tarifas u otros mecanismos que encarezcan los servicios de agua, luz, transportación, educación y demás servicios públicos esenciales para recaudar ingresos públicos del bolsillo de las familias trabajadoras y pensionadas en Puerto Rico;

(i) rechazar cualquier Plan de Ajuste o Acuerdo de Reestructuración cuya viabilidad o garantía de pago para el servicio de deuda requiera recortes a servicios públicos esenciales provistos por el Gobierno de Puerto Rico, sus Corporaciones Públicas y los Municipios, incluyendo, sin que se entienda como una limitación, educación, salud, protección ambiental, vivienda, sanidad y manejo de desperdicios sólidos, seguridad y manejo de emergencias, alcantarillado y procesamiento de agua, energía eléctrica, infraestructura vial y transportación colectiva;

(j) reconocer que todo intento de recortar el presupuesto disponible para los servicios públicos esenciales provistos desde el Gobierno de Puerto Rico, sus Corporaciones Públicas y los Municipios, o de reducir el gasto de nómina o la cantidad de servidores(as) públicos(as) con derecho a ser Participantes de los Sistemas de Retiro, también es un intento de recortar los recursos disponibles para cumplir con las pensiones, las anualidades, los beneficios y otras acreencias que pudieran tener los(as) Pensionados(as) y Participantes de los Sistemas de Retiro, y las pérdidas que ello representaría en aportaciones individuales o patronales deben ser compensadas para velar por la solvencia actuarial de los Sistemas de Retiro y el Fideicomiso para la Administración Conjunta de los Sistemas de Retiro (FACSiR);

(k) reconocer que la JSAF necesita que el Gobierno de Puerto Rico tome acciones afirmativas que le permitan cumplir con todos los requisitos dispuestos en la Sección 314 de PROMESA para la confirmación de un Plan de Ajuste, incluyendo, sin que se entienda como una limitación, autorizar las emisiones de bonos que habrán de intercambiarse como consecuencia de un Plan de Ajuste y enmendar cualesquiera leyes que sean incompatibles con los acuerdos alcanzados entre la JSAF y grupos de acreedores;

(l) expresar de manera clara e inequívoca que no se tomará acción alguna que permita la confirmación de cualquier Plan de Ajuste que sea incompatible con lo dispuesto en esta Política Pública, incluyendo, sin que se entienda como una limitación, la eliminación de barreras reglamentarias, la creación de reglamentación, o cualesquiera autorizaciones necesarias para permitir que el Plan de Ajuste de la JSAF cumpla con los requisitos dispuestos en la Sección 314(b)(3) y la Sección 314(b)(5) de PROMESA;

(m) reconocer que los(as) Pensionados(as) y Participantes de los Sistemas de Retiro ya han sido perjudicados(as) en sus acreencias contra el Gobierno de Puerto Rico, sus Corporaciones Públicas, los Municipios y los Sistemas de Retiro durante los años previos a la presentación de la petición de quiebra, por cantidades que superan:

(i) el cuarenta y dos (42) por ciento del valor agregado de las pensiones, los beneficios y demás derechos de retiro para el(la) Pensionado(a) o beneficiario(a) promedio del Programa de Beneficio Definido bajo la Ley Núm. 447 de 15 de mayo de 1951, según enmendada, que fueran Participantes desde una fecha previa al 1 de abril de 1990;

(ii) el treinta y uno (31) por ciento del valor agregado de las pensiones, los beneficios y demás derechos de retiro para el(la) Pensionado(a) o beneficiario(a) promedio del Programa de Beneficio Definido bajo la Ley Núm. 447 de 15 de mayo de 1951, según enmendada, que fueran Participantes desde una fecha posterior al 1 de abril de 1990 pero previa al 1 de enero de 2000; y,

(iii) el quince (15) por ciento del valor agregado de los beneficios y demás derechos de retiro para el(la) beneficiario(a) promedio del Programa de Cuentas de Ahorro para el Retiro bajo la Ley Núm. 447 de 15 de mayo de 1951, según enmendada, que fueran Participantes desde el 1 de enero de 2000.

(n) garantizar que ninguna parte de los fondos y recursos del Sistema, comprometidos para actividades relacionadas a la participación del Sistema en cualesquiera procesos judiciales o en los procesos bajo el Título III de PROMESA, sean dirigidos hacia la consecución de cualquier Plan de Ajuste incompatible con lo dispuesto en esta Ley;

(o) promover la creación de un Fideicomiso para la Administración Conjunta de los Sistemas de Retiro (FACSiR) que sea custodio, recaude, administre y garantice adecuadamente los recursos destinados al pago de la totalidad de pensiones y beneficios a los que actualmente tienen derecho nuestros(as) servidores(as) públicos(as), de modo que permita proteger, capitalizar y garantizar a perpetuidad los derechos y beneficios de retiro para los(as) Pensionados(as) y Participantes cubiertos por esta Ley;

(p) garantizar el derecho a un retiro digno como parte fundamental de una vida digna y como corolario del derecho a la inviolabilidad de la dignidad del ser humano consagrada en la Primera Sección de la Carta de Derechos de la Constitución de Puerto Rico;

(q) reconocer que un retiro digno consiste en disfrutar de una pensión vitalicia que proteja a cada persona contra la pobreza en su vejez, en devolver a los(as) Pensionados(as) y Participantes de los Sistemas de Retiro los derechos y beneficios que han perdido mediante legislación en tiempos de crisis fiscales o graves emergencias en las finanzas públicas, y en expandir los derechos y beneficios de Pensionados(as) y Participantes del FACSiR una vez alcanzado el Coeficiente de Financiación Adecuada;

(r) velar por la integridad, sana administración y Mejores Prácticas de Contabilidad de todos los fondos públicos disponibles al Sistema para evitar pérdidas de fondos públicos que atenten contra la capacidad del Sistema y el FACSiR de cumplir con los objetivos trazados en esta Política Pública;

(s) definir cualquier reconocimiento o repago de alguna parte de cualesquiera Bonos Impugnados, sin la debida adjudicación de un tribunal con competencia de que dichos bonos fueron emitidos de conformidad con las leyes y los reglamentos correspondientes, incluyendo la Constitución de Puerto Rico, como un atentado a la integridad, sana administración y las Mejores Prácticas de Contabilidad de los fondos públicos disponibles al Gobierno de Puerto Rico, sus Corporaciones Públicas, los Municipios y los Sistemas de Retiro;

(t) proteger los Ingresos del FACSiR contra desviaciones, impagos u otros incumplimientos que menoscaban la eventual relación contractual entre el Gobierno de Puerto Rico y el FACSiR; y,

(u) trabajar colaborativamente con la AAFAF, la Asamblea Legislativa y sus comisiones con jurisdicción sobre los Sistemas de Retiro y el Presupuesto del Gobierno de Puerto Rico, los demás Sistemas de Retiro, y la Junta de Retiro, creada a través de la Ley 106-2017, según enmendada, conocida como "Ley para Garantizar el Pago a Nuestros Pensionados y Establecer un Nuevo Plan de Aportaciones Definidas para los Servidores Públicos", para la planificación, legislación necesaria, creación y transición ordenada hacia un Fideicomiso para la Administración Conjunta de los Sistemas de Retiro (FACSiR) que sea custodio, recaude, administre y garantice adecuadamente los recursos destinados al pago de la totalidad de pensiones y beneficios conforme a los mismos derechos que tenían nuestros(as) servidores(as) públicos(as) al momento de radicarse la petición de quiebra al amparo del Título III de PROMESA el 3 de mayo de 2017, de modo que permita proteger, capitalizar y garantizar a perpetuidad los derechos y beneficios de retiro para los(as) Pensionados(as) y Participantes de los Sistemas de Retiro.

(Diciembre 24, 2013, Núm. 160; Junio 9, 2021, Núm. 7, art. 2.09, añade este nuevo Art. 2.6.)

CAPÍTULO 3.- DISPOSICIONES APLICABLES A TODOS LOS PARTICIPANTES DEL SISTEMA

Artículo 3.1- Participantes del Sistema. (18 L.P.R.A. sec. 395)

(a) Las siguientes personas serán participantes del Sistema, y estarán sujetas a todas las disposiciones de esta Ley:

(1) Los maestros en servicio activo.

(2) Los maestros y empleados pensionados.

(3) Los maestros acogidos a los beneficios de las disposiciones de esta Ley que pasen a ocupar puestos de carácter administrativo en el Departamento de Educación, o en cualquier Oficina del Director Escolar adscrita a un Municipio, o en escuela de beneficencia para niños o niñas que tienen todos los deberes y derechos que por las disposiciones de esta Ley se imponen a los maestros, siendo esta condición indispensable para tener tales derechos, o en cualquiera institución de enseñanza pública en el Estado Libre Asociado de Puerto Rico con excepción de la Universidad de Puerto Rico, siempre que hagan constar su intención de continuar acogidos a las disposiciones de esta Ley por medio de carta dirigida al Sistema de Retiro.

(4) Los maestros que trabajen en organizaciones magisteriales o de servicio debidamente reconocidas por ley, los maestros que ejerzan en instituciones privadas reconocidas por el Departamento de Educación y los miembros de la Asamblea Legislativa del Estado Libre Asociado de Puerto Rico, siempre que tengan certificado válido para ejercer como maestros.

(5) Los empleados del Sistema.

(b) El ingreso al Sistema de los participantes citados en los incisos (1), (2) y (5) de este Artículo, será automático con el nombramiento como maestros, empleados o pensionados del Sistema. Luego de cada nombramiento, el Departamento de Educación remitirá al Sistema copia certificada del Nombramiento, Acta de Nacimiento e historial de personal. Además, cada vez que ocurra una transacción de personal que afecte la aportación del participante, el Departamento de Educación vendrá obligado a enviar al Sistema copia certificada del Informe de cambio.

(c) En los casos citados en los incisos (3) y (4) de este Artículo, la participación será por petición de aquella persona que interese ser participante del Sistema o de un participante que interese continuar aportando. El Sistema evaluará la solicitud y, de cumplir con la Ley y reglamentos aplicables, le dará ingreso al Sistema o le permitirá continuar en el mismo.

(d) En el caso citado en el inciso (4), el maestro tendrá que solicitar por escrito el ingreso al Sistema y contribuirá al Sistema con la aportación correspondiente, debiendo la institución a la cual pertenezcan contribuir con la aportación patronal establecida en esta Ley, y para el cobro de las cuales el Sistema establecerá las reglas que considere necesarias. Los patronos donde trabajen estos maestros se comprometerán por escrito a aceptar y dar cumplimiento a todas las disposiciones de esta Ley, en lo que a estos maestros respecta. En aquellos casos en que el patrono no se comprometa a realizar la aportación patronal, el maestro deberá realizarlas, comprometiéndose a que se efectúen todas las retenciones correspondientes, según los establezca el Sistema para este tipo de casos.

(Diciembre 24, 2013, Núm. 160, art. 3.1.)

Artículo 3.2- Cuentas de las aportaciones; propiedad de los participantes. (18 L.P.R.A. sec. 395a)

El Sistema deberá llevar balances individuales de cada participante del Sistema donde se reflejen todas las aportaciones individuales con que haya contribuido a su Cuenta de Aportaciones al Fondo y a su Cuenta de Aportaciones Definidas. Las aportaciones individuales serán de la exclusiva propiedad del participante del Sistema y no estarán sujetas a contribución de clase alguna ni a embargo o traspaso, sino de acuerdo con las disposiciones de esta Ley, salvo lo dispuesto en el Artículo 7.4. El Sistema podrá cobrar de las aportaciones individuales acumuladas cualquier deuda contraída por el participante con el Fondo.

(Diciembre 24, 2013, Núm. 160, art. 3.2.)

Artículo 3.3- Descuentos en los salarios. (18 L.P.R.A. sec. 395b)

El Secretario de Educación, o la autoridad nominadora pertinente, o cualquier otra persona que tenga a su cargo la preparación de las nóminas de salarios de los participantes, deberán descontar la aportación individual correspondiente que debe hacer el participante y ordenar su ingreso en el Sistema. El Secretario de Hacienda del Estado Libre Asociado de Puerto Rico transferirá al Sistema el total de dichas aportaciones.

(Diciembre 24, 2013, Núm. 160, art. 3.3.)

Artículo 3.4- Reembolso de aportaciones. (18 L.P.R.A. sec. 395c)

(a) A partir del 1ro de agosto de 2014, todo participante del Sistema que dejare de ser elegible como participante y (i) tuviese cotizado menos de cinco (5) años de servicio, o (ii) hubiese aportado menos de diez mil dólares ($10,000) tendrá derecho a que se le devuelva el importe de todas las aportaciones individuales que haya contribuido, más los intereses compuestos hasta que reciba el reembolso de aportaciones o hasta seis (6) meses después de la fecha de separación del servicio, lo que ocurra primero. A dichas aportaciones se le deducirá cualquier deuda que tuviere el participante con el Sistema.

(b) A partir del 1ro de agosto de 2014, aquellos participantes con cinco (5) años o más de servicio y que hubiesen aportado diez mil dólares ($10,000) o más al Sistema, no podrán retirar sus aportaciones individuales al separarse del servicio y serán acreedores de la pensión correspondiente cuando cumplan la edad de retiro establecida en esta Ley.

(Diciembre 24, 2013, Núm. 160, art. 3.4.)

Artículo 3.5- Reciprocidad entre sistemas de retiro. (18 L.P.R.A. sec. 395d)

A partir del 1ro de agosto de 2014, no existirá la reciprocidad de entrada que establece la Ley Núm. 59 del 10 de junio de 1953, según enmendada, sobre los servicios prestados después del 31 de julio de 2014, entre el Sistema y los otros sistemas de retiro del Estado Libre Asociado de Puerto Rico, sobre los empleados que cotizan en otros sistemas y pasan a formar parte del Sistema de Retiro para Maestros. Sin embargo, se podrá transferir las aportaciones de los participantes del Sistema de Retiro para Maestros a otros sistemas de retiro del Estado Libre Asociado de Puerto Rico que mantengan sistemas de beneficios definidos y acepten transferencias de entrada a dichos participantes.

(Diciembre 24, 2013, Núm. 160, art. 3.5.)

Artículo 3.6- [Inconstitucional] Acreditación de servicios no cotizados. (18 L.P.R.A. sec. 395e)

(a) Sujeto a lo dispuesto en el inciso (b) de este Artículo, los siguientes servicios, podrán ser acreditados para propósito del cómputo de años de servicio, siempre que dichos servicios hayan sido prestados en o antes del 31 de julio de 2014 y que la acreditación sea solicitada en o antes del 31 de julio de 2014:

(1) Todo participante a quien se le hubiere devuelto sus aportaciones individuales más los intereses correspondientes y que haya reingresado al servicio o todo participante que se le hayan aplicado sus aportaciones a deudas con el Sistema, podrá solicitar, que se le acrediten los años de servicio antes del 31 de julio de 2014. Para solicitar la acreditación del servicio no cotizado, el participante deberá haber trabajado por lo menos un (1) año con anterioridad a tal solicitud de servicio y pagar las aportaciones retiradas o las deudas aplicadas, más el interés correspondiente.

(2) El tiempo que cualquier maestro de educación sirviere o hubiere servido en cualquier organización magisterial o de servicio debidamente reconocida

por ley, o en las escuelas privadas del Estado Libre Asociado de Puerto Rico cuyo plan de estudios hubiere sido aprobado por el Departamento de Educación y/o el Consejo General de Educación de Puerto Rico y estuviesen sujetos a la supervisión o inspección de tal Departamento o Consejo, se computará a los efectos de las disposiciones de esta Ley como si los servicios hubiesen sido prestados en las escuelas públicas, siempre que tales maestros lo soliciten por escrito al Sistema y siempre que contribuyan con la aportación individual y patronal que corresponda, y para el cobro de las cuales cantidades el Sistema establecerá las reglas que considere necesarias. Se podrá computar dicho tiempo siempre que el maestro pague las aportaciones, basado en el salario devengado durante dicho periodo más los intereses que el Sistema determine para que se pueda dar crédito por dichos años de servicio.

(3) El tiempo servido por un participante del Sistema en cualquier agencia, instrumentalidad o corporación pública del Gobierno, municipios, consorcios municipales, en la Junta Estatal de Instrucción Vocacional, Técnica y de Altas Destrezas o en la Oficina de Veteranos de Puerto Rico, o en cualquier agencia del Gobierno de los Estados Unidos ubicada en Puerto Rico, período durante el cual no le fue hecho descuento alguno para el Sistema, ni para ningún otro sistema de retiro, se computará a los efectos de las disposiciones de esta Ley como si los servicios hubieran sido prestados en las escuelas públicas, siempre que tales participantes del Sistema lo soliciten por escrito al Sistema; y cumplan con los requisitos establecidos en esta Ley para el pago de los mismos.

(4) El tiempo que cualquier maestro de educación sirviere o hubiere servido en escuelas públicas de otro estado o territorio de Estados Unidos, en cualquier posición, incluyendo aquellas de ayudante en consejería y orientación y ayudante de maestro se computará a los efectos de las disposiciones de esta Ley. Se podrá computar dicho tiempo siempre que el maestro pague la aportación patronal e individual basado en el salario devengado, más los intereses que el Sistema determine para que se pueda dar crédito por dichos años de servicio.

(5) El tiempo que cualquier maestro de educación hubiere servido como Director Escolar en cualquier municipio de Puerto Rico se computará a los efectos de las disposiciones de esta Ley, como si los servicios hubiesen sido prestados en las escuelas públicas, siempre que tales maestros lo soliciten por escrito al Sistema y siempre que dichos maestros paguen la aportación individual que le hubiera correspondido pagar por todo ese tiempo a base de los salarios recibidos durante su ejercicio como Director Escolar, debiendo la entidad municipal a la cual pertenezca contribuir con la aportación patronal correspondiente.

(6) El tiempo que cualquier maestro del Departamento de Educación hubiere servido en labor docente o administrativa relacionada con la docencia fuera de Puerto Rico mediante licencia que le hubiere sido concedida con tal propósito por el Departamento de Educación de Puerto Rico se computará a los efectos de las disposiciones de esta Ley, como si los servicios hubiesen sido prestados en las escuelas públicas de Puerto Rico, siempre que tales maestros lo soliciten por escrito al Sistema, si regresaren al servicio del Departamento de Educación y siempre que dichos maestros paguen la aportación individual establecida a base del último salario recibido como maestro al ausentarse, más la aportación patronal correspondiente a base de ese mismo salario, más el interés compuesto a partir de la fecha en que se reintegró al servicio hasta la fecha en que solicite su acreditación.

(7) El tiempo servido por un maestro, a partir de 1960, en un centro de cuidado diurno para niños bajo el programa Head Start en los cuales no se cobre cargo por el cuidado y los servicios prestados, por cualquier iglesia, entidad o corporación privada sin fines de lucro, se computará a los efectos de las disposiciones de esta Ley como si los servicios hubieran sido prestados en las escuelas públicas, siempre que tales maestros paguen la aportación individual a base de los salarios que recibían, más la aportación patronal y los intereses correspondientes.

(8) Todo participante del Sistema que tuviera servicios anteriores prestados al Gobierno, sus instrumentalidades, dependencias, agencias o cualquier otro organismo gubernamental, sin acreditar en algunos de los Sistemas de Retiro vigentes en Puerto Rico para empleados en el servicio público, por no haber sido posible cotizar a dichos sistemas debido al impedimento de su clasificación como empleado, podrá obtener crédito por dichos servicios mediante el pago al Sistema de las aportaciones individuales y patronales más los intereses correspondientes. Dichos servicios pueden haber sido prestados en puestos regulares, transitorios, de emergencia, irregulares, sustitutos, o de cualquier otra clasificación al gobierno de Puerto Rico, sus agencias, instrumentalidades o cualquier otro organismo gubernamental.

(9) Aquellos participantes del Sistema a quienes para mejorar profesionalmente se les hubiere concedido licencia con o sin sueldo, o con beca, tendrán derecho a que se les acredite el período de tales licencias siempre que aportaren una suma igual a la aportación individual, aportación patronal e intereses y siempre que acreditaren, además, haber aprobado durante cada año de licencia, por lo menos doce (12) créditos universitarios en una universidad reconocida. En el caso de los participantes para los que no existan en los archivos del Departamento de Educación documentos que acrediten habérsele concedido la licencia, bastará con que el maestro

someta evidencia oficial de la universidad en donde hubiere hecho los estudios acreditando que dicho participante mejoró profesionalmente en el campo de la educación, siempre que en el Sistema haya constancia de que tal participante estuvo en servicio activo antes y después de disfrutar de dicha licencia.

(10) A todo participante del Sistema se le abonará como servicio acreditable para todos los fines de esta Ley el período de servicio militar prestado en las Fuerzas Armadas de los Estados Unidos de América durante cualquier conflicto armado, si el participante hubiere obtenido su licenciamiento honorable de dicho servicio militar. Si el servicio militar hubiese sido prestado en tiempos de paz, se le abonará como servicio acreditable hasta un máximo de cinco (5) años. Será también servicio acreditable, independientemente de cualquier otro servicio militar acreditable bajo esta cláusula, el tiempo en servicio activo prestado por un reservista o por un miembro de la Guardia Nacional de Puerto Rico, que hubiese sido llamado a servicio activo o transferido de la reserva a servicio activo en las Fuerzas Armadas de los Estados Unidos, durante cualquier período de conflicto armado o en tiempo de paz, desde la fecha del llamado o de la transferencia y hasta la fecha en que cese o se deje sin efecto la orden de llamado o de transferencia. Para la acreditación de estos servicios, el participante pagará al Sistema las aportaciones que correspondan a base de los sueldos percibidos durante los servicios en las Fuerzas Armadas o del sueldo percibido al ingresar o regresar al servicio gubernamental, si los servicios fueron prestados en tiempo de paz. El participante pagará, además, la aportación patronal correspondiente que determine el Sistema.

(11) Será acreditable el tiempo invertido en estudios para veteranos cursados bajo un plan estatal o federal para veteranos, siempre que no constituya una doble acreditación, si el participante sirvió al ejército de los Estados Unidos de América y obtuvo su licenciamiento honorable. Si el participante era miembro del Sistema y se acogió a licencia sin sueldo para cursar los estudios, solamente pagará la aportación individual que corresponda a base del sueldo que devengaba al acogerse a la licencia sin sueldo o del sueldo que empezó a percibir al reintegrarse al servicio público, cualesquiera que fuese el más bajo. El patrono gubernamental que le concedió la licencia sin sueldo para cursar los estudios pagará la aportación que determine el Sistema más los intereses correspondientes a dicha aportación patronal. Si el participante no era miembro del Sistema, pagará las aportaciones individuales y patronales correspondientes a base del sueldo percibido al ingresar al Sistema o del sueldo percibido al momento de solicitar la acreditación, cualesquiera que fuese el más bajo.

(b) Requisitos:

(1) Para obtener el crédito por los servicios mencionados en el inciso (a) de este Artículo, el participante tiene que estar en servicio activo y solicitarlo por escrito al Sistema en o antes del 31 de julio de 2014, excepto se dispone en el párrafo 6 de este inciso (b).

(2) El participante debe presentar una certificación de la entidad donde se prestaron los servicios acreditando el tiempo trabajado con dicha entidad, el cargo que desempeñaba y el salario mensual que recibía, si aplica.

(3) El participante debe efectuar el pago por aportaciones correspondiente, el cual se determinará a base del salario establecido en este Artículo y el tipo de aportación individual y patronal vigentes a la fecha en que se prestaron estos servicios, más el interés compuesto, el cual será de nueve punto cinco por ciento (9.5%) compuesto anualmente.

(4) El pago de estos servicios al descubierto podrá hacerse en un solo pago o mediante descuentos o pagos parciales mensuales que no excedan de ochenta y cuatro (84) plazos, mientras el participante esté en servicio activo. El crédito de años de servicios se concederá cuando la deuda quede salda en su totalidad. Si el participante se separa del servicio sin haber liquidado la totalidad de la deuda podrá retirar lo aportado para este concepto o a solicitud del maestro acreditar los años de servicio que correspondan a lo pagado hasta la fecha de efectividad de la separación del servicio.

(5) En el caso del servicio militar prestado en las Fuerzas Armadas o cursando estudios sufragados total o parcialmente con fondos provistos por el Departamento de Asuntos del Veterano del Gobierno de los Estados Unidos ("Department of Veterans' Affairs"), antes Administración de Veteranos ("Veterans' Administration"), el participante deberá someter al Sistema la Forma 214 ("Certificate of Release of Discharge from Active Duty") o su equivalente para acreditar dichos servicios prestados en o antes del 31 de julio de 2014. El tipo de interés a pagar será a base de un interés simple al seis por ciento (6%) anual a base del sueldo que resulte menor entre aquél devengado al ingresar al servicio gubernamental o aquél percibido al ingresar al servicio activo en las Fuerzas Armadas o a la fecha de licenciamiento de éstas.

(6) Las disposiciones del inciso E del Artículo 4 de la Ley 203-2007, según enmendada, y conocida como la "Carta de Derechos del Veterano Puertorriqueño del Siglo XXI", continuarán aplicando a los participantes del Sistema que sean veteranos o veteranas sólo respecto a los servicios prestados hasta el 31 de julio de 2014. No obstante, no habrá fecha límite para que los veteranos soliciten la acreditación de servicios no cotizados que se prestaron en o antes del 31 de julio de 2014.

(7) Cualquier participante del Programa de Aportaciones Definidas que, en o después del 1ro de agosto de 2014 se encuentre acogido a una licencia militar por estar en el servicio activo en las Fuerzas Armadas de los Estados Unidos de América y no tenga la obligación de aportar compulsoriamente bajo esta Ley, podrá hacer aportaciones voluntarias a su cuenta en el Programa de Aportaciones Definidas por el tiempo que se encuentre acogido a dicha licencia militar. No habrá fecha límite para que los militares realicen dichas aportaciones voluntarias. Estas aportaciones se acreditarán a la Cuenta de Aportaciones Definidas de dicho participante del Programa de Aportaciones Definidas. El Director Ejecutivo establecerá la manera en que estos participantes podrán realizar estas aportaciones voluntarias a su cuenta en el Programa de Aportaciones Definidas.

(8) El Sistema podrá conceder a cualquier participante que solicite el retiro un préstamo personal especial para el pago de servicios no cotizados. Este préstamo personal especial no será renovable e incluirá los intereses correspondientes. La concesión de estos préstamos personales especiales estará sujeta a las normas y condiciones que establezca el Sistema mediante reglamento disponiéndose que el interés a cobrarse no excederá del nueve punto cinco por ciento (9.5%). Los créditos por los servicios no cotizados cubiertos por un préstamo personal especial quedarán reconocidos y acreditados tan pronto el Sistema conceda el préstamo.

(9) No obstante lo anterior, tanto la aportación individual del solicitante con sus intereses, así como la aportación patronal con sus intereses podrá ser pagada, en todo o en parte, adicionalmente y de forma voluntaria, por el solicitante, por la unión u organización obrera a la cual pertenezca el solicitante, o por terceros sin que ello libere de responsabilidad contributiva a quien efectúe el pago a título gratuito o al beneficiado, cuando ha sido efectuado el pago a título oneroso.

(Diciembre 24, 2013, Núm. 160, art. 3.6; Abril 11, 2014, 2014TSPR58, Opinión del Tribunal declara inconstitucional este art. 3.6.)

Nota Importante
Jurisprudencia:
-2014 TSPR 58 – Declara inconstitucional este artículo 3.6. Véase las notas al final de esta ley y/o la Opinión del Tribunal para el texto completo.

Artículo 3.7-Reingreso del Pensionado al Servicio Activo. (18 L.P.R.A. sec. 395f)

(a) El pensionado que haya reingresado al servicio activo en el Sistema en o antes del 31 de julio de 2014 podrá optar por:

(1) Devolver mientras sea participante activo todos los pagos recibidos del Sistema por concepto de pensión, en cuyo caso, a su separación definitiva del servicio se le computará de nuevo la pensión a base de todos los servicios prestados con anterioridad y posterioridad a su reingreso, en la forma que prescribe esta Ley, o

(2) no devolver los pagos de pensión ya recibidos, en cuyo caso, a su separación definitiva del servicio, se le reanudará el pago de la pensión suspendida y además se le pagará una pensión suplementaria a base de los servicios prestados y el salario promedio devengado a partir de su reingreso al servicio. La pensión suplementaria se computará de conformidad con la fórmula establecida en esta Ley; y en caso de que el período de servicios posteriores al reingreso fuere menor de cinco (5) años, se utilizará el salario promedio que resulte de todo el referido período de servicios posteriores, hasta el 31 de julio de 2014.

(b) A partir del 1 de agosto de 2014, el pago de la pensión que perciba cualquier pensionado será inmediatamente suspendido tan pronto como ocupe un puesto remunerado en el Gobierno. Luego de su separación del servicio se le reanudará el pago de la pensión suspendida y, además, tendrá la opción de retirar aquellas aportaciones hechas desde la fecha en que dicho pensionado se reintegró al servicio hasta su separación de este si, luego de ser reintegrado al servicio, trabajó menos de cinco (5) años o acumuló en aportaciones menos de diez mil dólares ($10,000). De haber trabajado cinco (5) años o más y haber aportado diez mil dólares ($10,000) o más, luego de su reintegro al servicio, el pensionado tendrá derecho a una pensión adicional calculada de acuerdo a esta Ley.

(Diciembre 24, 2013, Núm. 160, art. 3.7.)

Artículo 3.8.-Cómputo de los años de servicios. (18 L.P.R.A. sec. 395g)

(a) Al computar los años de servicios a que tiene derecho un participante, se tomará como base la fecha del primer nombramiento que se le extendió para prestar sus servicios.

(b) Los servicios prestados por los participantes del Sistema se calcularán de la siguiente manera:

(1) Maestros – Quince (15) días calendario de un (1) mes de año escolar equivaldrá a un (1) mes calendario trabajado en el año escolar.

(2) Otros Participantes – Veintiún (21) días calendario de un (1) mes equivaldrá a (1) mes calendario trabajado.

(c) Sujeto a las disposiciones del Artículo 3.6, todos los períodos de separación del servicio y períodos de licencias sin sueldo, serán excluidos de dicho cómputo y no contarán para los efectos del retiro, excepto los períodos de licencias con o sin sueldo y los de becas, siempre que tales licencias o becas se concedan para mejorar profesionalmente.

(Diciembre 24, 2013, Núm. 160, art. 3.8.)

Artículo 3.9.- [Inconstitucional] Edad de Retiro. (18 L.P.R.A. sec. 395h)

(a) Aquellos participantes que a la fecha de efectividad de esta ley tenían derecho a retirarse y recibir algún tipo de pensión bajo la Ley 91-2004, según enmendada, por haber cumplido con los requisitos de años de servicio y edad correspondientes, podrán retirarse en cualquier fecha posterior a la fecha de efectividad de esta ley.

(b) Aquellos participantes que al 31 de julio de 2014 tengan derecho a retirarse y recibir algún tipo de pensión bajo las disposiciones de la Ley 91-2004, según enmendada, o tengan derecho a retirarse bajo las disposiciones de esta ley por haber cumplido con los requisitos de años de servicio y edad correspondientes, podrán retirarse en cualquier fecha posterior al 1ro de agosto de 2014.

(c) A partir del 1ro de agosto de 2014, cualquier participante activo al 31 de julio de 2014 podrá solicitar el retiro cuando:

(1) cumpla cincuenta y cinco (55) años de edad y complete por lo menos treinta (30) años de servicio; o

(2) cumpla sesenta (60) años de edad y complete por lo menos cinco (5) años de servicio.

(d) Cualquier participante en servicio activo que haya ingresado al Sistema a partir del 1ro de agosto de 2014 podrá solicitar el retiro cuando:

(1) cumpla sesenta y dos (62) años de edad y complete al menos cinco (5) años de servicio; y

(2) haya hecho aportaciones individuales de diez mil dólares ($10,000) o más.

(Diciembre 24, 2013, Núm. 160, art. 3.9; Abril 11, 2014, 2014TSPR58, Opinión del Tribunal Supremo declara inconstitucional este art. 3.9.)

Nota Importante
Jurisprudencia
-2014 TSPR 58 – Declara inconstitucional este artículo 3.9. Véase las notas al final de esta ley y/o la Opinión del Tribunal para el texto completo.

Artículo 3.10.-Pensión al acogerse al retiro. (18 L.P.R.A. sec. 395i)

(a) Aplicabilidad y Requisitos - Todo participante activo del Sistema tendrá derecho a recibir una pensión si cumple con los siguientes requisitos:

(1) tener la edad establecida en la Ley para acogerse al retiro, de acuerdo con la fecha de ingreso a la matrícula del Sistema;

(2) haber completado los períodos de servicios especificados en la Ley;

(3) haber saldado los servicios no cotizados que le fueron informados y sean necesarios para ser acreedor a una pensión, si aplicara; y

(4) no haber retirado sus aportaciones individuales del Sistema.

(Diciembre 24, 2013, Núm. 160, art. 3.10.)

Artículo 3.11.- [Inconstitucional] Pensión mínima. (18 L.P.R.A. sec. 395j)

(a) Todo participante activo al 31 de julio de 2014 que no era elegible a retirarse a esa fecha con una pensión cuyo beneficio sea igual o mayor al 65% del Salario Promedio, y posteriormente solicite el retiro al cumplir treinta (30) años de servicio y cincuenta y cinco (55) años de edad, tendrá derecho a una pensión mínima de mil seiscientos veinticinco dólares ($1,625) mensuales. Se garantizará la pensión mínima de mil seiscientos veinticinco dólares ($1,625) para los maestros que se integren al Sistema a partir del 1 de agosto de 2014, al cumplir los requisitos de edad y años de servicio según dispuesto en el Artículo 3.9 (d).

(b) Se fija una pensión mínima de quinientos dólares ($500) mensuales para los participantes que se retiraron en o antes del 31 de julio de 2014. Todo pensionado que esté recibiendo una pensión menor de quinientos dólares ($500) mensuales recibirá, a partir del 1ro de agosto de 2014, el aumento necesario para que su pensión sea de quinientos dólares ($500) mensuales.

(c) Cada cuatro (4) años, el Sistema solicitará un estudio actuarial en el cual se evalúe el impacto de realizar un aumento en la pensión mínima establecida en este Artículo. En el caso de que el actuario favorezca un aumento en la pensión mínima, la Junta de Síndicos del Sistema se verá obligada a adoptarlo al comenzar el siguiente año fiscal.

(Diciembre 24, 2013, Núm. 160, art. 3.11; Abril 11, 2014, 2014TSPR58, Opinión del Tribunal Supremo declara inconstitucional este art. 3.11.)

Nota Importante
Jurisprudencia
-2014 TSPR 58 – Declara inconstitucional este artículo 3.11. Véase las notas al final de esta ley y/o la Opinión del Tribunal Supremo para el texto completo.

Artículo 3.12.-Efectividad de la Pensión (18 L.P.R.A. sec. 395k)

La fecha de efectividad de la pensión por retiro para aquel participante que tenga derecho a percibir la misma será al día siguiente de la fecha de su separación del servicio o en la fecha posterior que él especifique en la solicitud de retiro, pero en ningún caso antes de su separación del servicio, excepto cuando en las disposiciones de esta Ley se disponga otra cosa.

(Diciembre 24, 2013, Núm. 160, art. 3.12.)

Artículo 3.13.-Prueba del nacimiento. (18 L.P.R.A. sec. 395l)

No se concederá la pensión por edad y años de servicios hasta tanto el participante que la ha solicitado haya probado a satisfacción del Sistema, con los documentos necesarios, la fecha de su nacimiento.

(Diciembre 24, 2013, Núm. 160, art. 3.13.)

Artículo 3.14.-Pensión será personal; cesión o embargo, prohibidos. (18 L.P.R.A. sec. 395m)

El derecho a una pensión es personal, y su cesión o traspaso será nulo. La pensión no responderá de deudas contraídas por el pensionado, excepto de las que hubiere contraído con el Sistema, y no podrá ser embargada ni afectada por ningún procedimiento judicial, salvo por actos de corrupción según dispuesto en el Artículo 7.4 de esta Ley.

(Diciembre 24, 2013, Núm. 160, art. 3.14.)

Artículo 3.15.- Exención de la Asociación de Empleados. (18 L.P.R.A. sec. 395n)

(a) Los participantes del Sistema quedarán exentos del cumplimiento de las disposiciones de la Ley 9-2013, según enmendada, siempre que lo comunicaren así por escrito a la Asociación de Empleados del Gobierno del Estado Libre Asociado de Puerto Rico (AEELA) dentro de los sesenta (60) días siguientes de haber comenzado a cotizar bajo el Sistema.

(b) Aquellos participantes que optaren por no acogerse a las disposiciones de la Ley 9-2013, sólo podrán retirar sus fondos en la AEELA en la forma dispuesta en la referida Ley.

(c) Los participantes que continúen siendo miembros de AEELA deberán cumplir con todas las disposiciones contenidas en la Ley.

(Diciembre 24, 2013, Núm. 160, art. 3.15.)

Artículo 3.16.-Deducciones de la pensión para cuotas o seguro. (18 L.P.R.A. sec. 395o)

(a) Aquellos participantes que estuvieren recibiendo o que en el futuro reciban una pensión podrán autorizar al Sistema a descontar de su pensión una cantidad determinada para pagar la cuota mensual como miembro de la Asociación de Maestros de Puerto Rico, las cuotas de la AEELA para el pago del seguro, las acciones y otras obligaciones de la Cooperativa de

Crédito de los Maestros de Puerto Rico, o cualquier otra deducción que el maestro pensionado solicite.

(b) El Sistema pondrá a la disposición de la Asociación de Maestros de Puerto Rico, de la AEELA, de la Cooperativa de Crédito de los Maestros de Puerto Rico, o de la Oficina Federal de Rentas Internas en cheque expedido a favor de dichas asociaciones las cantidades así deducidas.

(Diciembre 24, 2013, Núm. 160, art. 3.16.)

Artículo 3.17.-Distribución de las aportaciones al ocurrir muerte de participante inactivo del Sistema. (18 L.P.R.A. sec. 395p)

(a) Cuando ocurriere el fallecimiento de un participante inactivo del Sistema, sus aportaciones acumuladas serán devueltas con el interés compuesto, luego de descontar las deudas que tuviere contraídas con el Sistema.

(b) Tal devolución corresponderá a los beneficiarios designados por él ante el Sistema en la designación de beneficiarios, o en su defecto a sus herederos legales.

(Diciembre 24, 2013, Núm. 160, art. 3.17.)

Artículo 3.18.-Distribución de las aportaciones individuales al ocurrir muerte. (18 L.P.R.A. sec. 395q)

Al fallecer un participante activo en o antes del 31 de julio de 2014, sus beneficiarios recibirán su aportación individual e intereses devengados más una suma igual al equivalente a un (1) año de salario en el puesto que ocupaba al fallecer.

(Diciembre 24, 2013, Núm. 160, art. 3.18.)

CAPÍTULO 4.-PROGRAMA DE BENEFICIOS DEFINIDOS PARA PARTICIPANTES EN EL SISTEMA AL 31 DE JULIO DE 2014

Artículo 4.1.-Fondo de Aportaciones del Sistema (18 L.P.R.A. sec. 396)

(a) El "Fondo de Anualidades y Pensiones para Maestros de Puerto Rico", se denominará a partir de la fecha de vigencia de esta ley como el "Fondo de Aportaciones del Sistema", el cual se mantendrá y nutrirá de la siguiente forma:

(1) con los fondos y activos existentes en el "Fondo de Anualidades y Pensiones para Maestros de Puerto Rico" a la fecha de vigencia de esta Ley;

(2) con las aportaciones individuales fijadas hechas antes del 1 de agosto de 2014, según se dispone en el Artículo 4.3(a) de esta Ley;

(3) con las aportaciones patronales fijadas según se dispone en el Artículo 4.3(b) de esta Ley;

(4) con las aportaciones que hicieren las instituciones privadas de acuerdo con los términos establecidos en esta Ley;

(5) con todas las donaciones y legados que se hagan a este Fondo;

(6) con las asignaciones en el Presupuesto de Gastos del Estado Libre Asociado de Puerto Rico para financiar los beneficios adicionales a los pensionados; y

(7) con los intereses, dividendos, rentas y ganancias netas que produzca la inversión de los activos del Fondo.

(Diciembre 24, 2013, Núm. 160, art. 4.1.)

Artículo 4.2.-Cuenta de Aportaciones al Fondo (18 L.P.R.A. sec. 396a)

El Sistema llevará una cuenta individual a cada participante del Sistema para acreditarle la cantidad total a que asciendan todas las aportaciones individuales con que haya contribuido al Fondo hasta el 31 de julio de 2014. Las aportaciones individuales de aquellos participantes del Sistema que al 31 de julio de 2014 no cuentan con diez (10) años de servicio, se traspasarán a la Cuenta de Aportaciones Definidas del participante creada bajo el Capítulo 5 de esta Ley.

(Diciembre 24, 2013, Núm. 160, art. 4.2.)

Artículo 4.3.- Aportaciones al Fondo. (18 L.P.R.A. sec. 396b)

(a) Aportación Individual: Los participantes activos del Sistema deberán contribuir al Fondo, hasta el 31 de julio de 2014, el nueve por ciento (9%) del total del salario mensual que devenguen.

(b) Aportación Patronal: Los patronos realizarán una aportación mensual al Fondo equivalente al once punto cinco por ciento (11.5%) del salario mensual que devengue el participante del Sistema. A partir de 1 de julio de 2014, la aportación patronal se incrementará anualmente en un uno por ciento (1%) del salario mensual del participante del Sistema, hasta el 30 de junio de 2016. A partir del 1ro de julio de 2016 hasta el 30 de junio de 2021, la aportación patronal aumentará anualmente en un uno punto veinticinco por ciento (1.25%) del salario mensual del participante del Sistema. A partir del 1ro de julio de 2021 y en adelante, la aportación patronal aumentará a veinte punto quinientos veinticinco por ciento (20.525%) del salario mensual del participante. La aportación patronal, con respecto a participantes del Programa de Aportaciones Definidas, se continuará depositando en el Fondo.

(Diciembre 24, 2013, Núm. 160, art. 4.3; Abril 11, 2014, 2014TSPR58, Opinión del Tribunal Supremo declara inconstitucional el inciso (a) del art. 4.3.)

Nota Importante
Jurisprudencia
-**2014 TSPR 58** – Declara inconstitucional el inciso (a) de artículo 4.3. Véase las notas al final de esta ley y/o la Opinión del Tribunal para el texto completo.
Artículo 4.4.-[Inconstitucional] Pensión por Edad y Años de Servicio (18 L.P.R.A. sec. 396c)

(a) Se preservan los derechos de aquellos participantes en servicio activo que al 31 de julio de 2014, contaban con los requisitos indicados en este Artículo. Se dispone que hasta el 31 de julio de 2014 los participantes acumularán los años de servicio y el Salario Promedio aplicable hasta dicha fecha. A partir del 1ro de agosto de 2014, el Sistema no reconocerá servicios no cotizados, ni aceptará devoluciones de aportaciones sobre periodos trabajados antes del 31 de julio de 2014. Los participantes en servicio activo al 31 de julio de 2014, tendrán derecho a acogerse a una de las siguientes pensiones:

(1) Aquellos participantes que en o antes del 31 de julio de 2014 cuenten con más de treinta (30) años de servicio y cumplieron al menos cincuenta (50) años de edad: tendrán derecho a una pensión equivalente al setenta y cinco por ciento (75%) del Salario Promedio, calculada hasta el 31 de julio de 2014. Aquellos participantes que cumplan con estos requisitos de elegibilidad en o antes del 31 de julio de 2014, podrán retirarse en cualquier momento. La pensión a la que podrán acogerse será aquella acumulada hasta el 31 de julio de 2014, sumada a la pensión por el periodo trabajado a partir del 1ro de agosto de 2014, que será computada según se dispone el Capítulo 5 de esta Ley. Si dicho participante se retirase antes de cumplir los 55 años de edad, aportará al Fondo la aportación individual aplicable durante cada año que le falte para llegar a los 55 años. Igualmente, el patrono aportará al Fondo la aportación patronal respectiva durante el mismo periodo.

(2) Aquellos participantes que al 31 de julio de 2014, cuenten con más de treinta (30) años de servicio pero menos de cincuenta (50) años de edad: tendrán derecho a una pensión equivalente al sesenta y cinco por ciento (65%) del Salario Promedio, calculada hasta el 31 de julio de 2014. Aquellos participantes que cumplan con estos requisitos de elegibilidad en o antes del 31 de julio de 2014, podrán retirarse en cualquier momento. La pensión a la que podrán acogerse será aquella acumulada hasta el 31 de julio de 2014, sumada a la pensión por el periodo trabajado a partir del 1ro

de agosto de 2014, que será computada según se dispone el Capítulo 5 de esta Ley.

(3) Aquellos participantes que al 31 de julio de 2014 cuenten con más de veinticinco (25) años pero menos de treinta (30) años de servicio, pero cuenten con cincuenta (50) años de edad: tendrán derecho a una pensión equivalente al uno punto ocho (1.8) por ciento del Salario Promedio, multiplicado por el número de años de servicios prestados, calculada hasta el 31 de julio de 2014. Aquellos participantes que cumplan con estos requisitos de elegibilidad en o antes del 31 de julio de 2014, podrán retirarse en cualquier momento. La pensión a la que podrán acogerse será aquella acumulada hasta el 31 de julio de 2014, sumada a la pensión por el periodo trabajado a partir del 1ro de agosto de 2014, que será computada según se dispone el Capítulo 5 de esta Ley.

(4) Aquellos participantes que al 31 de julio de 2014 cuenten con más de veinticinco (25) años pero menos de treinta (30) años de servicio, y cuenten con cuarenta y siete (47) años o más, pero menos de cincuenta (50) años de edad: tendrán derecho al noventa y cinco por ciento (95%) de una pensión equivalente al uno punto ocho por ciento (1.8%) del Salario Promedio, multiplicado por el número de años de servicios prestados, calculada hasta el 31 de julio de 2014. Aquellos participantes que cumplan con estos requisitos de elegibilidad en o antes del 31 de julio de 2014, podrán retirarse en cualquier momento. La pensión a la que podrán acogerse será aquella acumulada hasta el 31 de julio de 2014, sumada a la anualidad por el periodo trabajado a partir del 1ro de agosto de 2014, que será computada según se dispone el Capítulo 5 de esta Ley. Si dicho participante continuara trabajando hasta cumplir los treinta (30) años de servicio y los cincuenta y cinco (55) años de edad, no le aplicará el noventa y cinco por ciento (95%) de la pensión computada al 31 de julio de 2014 y se le sumará la pensión a la que tenga derecho a la anualidad por el periodo trabajado a partir del 1ro de agosto de 2014, que será computada según se dispone el Capítulo 5 de esta Ley.

(5) Aquellos participantes que al 31 de julio de 2014, contaban con más de diez (10) años pero menos de veinticinco (25) años de servicio, pero contaban con sesenta (60) años de edad: tendrán derecho a una pensión equivalente al uno punto ocho por ciento (1.8%) del Salario Promedio, multiplicado por el número de años de servicios prestados, calculada hasta el 31 de julio de 2014. Aquellos participantes que cumplan con estos requisitos de elegibilidad en o antes del 31 de julio de 2014, podrán retirarse en cualquier momento. La pensión a la que podrán acogerse será aquella acumulada hasta el 31 de julio de 2014, sumada a la pensión por el

periodo trabajado a partir del 1ro de agosto de 2014, que será computada según se dispone el Capítulo 5 de esta Ley.

(b) Todo participante del Sistema activo al 31 de julio de 2014 que no sea acreedor a una pensión bajo el inciso (a) de este Artículo, podrá solicitar una pensión según se establece en esta Ley. La pensión a la que podrá acogerse será aquella pensión a la que tenga derecho bajo la Ley 91-2004, según enmendada, con sus aportaciones acumuladas hasta el 31 de julio de 2014, sumada a la pensión por el periodo trabajado a partir del 1ro de agosto de 2014, que será computada según se dispone el Capítulo 5 de esta Ley.

(c) Pensión Diferida:

(1) Todo participante inactivo al 31 de julio de 2014 que haya terminado por lo menos diez (10) años de servicios acreditables y que no haya solicitado ni recibido reembolso de sus aportaciones acumuladas, tendrá derecho a recibir una pensión diferida, que comenzará a disfrutar cuando haya cumplido los sesenta (60) años de edad, o a opción suya, en cualquier fecha posterior que lo desee. Dicha pensión diferida será equivalente al uno punto ocho por ciento (1.8%) del Salario Promedio, multiplicado por el número de años de servicios prestados, calculada hasta el 31 de julio de 2014. Esta pensión diferida nunca será menor de cuatrocientos (400) dólares.

(d) Pago de Aportación Individual y Patronal a Pensiones Otorgadas:

(1) Todo participante a quien se le haya otorgado una pensión en o antes del 31 de julio de 2014, y todo participante que a partir del 1ro de agosto de 2014 reciba una pensión al amparo del inciso (a) de este Artículo, deberá continuar aportando al Fondo con la aportación individual establecida en esta Ley, hasta cumplir con el requisito de cincuenta y cinco (55) años de edad. El patrono de cada uno de estos participantes al momento de su retiro deberá contribuir con la aportación patronal correspondiente, hasta que se cumpla con el requisito de 55 años de edad. La contribución del patrono por este concepto será retroactiva a la aprobación de la Ley 45-2000 y aplicará sobre todos los pensionados que desde esa fecha se pensionaron sin haber cumplido con los requisitos de treinta (30) años de servicio y cincuenta y cinco (55) años de edad. El Sistema preparará una certificación de las aportaciones patronales para que el patrono incluya el pago correspondiente en el Presupuesto de Gastos de la agencia para cada año fiscal. Si fallece el pensionado previo a cumplir con la obligación de pago, la porción que quede al descubierto será cubierta por los beneficiaros con derecho a pensión. De igual manera, el patrono continuará con los pagos correspondientes hasta cumplir con la obligación de pago.

(Diciembre 24, 2013, Núm. 160, art. 4.4; Abril 11, 2014, 2014TSPR58, Opinión del Tribunal Supremo declara inconstitucional este art. 4.4.)

Nota Importante
Jurisprudencia
-**2014 TSPR 58** – Declara inconstitucional este artículo 4.4. Véase las notas al final de esta ley y/o la Opinión del Tribunal para el texto completo.

Artículo 4.4(a).- "Grandfather Provision" (18 L.P.R.A. sec. 396d)

Aquellos participantes que, de no haberse aprobado esta Ley, hubiesen tenido derecho a retirarse con una pensión bajo el Artículo 40 (b)(1) y (b)(2) de la Ley 91-2004, según enmendada, por cumplir treinta (30) años de servicio acreditados entre el 1 de agosto de 2014 y el 30 de junio de 2016, podrá hacerlo bajo los siguientes términos:

(a) Para aquel participante que hubiera completado treinta (30) o más años de servicios acreditados durante dicho periodo pero no haya cumplido cincuenta y cinco (55) o más años de edad en o antes de la efectividad de esta Ley, se le concederá el setenta por ciento (70%) del salario promedio de dicho participante a la fecha de efectividad de esta ley. Para beneficiarse de esta disposición el participante estará obligado a retirarse efectivo el 31 de julio de 2014 y deberá continuar aportando al Sistema con la aportación individual establecida en el Artículo 4.4(d) de esta Ley hasta que cumpla 55 años de edad. De igual manera, el patrono deberá continuar al Sistema con la aportación patronal establecida en el Artículo 4.4(d) de esta ley hasta que el participante cumpla cincuenta y cinco (55) años de edad.

(b) Para aquel participante que hubiera completado treinta (30) o más años de servicios acreditados durante dicho periodo y cumplido cincuenta y cinco (55) o más años de edad en o antes de la efectividad de esta ley, se le concederá el setenta por ciento (70%) del salario promedio de dicho participante a la fecha de efectividad de esta Ley. Para beneficiarse de esta disposición el participante estará obligado a retirarse efectivo el 31 de julio de 2014.

Aquellos participantes en el servicio activo que cumplan con los requisitos para recibir una pensión bajo este artículo y deseen acogerse a la disposición de esta sección, estarán obligados a notificar dicha renuncia, final y firme, al Departamento de Educación con copia al Sistema de Retiro de Maestros en o antes del 31 de marzo de 2014.

(Diciembre 24, 2013, Núm. 160, art. 4.4(a).)

Artículo 4.5.-Retiro por incapacidad. (18 L.P.R.A. sec. 396e)

(a) Hasta el 31 de julio de 2014, el participante en servicio activo que solicite una pensión por incapacidad, tendrá derecho a que se le conceda una renta anual vitalicia cuya cantidad será igual a lo establecido en el Artículo 4.6.

(b) A partir del 1ro de agosto de 2014, el Sistema le concederá una pensión por incapacidad de acuerdo al Artículo 4.6 a todo participante activo que se incapacite después de haber servido cinco (5) años, ya sea como consecuencia del trabajo o cuando la incapacidad no tenga relación con su trabajo.

(c) El retiro por incapacidad podrá ser concedido a solicitud del participante o a solicitud de la autoridad nominadora, y mediante la aprobación por el Sistema.

(d) El participante será examinado por un médico autorizado para ejercer la profesión, designado por el Sistema, quien rendirá un informe al Director Ejecutivo sobre el particular.

(e) Los participantes que entren al Sistema a partir del 1ro de agosto de 2014, tendrán derecho a los beneficios por incapacidad que se establecen en el Capítulo 5 de esta Ley.

(Diciembre 24, 2013, Núm. 160, art. 4.5.)

Artículo 4.6.-[Parte Inconstitucional] Cómputos de Pensión por Incapacidad. (18 L.P.R.A. sec. 396f)

(a) Hasta el 31 de julio de 2014, el participante en servicio activo que solicite una pensión por incapacidad, tendrá derecho a que se le conceda una renta anual vitalicia cuya cantidad será igual a uno punto ocho (1.8) por ciento del promedio más alto del salario durante cinco (5) años consecutivos, o del número de años servidos si fueren menos de cinco (5) años, multiplicado por el número de años de servicios prestados. Esta renta anual vitalicia nunca será menor del mínimo establecido por esta ley.

(b) A partir del 1ro de agosto de 2014, el participante activo al 31 de julio de 2014 que se retire del servicio por incapacidad tendrá derecho a que se le conceda una pensión posterior a esa fecha cuya cantidad será igual a uno punto ocho por ciento (1.8%) de la retribución promedio durante cinco (5) años consecutivos, o durante el número de años servidos si fueren menos de cinco (5) años, multiplicado por el número de años de servicios prestados hasta el 1 de agosto de 2014 hasta un máximo de treinta y tres por ciento (33%) de su sueldo promedio, sumado a la cantidad provista por la pensión correspondiente conforme al Capítulo 5 de esta Ley. Esta pensión por incapacidad nunca será menor de quinientos dólares ($500) mensuales.

(c) Los participantes que al 31 de julio de 2014 reciban beneficio por incapacidad bajo el Sistema, continuarán recibiendo los mismos sin alteración, excepto se suspendan conforme lo establecido en esta Ley.

(d) Los beneficios por incapacidad de los participantes que ingresen al Sistema a partir del 1ro de agosto de 2014, se determinarán conforme a lo establecido en el Capítulo 5 de esta ley.

(Diciembre 24, 2013, Núm. 160, art. 4.6; Abril 11, 2014, 2014TSPR58, Opinión del Tribunal Supremo declara inconstitucional los incisos (a), (b) y (c) de este art. 4.6.)

Nota Importante
Jurisprudencia
-2014 TSPR 58 – Declara inconstitucional los incisos (a), (b) y (c) de este artículo 4.6. Véase las notas al final de esta ley y/o la Opinión del Tribunal para el texto completo.

Artículo 4.7.- Suspensión de las pensiones por incapacidad; exámenes. (18 L.P.R.A. sec. 396g)

(a) Los pensionados por incapacidad del Sistema dejarán de recibir la pensión tan pronto cese la incapacidad o reingresen al servicio gubernamental.

(b) También cesará la pensión por incapacidad de los que se dediquen a ocupaciones no gubernamentales por las que reciban remuneración mayor de mil (1,000) dólares mensuales.

(c) Los pensionados por incapacidad del Sistema de acuerdo con las disposiciones de esta Ley o cualquier otra ley anterior de pensiones, serán examinados periódicamente por un médico nombrado por el Sistema. Si dicha incapacidad desapareciere, el pago de la pensión continuará por un período de seis (6) meses a partir de la fecha del examen médico que lo declara capacitado para reingresar al servicio.

(d) Cuando un pensionado por incapacidad rehusare someterse al examen médico correspondiente ordenado por el Sistema, después de ser requerido para ello en tres (3) ocasiones distintas a intervalos de no más de un mes, se considerará que dicho pensionado por incapacidad renuncia a su pensión y el pago de la misma cesará al finalizar el mes que corresponda al último requerimiento.

(Diciembre 24, 2013, Núm. 160, art. 4.7.)

(b) A partir del año fiscal 2014-2015 y cada año fiscal subsiguiente, el Sistema recibirá del Fondo General una aportación igual a mil seiscientos setenta y cinco dólares con cero centavos ($1,675.00) por pensionado, sin importar si el pensionado se retiró antes o después del 1 de agosto de 2014, para pagar estos beneficios adicionales y solventar el Sistema.

(Diciembre 24, 2013, Núm. 160, art. 4.9.)

CAPÍTULO 5.- PROGRAMA DE APORTACIONES DEFINIDAS

Artículo 5.1- [Inconstitucional] Creación del Programa de Aportaciones Definidas. (18 L.P.R.A. sec. 397)

(a) Creación del Programa.- Se crea un Programa de Aportaciones Definidas el cual consiste en el establecimiento de una cuenta individual para cada participante del Sistema que pasa a formar parte de dicho programa, según dispuesto en este Capítulo. Se acreditarán a las cuentas individuales las aportaciones al Programa de Aportaciones Definidas de cada participante y la rentabilidad de inversión de conformidad con el Artículo 5.8 de esta Ley. El beneficio que se le proveerá a cada participante luego de su separación del servicio, ya sea por jubilación o por otra causa, dependerá de la totalidad de las aportaciones al Programa de Aportaciones Definidas acumuladas en su cuenta a partir del 1ro de agosto de 2014 o la fecha en que el participante ingresó al Programa de Aportaciones Definidas, la rentabilidad de éstas y la pensión que se otorga a base de éstas, de acuerdo con el Artículo 5.10 de esta Ley.

(b) Participantes del Programa.- Las siguientes personas participarán en el Programa de Aportaciones Definidas:

(1) Todo participante que sea parte de la matrícula del Sistema al 31 de julio de 2014.

(2) Todo nuevo participante que ingrese al Sistema por primera vez en o después del 1ro de agosto de 2014.

(Diciembre 24, 2013, Núm. 160, art. 5.1; Abril 11, 2014, 2014TSPR58, Opinión del Tribunal Supremo declara inconstitucional este art. 5.1.)

Nota Importante
Jurisprudencia
-2014 TSPR 58 – Declara inconstitucional este artículo 5.1. Véase las notas al final de esta ley y/o la Opinión del Tribunal para el texto completo.

Artículo 5.2- [Inconstitucional] Transferencia al Programa. (18 L.P.R.A. sec. 397a)

A partir del 1ro de agosto de 2014, todos los participantes activos que son parte de la matrícula del Sistema, independientemente de la fecha de su primer nombramiento original, pasarán a formar parte del Programa de Aportaciones Definidas.

(Diciembre 24, 2013, Núm. 160, art. 5.2; Abril 11, 2014, 2014TSPR58, Opinión del Tribunal Supremo declara inconstitucional este art. 5.2.)

Nota Importante
Jurisprudencia
-2014 TSPR 58 – Declara inconstitucional este artículo 5.2. Véase las notas al final de esta ley y/o la Opinión del Tribunal para el texto completo.

Artículo 5.3- [Inconstitucional] Beneficios Acumulados (18 L.P.R.A. sec. 397b)

(a) Al entrar en vigor esta Ley, se preservarán los beneficios de retiro acumulados de los participantes del Sistema que comenzaron a trabajar antes del 1ro de agosto del 2014, basado en los años de servicio acumulados y el salario promedio hasta esa fecha. Dichos beneficios acumulados se calcularán de acuerdo con el Capítulo 4 de esta ley.

(b) Aquellos participantes que al 31 de julio de 2014 tenían derecho a retirarse y recibir algún tipo de pensión bajo esta Ley, por haber cumplido con los requisitos de años de servicio y edad aquí dispuestos, podrán retirarse en cualquier fecha posterior y tendrán derecho a recibir la pensión que le corresponda, calculada bajo el Artículo 4.4 de esta Ley basado en los salarios y años de servicios acumulados hasta el 31 de julio de 2014, sumada a la cantidad que tuvieran derecho a recibir bajo el Programa de Aportaciones Definidas.

(c) A partir del 1ro de agosto de 2014, el participante no acumulará años de servicio adicionales para propósitos de determinar el salario promedio y computar una pensión bajo el Programa de Beneficios Definidos. El participante no recibirá reconocimiento por servicios no cotizados, ni podrá transferir aportaciones o devolver aportaciones sobre periodos trabajados antes del 31 de julio de 2014, excepto por aquellas excepciones expresamente establecidas en esta ley.

(Diciembre 24, 2013, Núm. 160, art. 5.3; Abril 11, 2014, 2014TSPR58, Opinión del Tribunal Supremo declara inconstitucional este art. 5.3.)

Nota Importante
Jurisprudencia
-**2014 TSPR 58** – Declara inconstitucional este artículo 5.3. Véase las notas al final de esta ley y/o la Opinión del Tribunal para el texto completo.

Artículo 5.4.- [Inconstitucional] Establecimiento de Cuentas de Aportaciones para el Programa de Aportaciones Definidas. (18 L.P.R.A. sec. 397c)

(a) El Sistema, con las aportaciones individuales de cada participante al Programa de Aportaciones Definidas, establecerá y mantendrá una cuenta individual para cada participante, la cual será acreditada y debitada de conformidad con este Capítulo.

(b) En el caso de los participantes del Sistema que comenzaron a trabajar antes del 1ro de agosto de 2014, su cuenta se nutrirá de las aportaciones que se realicen a partir del 1ro de agosto de 2014. Las aportaciones individuales que se realizaron antes del 1ro de agosto de 2014 serán utilizadas para el pago de la pensión provista por el Artículo 4.4 de esta Ley.

(c) A partir de la fecha en que se establezca la Cuenta de Aportación Definida para cada participante, este siempre tendrá derecho al cien por ciento (100%) del balance inicial de transferencia, si alguno, y de sus aportaciones posteriores a esta Ley.

(Diciembre 24, 2013, Núm. 160, art. 5.4; Abril 11, 2014, 2014TSPR58, Opinión del Tribunal Supremo declara inconstitucional este art. 5.4.)

Nota Importante
Jurisprudencia
-**2014 TSPR 58** – Declara inconstitucional este artículo 5.4. Vease las notas al final de esta ley y/o la Opinión del Tribunal para el texto completo.

Artículo 5.5.-[Inconstitucional] Aportaciones de los Participantes del Programa de Aportaciones Definidas. (18 L.P.R.A. sec. 397d)

(a) A partir del 1ro de agosto de 2014, todo participante activo en el Sistema tendrá que aportar compulsoriamente a su Cuenta de Aportaciones Definidas el diez por ciento (10%) de su salario mensual. El por ciento de aportación compulsoria del salario mensual de todo participante será revisado (i) para el Año Fiscal 2017-2018, a ochenta y dos por ciento (82%) de la aportación patronal máxima establecida bajo el Artículo 4.3(b) de esta Ley para dicho año fiscal y (ii) para el Año Fiscal 2020-2021, a setenta y un por ciento (71%) de la aportación patronal máxima establecida bajo el Artículo 4.3(b) de esta Ley para dicho año fiscal.

(b)Se podrá dejar sin efecto la revisión establecida en el Artículo 5.5(a) para los años fiscales 2017-2018 y/o 2020-2021, si el Actuario certifica al comienzo del año fiscal correspondiente que dicha revisión no es necesaria para paliar el déficit actuarial del Sistema de Retiro.

(c)Un participante que desee aportar a su Cuenta de Aportaciones Definidas un por ciento mayor al establecido en el inciso (a) de este Artículo, podrá hacerlo solicitando por escrito al Director Ejecutivo una retención mayor a su salario.

(Diciembre 24, 2013, Núm. 160, art. 5.5; Abril 11, 2014, 2014TSPR58, Opinión del Tribunal Supremo declara inconstitucional este art. 5.5.)

Nota Importante
Jurisprudencia
-2014 TSPR 58 – Declara inconstitucional este artículo 5.5. Véase las notas al final de esta ley y/o la Opinión del Tribunal para el texto completo.

Artículo 5.6.- Aportaciones del Patrono. (18 L.P.R.A. sec. 397e)

A partir del 1ro de agosto de 2014, todo patrono aportará al Fondo lo establecido en el Artículo 4.3 de esta Ley con respecto a cada participante existente o que ingrese por primera vez al Sistema a partir de esa fecha.

(Diciembre 24, 2013, Núm. 160, art. 5.6.)

Artículo 5.7.-Obligaciones del Patrono, Sanciones. (18 L.P.R.A. sec. 397f)

(a) Todo patrono de un participante del Programa de Aportaciones Definidas tendrá las siguientes obligaciones:

(1) Obligación de Deducir y Retener las Aportaciones de los Participantes del Programa de Aportaciones Definidas y de Remitir las Aportaciones de los Participantes y del Patrono al Sistema.- Todo patrono de un participante del Programa de Aportaciones Definidas deberá deducir y retener del salario del participante las aportaciones que dispone el Artículo 5.5. Se autoriza al Secretario de Hacienda o a cualquier oficial pagador del patrono, a realizar los descuentos aunque el salario que hubiere que pagarse al participante como resultado de estos descuentos quede reducido a menos de cualquier mínimo prescrito por ley. Las aportaciones de los participantes del Programa de Aportaciones Definidas deberán ser remitidas por el patrono al Sistema, conjuntamente con las aportaciones patronales que viene obligado a hacer según dispone el Artículo 5.6, en o antes del decimoquinto (15to.) día del mes siguiente de la fecha en que se hizo la retención. El Director Ejecutivo establecerá la forma y manera en que se remitirán las aportaciones.

(2) Responsabilidad por las Aportaciones.- Todo patrono está obligado a remitir al Sistema sus aportaciones y las que haya deducido y retenido de los participantes, según dispone este Capítulo. El patrono será responsable del pago total de dichas aportaciones al Sistema. Si el patrono dejare de hacer las deducciones o retenciones o remitir las aportaciones, las sumas que debió deducir y retener y las aportaciones no pagadas serán cobradas al patrono por el Director Ejecutivo.

(3) Intereses sobre Aportaciones Adeudadas.- Todo patrono que no remita sus aportaciones y la de los participantes del Programa de Aportaciones Definidas dentro del término establecido será responsable al Sistema del pago de intereses al tipo que la Junta determine sobre la aportación adeudada desde el día en que la aportación debió ser remitida al Sistema hasta el día en que la aportación se remita. Los intereses adeudados por un patrono serán cobrados por el Director Ejecutivo.

(b) Acreditación de Rentabilidad de Inversión.- Si un patrono no remite las aportaciones de los participantes del Programa de Aportaciones Definidas dentro del término de tiempo establecido, el Director Ejecutivo acreditará a la cuenta de los participantes del Programa de Aportaciones Definidas afectados la rentabilidad de inversión de conformidad con el Artículo 5.8 de este Capítulo a partir de la fecha límite en que el patrono tenía que remitir las aportaciones.

(Diciembre 24, 2013, Núm. 160, art. 5.7.)

Artículo 5.8.-Créditos a la Cuenta de Aportaciones Definidas, Rentabilidad de Inversión y Derechos sobre la Cuenta de Aportaciones Definidas. (18 L.P.R.A. sec. 397g)

(a) Créditos.- El Director Ejecutivo acreditará a la Cuenta de Aportaciones Definidas de cada participante del Programa de Aportaciones Definidas las siguientes partidas:

(1) Aportación Individual del Participante.- Las aportaciones individuales hechas por el participante del Programa de Aportaciones Definidas, según requiere esta Ley, se acreditarán una vez sean remitidas por el patrono al Sistema.

(2) Rentabilidad de Inversión.- Se acreditará una rentabilidad de inversión al cierre de cada semestre de cada año económico. La rentabilidad de inversión se computará el último día de negocios de cada semestre del año económico sobre el promedio mensual del balance en la cuenta de aportaciones definidas del participante del Programa de Aportaciones Definidas, durante el semestre en cuestión. La rentabilidad de la inversión será determinada por la Junta y nunca será menor al 80% del rendimiento de la cartera de inversión del Sistema durante cada semestre de cada año

económico neto de los gastos de manejo ("management fees") tales como, pero sin limitarse a, los honorarios pagaderos a los administradores de la cartera, custodia de valores y consultoría de inversiones.

(b) Derechos Sobre la Cuenta de Aportaciones Definidas.- Los participantes del Programa de Aportaciones Definidas siempre tendrán derecho al cien por ciento (100%) del balance de sus aportaciones realizadas a la Cuenta de Aportaciones Definidas.

Diciembre 24, 2013, Núm. 160, art. 5.8.)

Artículo 5.9.-Débitos a la Cuenta de Aportaciones Definidas. (18 L.P.R.A. sec. 397h)

El Director Ejecutivo debitará de la Cuenta de Aportaciones Definidas que se establezca para cada participante del Programa de Aportaciones Definidas aquellas sumas utilizadas para el pago de beneficios o para hacer una distribución global conforme los Artículos 5.10 y 5.11 de este Capítulo. Una vez se distribuya el balance total de la cuenta de aportaciones definidas, la cuenta cesará de existir.

(Diciembre 24, 2013, Núm. 160, art. 5.9.)

Artículo 5.10.-Beneficios a la Separación del Servicio. (18 L.P.R.A. sec. 397i)

(a) Beneficio de Retiro.- Al separarse permanentemente del servicio, cuando la separación no sea por causa de muerte o incapacidad total y permanente, el balance en la Cuenta de Aportaciones Definidas del participante le será distribuido al participante si el participante cumple con cualquiera de los siguientes requisitos: (i) ha cotizado menos de cinco (5) años de servicio o (ii) tiene acumulado en el Sistema una cantidad menor de diez mil dólares ($10,000).

(b) Fecha de otorgación del Contrato de Pensión y Comienzo de la Distribución.- En aquellos casos en que el participante (i) se separe permanentemente del servicio después de haber cotizado cinco (5) años o más de servicio y, (ii) haya acumulado en el Sistema una cantidad igual o mayor a diez mil dólares ($10,000), tendrá derecho a una pensión calculada a base del balance de su Cuenta de Aportaciones Definidas de acuerdo con el inciso (c) de este Artículo. La edad a partir de la cual podrá comenzar a recibir esa anualidad, proveyéndose que se separe permanentemente del servicio, será la establecida en el Artículo 3.9 de esta Ley. De separarse del servicio antes de lo establecido en el Artículo 3.9 de esta Ley como edad de retiro, la pensión a la que tiene derecho se considerará diferida hasta tanto cumpla la edad de retiro requerida.

(c) La pensión de cada participante será calculada al retirarse de la siguiente manera: se dividirá (i) el balance acumulado de sus aportaciones en la Cuenta de Aportaciones Definidas a la fecha de retiro por (ii) un factor, establecido por la Junta en consulta con sus actuarios y determinado a base de la expectativa de vida actuarial del participante y una tasa de interés particular.

(Diciembre 24, 2013, Núm. 160, art. 5.10.)

Artículo 5.11.-Beneficios por Muerte, Incapacidad o Enfermedad Terminal. (18 L.P.R.A. sec. 397j)

(a) Muerte de Participante en Servicio Activo.-A la muerte de un participante que esté prestando servicios, y que tuviere aportaciones acumuladas en el Programa de Aportaciones Definidas, sus aportaciones serán reembolsadas a la persona o personas que el participante hubiere designado por orden escrita debidamente reconocida y presentada ante el Director Ejecutivo, o por sus herederos, si tal designación no hubiere sido hecha. El reembolso será equivalente al importe de las aportaciones y réditos de la inversión hasta la fecha de la muerte del participante. El Director Ejecutivo cobrará de las aportaciones cualquier deuda que tenga el participante con el Sistema.

(b) Separación del Servicio por Razón de Incapacidad o Enfermedad Terminal.- Todo participante que ingresó al Sistema a partir del 1ro de agosto de 2014, que se incapacite después de haber servido cinco (5) años, ya sea como consecuencia del trabajo o cuando la incapacidad no tenga relación con su trabajo, el Sistema le concederá una pensión por incapacidad calculada a base de sus aportaciones individuales, conforme se determine mediante reglamento del Sistema.

(c) Muerte de un Pensionado.-

(1) Reembolso de aportaciones individuales: En aquellos casos en que fallezca un pensionado sin antes haber agotado el balance de todas sus aportaciones individuales hechas al Programa de Aportaciones Definidas previo al momento de comenzar a recibir la pensión, sus beneficiarios designados ante el Sistema o los herederos del participante en caso de no existir beneficiario designado tendrán dos opciones: (i) continuarán recibiendo los pagos mensuales de la pensión hasta que se agote dicho balance de las aportaciones realizadas por el pensionado mientras estuvo en servicio activo, o (ii) podrán solicitar por escrito al Director Ejecutivo el desembolso de dicho balance en un pago global, sujeto a cualquier deducción correspondiente por ley. Si al momento del fallecimiento del pensionado, las aportaciones realizadas por dicho pensionado al Programa de Aportaciones Definidas previo al momento de comenzar a recibir la

pensión, hubiesen sido agotadas por el pensionado mediante los pagos mensuales de pensión ya recibidos, se descontinuarán los pagos mensuales y sus beneficiarios y/o herederos no tendrán derecho a recibir pagos adicionales.

(2) Pensión por traspaso:

i. Los participantes del Programa de Aportaciones Definidas podrán elegir, al retirarse, recibir una pensión por retiro menor de la que tienen derecho, y proveer con la diferencia, según se determinare actuarialmente, una o más pensiones a favor de sus dependientes, cuyos nombres aparecerán en una orden escrita radicada con el Director Ejecutivo. Este privilegio se concederá siempre que el participante se someta a examen médico y llene los requisitos de salud que establecerá la Junta en sus reglamentos y siempre que quede probado, a satisfacción del Director Ejecutivo, que las personas designadas para recibir la pensión por traspaso son dependientes del participante, y siempre que ninguna pensión por traspaso que resultare del ejercicio de este privilegio fuere menor de doscientos cuarenta dólares ($240) al año, y que el monto de dicha pensión por traspaso no exceda del monto de la pensión por retiro reducida, que tenga derecho el participante, de acuerdo con su opción.

ii. El Director Ejecutivo determinará el monto de las pensiones por traspaso de acuerdo con la orden escrita del participante. Toda pensión por traspaso comenzará a percibirse a partir del día siguiente al fallecimiento del participante. Si una (1) o más de las personas designadas como beneficiarios no sobreviviere al participante, no será pagadera la correspondiente pensión por traspaso. Una vez que la pensión por retiro haya sido concedida, esté vigente y sea pagadera, el Director Ejecutivo no permitirá cambio alguno en la orden escrita radicada en el Sistema; salvo que si el participante falleciere dentro de los treinta (30) días siguientes a la fecha de su retiro, se considerará que el participante ha fallecido en servicio activo.

iii. Las pensiones concedidas bajo este inciso tendrán carácter vitalicio y serán pagaderas en plazos mensuales, y éstas no podrán aumentarse, disminuirse, revocarse o derogarse, salvo cuando hubiesen sido concedidas por error, o cuando en forma explícita se disponga de otro modo. El primer pago de una pensión se hará por la fracción de mes que transcurra hasta la terminación del primer mes; y el último pago se hará hasta el final del mes en que sobreviniere la muerte del beneficiario.

(Diciembre 24, 2013, Núm. 160, art. 5.11.)

Artículo 5.12.- Aplicabilidad de la Ley Uniforme de Valores. (18 L.P.R.A. sec. 397k)

El interés de cualquier participante en el Programa de Aportaciones Definidas no constituirá un valor para propósitos de la Ley Núm. 60 de 18 de junio de 1963, según enmendada, conocida como la Ley Uniforme de Valores.

(Diciembre 24, 2013, Núm. 160, art. 5.12.)

CAPÍTULO 6.-INVERSIONES Y PRÉSTAMOS

Artículo 6.1.-Inversión de fondos; reglas y procedimientos. (18 L.P.R.A. sec. 398)

(a) El Sistema invertirá sus fondos de acuerdo a las disposiciones establecidas en esta Ley y a las reglas, procedimientos y reglamentos que la Junta de Síndicos establezca mediante reglamento.

(b) Los reglamentos, reglas y procedimientos aprobados se ceñirán a todas las restricciones establecidas en las Guías de inversión para planes de retiro gubernamentales promulgadas por el Banco Gubernamental de Fomento para Puerto Rico.

(c) La Junta de Síndicos adoptará las políticas para la administración de las inversiones autorizadas por las disposiciones de esta Ley. La política de inversiones deberá incluir, sin que se entienda como una limitación, lo siguiente:

i. Los criterios, requisitos y condiciones para la selección, contratación y evaluación de las ejecutorias de los manejadores de inversiones y bancos custodios que deberá contratar para realizar las inversiones autorizadas por las disposiciones de esta Ley.

ii. La política para inversión de los recursos del Sistema en los mercados de capital.

iii. Las normas para la administración, arrendamiento, venta, gravamen o ejecución de bienes inmuebles adquiridos para generar ingresos.

iv. Disposiciones relacionadas a ordenar investigaciones actuariales para determinar la solvencia económica del Fondo, adoptar las normas que fueren necesarias para garantizar el pago de las pensiones concedidas y aprobar las tablas de mortalidad apropiadas para la valoración actuarial de todas las pensiones y los demás beneficios concedidos por las disposiciones de esta Ley.

(Diciembre 24, 2013, Núm. 160, art. 6.1.)

Artículo 6.2.-Tipos de inversiones autorizadas. (18 L.P.R.A. sec. 398a)

(a) El Sistema estará autorizado a invertir todos los recursos disponibles que no se requieran para su operación corriente en los valores que establezcan las Guías de Inversión promulgadas por el Banco Gubernamental de Fomento para Puerto Rico y las Guías de Inversión establecidas y aprobadas por el Sistema.

(b) Las inversiones que se efectúen bajo las disposiciones de esta Ley serán llevadas a cabo con la previsión, cuidado y bajo los criterios que las personas prudentes, razonables y experimentadas ejercerán en el manejo de sus propios asuntos con fines de inversión y no con fines especulativos, considerando, además, el balance que debe existir entre las expectativas de rendimiento y riesgo.

(Diciembre 24, 2013, Núm. 160, art. 6.2.)

Artículo 6.3.-Naturaleza de préstamos a participantes del Sistema; documentos, exentos. (18 L.P.R.A. sec. 398b)

(a) Los fondos del Sistema podrán ser invertidos, conforme a la reglamentación vigente, en la concesión a los participantes de:

(1) préstamos con garantía de aportaciones;

(2) préstamos extraordinarios;

(3) préstamos hipotecarios. Todo documento sobre contratación o garantía de préstamos hipotecarios, renovaciones y cancelaciones de hipoteca, así como la inscripción, anotación o cualquier transacción con relación a dicho documento, en que sea parte el Sistema y sea otorgado ante un notario, estará exento del pago de toda clase de derechos, contribuciones e impuestos.

(4) préstamos a participantes transitorios provisionales y transitorios elegibles, a un interés que determinará la Junta de Síndicos en su reglamento general.

(5) Cualquier otro tipo de préstamo o crédito que la Junta de Síndicos del Sistema considere beneficioso o necesario para sus participantes.

(6) Préstamo de Viaje Cultural- Se autoriza a la Junta de Síndicos a invertir parte de las reservas disponibles para facilitar la concesión de préstamos a participantes del Sistema para hacer viajes culturales, sujeto a la reglamentación que adopte el Sistema. El Sistema determinará de tiempo en tiempo la cantidad de fondos a dedicarse a esta clase de inversiones. También determinará mediante reglamento las condiciones y procedimientos pertinentes para la concesión de los préstamos autorizados por las disposiciones de esta Ley. Los pagos para amortizar estos préstamos se descontarán mensualmente del salario del participante del Sistema. El

Gobierno pagará al Sistema un cincuenta (50) por ciento de los intereses correspondientes al préstamo que haga el participante para participar en estos viajes. Si el participante renunciare a la posición que ocupa dentro de dieciocho (18) meses de haber recibido el préstamo, tendrá que reembolsarle al Gobierno los intereses pagados sobre su préstamo. Anualmente se consignará en el Presupuesto del Estado Libre Asociado de Puerto Rico la cantidad de dinero que se estime necesaria para estos propósitos.

(Diciembre 24, 2013, Núm. 160, art. 6.3.)

Artículo 6.4.-Descuentos por préstamos e intereses. (18 L.P.R.A. sec. 398c)

Los descuentos hechos en el salario del participante para el pago de préstamos concedidos y los intereses descontados por adelantado, serán ingresados por el Secretario de Hacienda en el Fondo simultáneamente con el pago de la nómina.

(Diciembre 24, 2013, Núm. 160, art. 6.4.)

Artículo 6.5.-Facultad para reglamentar procedimientos de préstamos. (18 L.P.R.A. sec. 398d)

El Sistema aprobará los reglamentos que estime convenientes y necesarios para regular la concesión de tales préstamos.

(Diciembre 24, 2013, Núm. 160, art. 6.5.)

CAPÍTULO 7.-DISPOSICIONES ADMINISTRATIVAS

Artículo 7.1.-Asignaciones ordinarias y especiales. (18 L.P.R.A. sec. 399)

(a) Con el propósito de solventar el déficit de flujo de caja del Sistema, cada año fiscal, comenzando desde el año fiscal 2016-2017, hasta el año fiscal 2041-2042, el Sistema recibirá la Aportación Uniforme para la Justicia Magisterial. Además, a partir del año fiscal 2018-2019 y hasta el año fiscal 2041-2042, el Sistema recibirá la Aportación Adicional Anual, según definida en el Artículo 1.1 de esta Ley.

(b) Para cada año fiscal aplicable, el Sistema determinará la porción de la Aportación Adicional Anual correspondiente a cada patrono participante a base del por ciento del total de aportaciones patronales correspondientes a dicho patrono para el año fiscal en curso y enviará al Director de la Oficina de Gerencia y Presupuesto una Certificación del monto correspondiente a dicho patrono.

(c) Los recursos para cubrir tanto la Aportación Uniforme para la Justicia Magisterial, como la Aportación Adicional Anual serán consignados por la

Oficina de Gerencia y Presupuesto en el Presupuesto General Recomendado del Gobierno.

(d) El Sistema será responsable de la asignación ordinaria de la aportación patronal según dispuesta en esta Ley de los empleados del Sistema que se beneficien de esta Ley.

(Diciembre 24, 2013, Núm. 160, art. 7.1.)

Artículo 7.2.-Obligaciones del Sistema, del Maestro y del Patrono para la agilidad de los procesos. (18 L.P.R.A. sec. 399a)

(a) El Sistema tramitará la solicitud de retiro dentro de los treinta (30) días siguientes de haber recibido la Certificación sobre aceptación de renuncia con toda la documentación correspondiente requerida.

(b) El patrono vendrá obligado a someter al Sistema toda la documentación requerida dentro de los treinta (30) días siguientes a la fecha de solicitud de los beneficios de pensión o liquidación de fondos.

(c) En caso de que el maestro del salón de clases y los directores escolares interesen jubilarse durante el curso escolar del sistema público, deberán notificar su renuncia al Departamento de Educación con ciento veinte (120) días antes del inicio del semestre escolar durante el cual planifican acogerse a los beneficios de retiro. Si no se cumpliera con esta notificación por parte del maestro del salón de clases o directores escolares, el participante no podrá jubilarse durante el semestre escolar y tendrá que hacerlo al finalizar el mismo, sujeto al cumplimiento de las siguientes disposiciones:

(1) En el semestre escolar con inicio en el mes de enero del año en curso: el maestro o director escolar deberá radicar en el Sistema, en o antes del 31 de enero del año escolar una Solicitud de Certificación de Años de Servicios Cotizados en el servicio público para poder acogerse a los beneficios de pensión al finalizar el semestre de enero a mayo.

(2) El Sistema deberá contestar la solicitud en o antes del 31 de marzo del año en curso para que el maestro o el director procedan con la radicación de su carta de renuncia ante el Departamento de Educación. La renuncia deberá ser sometida antes del 31 de mayo del mismo año para ser efectiva al 30 de junio del año en curso.

(3) En el semestre escolar que comienza durante el mes de agosto del año en curso, el maestro o el director escolar deberá radicar ante el Sistema, en o antes del 30 de junio del año en curso, una solicitud de Certificación de Años de Servicios Cotizados en el servicio público para poder acogerse a los beneficios de pensión al finalizar el semestre de agosto a diciembre.

(4) El Sistema deberá contestar la solicitud en o antes del 30 de agosto del año en curso para que el maestro o director escolar procedan con la

radicación de su carta de renuncia ante el Departamento de Educación. La renuncia deberá ser sometida antes del 31 de octubre para ser efectiva el 31 de diciembre del año en curso.

(d) El Sistema notificará al Departamento de Educación del recibo de cualquier solicitud de retiro. De igual forma, e independientemente de que el Sistema notifique al Departamento, el participante interesado en acogerse a los beneficios de retiro deberá notificar al Departamento de su solicitud de retiro al presentar la misma.

(e) Estas disposiciones no serán de aplicación para aquellos maestros o directores escolares dentro del Departamento de Educación que sufran de una enfermedad o circunstancias imprevistas o extraordinarias que les impidan continuar trabajando en el salón de clases o en la escuela.

(f) Si el Sistema incumple la obligación establecida en el inciso (a) de este Artículo, advendrá responsable del pago al participante de una cantidad equivalente a un mes del salario que recibía este a la fecha de la solicitud de retiro, excepto en situaciones de fuerza mayor, ajenas a los trámites administrativos. Dicha penalidad será a solicitud del maestro. Si es el patrono quien incumple la obligación establecida en el inciso (b) de este Artículo, advendría responsable del pago al participante de una cantidad equivalente a un mes del salario que recibía este a la fecha de la solicitud de los beneficios de la pensión o de la liquidación de los fondos.

(Diciembre 24, 2013, Núm. 160, art. 7.2.)

Artículo 7.3.-Pérdida de Beneficios por actos de corrupción. (18 L.P.R.A. sec. 399b)

(a) Todo participante del Sistema que realice y sea convicto en un tribunal de justicia de Puerto Rico, o de cualquier otra jurisdicción estatal o federal, de actos constitutivos de fraude, extorsión, aceptación de soborno, apropiación ilegal, además de cualquiera otros delitos contenidos en el Código Penal o leyes especiales que involucre el uso de fondos públicos para beneficio propio o de otra persona o entidad, perderá todos sus beneficios bajo el Sistema.

(b) En tal eventualidad, el Sistema le devolverá al participante el balance de todas las aportaciones individuales acumuladas y no disfrutadas con que haya contribuido al Sistema, cobrando primero cualquier deuda, si alguna, contraída con el mismo.

(Diciembre 24, 2013, Núm. 160, art. 7.3.)

Artículo 7.4.-Penalidades. (18 L.P.R.A. sec. 399c)

(a) Cualquier persona que indebidamente cobre un cheque expedido a un participante activo o pensionado, o que a sabiendas hiciere alguna declaración falsa, o falsificare o permitiere falsificar cualquier registro o documento de este Sistema, con la intención de defraudar al mismo, será culpable de un delito menos grave, y estará sujeto a una multa de quinientos ($500) dólares, o en su defecto con cárcel por un período no mayor de dos (2) años, o ambas penas a discreción del tribunal.

(b) El Sistema tendrá derecho a recobrar cualesquiera pagos erróneos o indebidamente hechos con anterioridad o posterioridad a la vigencia de esta Ley. El Sistema determinará la forma y las condiciones bajo las cuales se recobrarán las cantidades así pagadas.

(Diciembre 24, 2013, Núm. 160, art. 7.4.)

Artículo 7.5- Programa de Orientaciones Pre-Retiro (18 L.P.R.A. sec. 399d)

(a) Cónsono con la política pública del Gobierno de orientar a todos los servidores públicos previo a su retiro, el Sistema establecerá un "Programa de Orientaciones Pre-Retiro a los Trabajadores de la Educación".

(b) El Director Ejecutivo tendrá la responsabilidad del funcionamiento y contenido adecuado del Programa y coordinará, según lo entienda o estime adecuado, las orientaciones con las dependencias del Departamento de Educación y aquellas entidades que empleen personal que sea miembro del Sistema.

(c) Como parte del Programa de Orientaciones Pre-Retiro de los participantes, el Sistema promoverá la participación en actividades de servicio comunitario, ofrecerá orientación sobre el tipo de trabajo voluntario que pueden ofrecer los participantes, los beneficios para la salud de los participantes y la aportación social, así como la lista de las organizaciones comunitarias donde puedan ofrecer los servicios comunitarios, según establecidas en el Registro de Organizaciones de Servicio Comunitario adscrito a la Comisión Especial Conjunta Sobre Donativos Legislativos de la Asamblea Legislativa de Puerto Rico.

(d) Cada patrono consignará los recursos necesarios dentro de su presupuesto anual, para sufragar los recursos, gastos de facilidades físicas, alimentos y otros costos relacionados en que incurra el Sistema en las orientaciones a los participantes. El patrono remitirá el pago no más tarde del día quince (15) del mes siguiente en que se emita la factura.

(Diciembre 24, 2013, Núm. 160, art. 7.5.)

Sección 2.-Derogación de Leyes Vigentes.

(a) Se deroga la <u>Ley 91-2004</u>, según enmendada, conocida como la "Ley del Sistema de Retiro para Maestros del Estado Libre Asociado de Puerto Rico".

(b) Se deroga la Ley 38-2001, según enmendada, conocida como la "Ley de Bono de Verano".

(c) Se deroga la Ley 162-2003, según enmendada, conocida como la "Ley de Bono de Medicamentos".

(d) Se deroga la Ley Núm. 49 de 23 de mayo de 1980, según enmendada, conocida como la "Ley de Aguinaldo de Navidad para los Maestros Jubilados".

(Diciembre 24, 2013, Núm. 160, Sección 2.)

Sección 3.-Cláusula de Separabilidad.

Si cualquier cláusula, párrafo, subpárrafo, artículo, disposición, sección, inciso o parte de esta Ley fuere declarada inconstitucional por un tribunal competente, la sentencia a tal efecto dictada no afectará, perjudicará ni invalidará el resto de esta Ley. El efecto de dicha sentencia quedará limitado a la cláusula, párrafo, subpárrafo, artículo, disposición, sección, inciso o parte de la misma que así hubiere sido declarada inconstitucional.

(Diciembre 24, 2013, Núm. 160, Sección 3.)

Sección 4.–Disposiciones Transitorias.

(a) Las disposiciones del Artículo 7.3 de esta Ley serán puestas en suspenso y las obligaciones del Sistema, del Participante y del Patrono allí dispuestas serán establecidas por el Director Ejecutivo mediante disposición administrativa dentro de los quince (15) días siguientes a la aprobación de esta Ley. En dicha disposición administrativa el Director Ejecutivo establecerá la fecha en que se reanudará la efectividad de las disposiciones del Artículo 7.3. Disponiéndose, que aquellos participantes en el servicio activo que en o antes del 31 de julio de 2014 cumplan con los requisitos para recibir una pensión bajo el Artículo 4.4 de esta Ley y deseen retirarse a esa fecha para poder disfrutar de los beneficios dispuestos por el Artículo 4.9 de esta Ley, estarán obligados a notificar su renuncia al Departamento de Educación con copia al Sistema de Retiro de Maestros en o antes del 15 de febrero de 2014 o, de esta ley aprobarse en una fecha posterior al 1ro de febrero de 2014, dentro de quince (15) días laborables a partir de la fecha de aprobación de esta ley. El Secretario de Educación, y a solicitud del participante, dejará sin efecto la renuncia presentada si, en o antes del 30 de junio de 2014, el participante sometiere evidencia de una determinación de no elegibilidad a la pensión solicitada emitida por el Sistema de Maestros. La Oficina de Gerencia y Presupuesto, en consulta con el Departamento de Educación, podrá prorrogar la fecha límite para notificar la renuncia, hasta la fecha que estime pertinente, pero no más tarde del 30 de junio de 2014.

(b) Se le ordena al Sistema, al Banco Gubernamental de Fomento, al Departamento de Educación y la Oficina de Gerencia y Presupuesto llevar a cabo las conversaciones y acuerdos necesarios con la Oficina del Seguro Social, a los efectos de que los maestros que ingresen al Sistema en o después del 1ro de agosto de 2014 puedan cotizar al Seguro Social. Dichos acuerdos pueden ser extensivos a los participantes que estaban activos al 31 de julio de 2014. El Sistema de Retiro y el Departamento de Educación establecerán mediante Reglamento los parámetros a seguir en la implantación de estas disposiciones.

(Diciembre 24, 2013, Núm. 160, Sección 4.)

Sección 5.–Vigencia.

Esta Ley entrará en vigor inmediatamente después de su aprobación.

(Diciembre 24, 2013, Núm. 160, Sección 5.)

Notas Importantes

-**2014 TSPR 58** – Esta opinión con fecha de 11 abril de 2013 del Tribunal Supremo de Puerto Rico declara inconstitucional parcialmente la Ley 60 del 2013. Véase Opinión del Tribunal Supremo.

-El Tribunal Supremo concluye que la Ley Núm. 160-2013, y en particular sus Arts. 3.6, 3.9, 3.11, 4.3(a), 4.4, 4.6(a)(b)(c) y 5.1 a 5.5 son inconstitucionales en la medida que menoscaban sustancialmente y de forma irrazonable el derecho contractual que tienen los peticionarios-demandantes en cuanto a su plan de retiro, conforme los términos de la Ley Núm. 91-2004.

-Antes de menoscabar sustancialmente las obligaciones contractuales que asumió, el Estado debe asegurarse de que la ley aprobada a esos fines adelanta el interés estatal importante requerido por nuestro ordenamiento constitucional en casos como este: garantizar la solvencia del sistema de retiro.

-El Tribunal Supremo concluye que es constitucional la Sec. 2 de la Ley Núm. 160-2013 que derogó las leyes especiales que concedían esas gracias legislativas que no forman parte de la pensión y el Art. 4.9 de esa misma ley que eliminó ciertos beneficios adicionales a los que se retiren a partir del 1 de agosto de 2014.

-El Tribunal Supremo resuelve que los participantes que entraron a cotizar al SRM con posterioridad a la aprobación de la Ley Núm. 160-2013, tienen derecho solamente a la pensión que establece ese estatuto. Esa fue la obligación contractual que el Estado asumió con ese grupo de trabajadores.

-2013, ley 160 -Deroga la Ley Núm. 91 de 2004, según enmendada, conocida como la "Ley del Sistema de Retiro para Maestros del Estado Libre Asociado de Puerto Rico".

Otras Leyes Relacionadas:
-Para aumentar a un 3 por ciento las pensiones bajo la Ley Núm. 218 de 1951: Sistema de Retiro para los Maestros
Ley Núm. 171 de 30 de julio de 2003

Artículo 1.-Efectivo el 1ro. de enero de 2004 se aumentan en un tres (3) por ciento las anualidades concedidas bajo la Ley Núm. 218 de 6 de mayo de 1951, según enmendada, por edad y años de servicio o incapacidad que estén vigentes a esa fecha y que hayan sido otorgadas con efectividad en o antes del 1ro. de enero de 2001.

Artículo 2.-Los fondos necesarios para cubrir el costo que conlleve el aumento de pensiones de la Junta de Retiro para Maestros serán consignados en el Presupuesto General para Gastos del Gobierno del Estado Libre Asociado de Puerto Rico para cada año fiscal, a partir del año fiscal 2003-2004. Disponiéndose, que el Sistema deberá someter no más tarde del 28 de febrero del año natural siguiente a la Oficina de Gerencia y Presupuesto toda la información con relación al pago del -aumento del tres (3) por ciento, con el propósito de que dicha Oficina reembolse los fondos así adelantados no más tarde del 31 de mayo de cada año al Sistema de Anualidades y Pensiones de los Maestros.

Artículo 3.-Esta Ley empezará a regir el 1ro. de enero de 2004.

(Julio 30, 2003, Núm. 171, arts. 1 al 3.)

-Ley de Aumentar las pensiones a los Maestros según la Ley Núm. 91 del 2004
Ley Núm. 38 de 24 de abril de 2007

Artículo 1.- Efectivo el primero (1ro) de julio de 2007, retroactivo al primero (1ro) de enero de 2007, se aumentarán en un tres (3) por ciento las anualidades concedidas bajo la Ley Núm. 91 de 29 de marzo de 2004, según enmendada, por edad y años de servicio o incapacidad, que estén vigentes a esa fecha y que hayan sido otorgadas con efectividad en o antes del primero (1ro) de enero de 2004, según lo dispone la Ley Núm. 62 de 4 de septiembre de 1992. La asignación de los recursos necesarios para cubrir el costo que conlleve el aumento en las pensiones de pensionado(a)s procedentes del Sistema de Retiro para Maestros, será con cargo al Fondo General y deberá consignarse en el Presupuesto General para Gastos del Gobierno del Estado Libre Asociado de Puerto Rico para cada año fiscal, a partir del Año Fiscal 2007-2008.

El costo de la retroactividad del aumento de tres (3) por ciento para lo(a)s pensionado(a)s del Sistema de Retiro para Maestros, provendrá de asignaciones del Fondo General del Gobierno de Puerto Rico.

Artículo 2.- Efectivo al 1ro. de julio de 2008, se concederá un segundo aumento en las anualidades que hayan sido otorgadas con efectividad al primero (1ro) de enero de 2004 o antes, de hasta un tres (3) por ciento, para aquello(a)s pensionado(a)s que reciban una pensión mensual menor de mil doscientos cincuenta (1,250) dólares; sin sobrepasar el límite establecido de mil doscientos cincuenta (1,250) dólares mensuales. La asignación de los recursos necesarios para cubrir el costo que conlleve el aumento en las pensiones de pensionado(a)s procedentes del Sistema de Retiro para Maestros, será con cargo al Fondo General y deberá consignarse en el Presupuesto General para Gastos del Gobierno del Estado Libre Asociado de Puerto Rico para cada año fiscal, a partir del Año Fiscal 2008-2009. El Sistema de Retiro para Maestros certificará el costo de ese aumento a la Oficina de Gerencia y Presupuesto y ésta adelantará dicha partida proporcionalmente al inicio de cada semestre de cada año fiscal, en los meses de julio y enero, respectivamente. De existir alguna diferencia en las cantidades anticipadas, las mismas deben consignarse en la preparación del presupuesto para el próximo año fiscal y subsiguientes.

Artículo 3.- Se enmienda el Artículo 25 de la Ley Núm. 91 de 29 de marzo de 2004, según enmendada, para que se lea como sigue. [Véase Artículo 25 de la Ley Principal de 2004.]

Artículo 4.- Esta Ley entrará en vigor inmediatamente después de su aprobación.

(Abril 24, 2007, Núm. 38, arts. 1 a 4.)

Ley de Prestamos Sobre Hogares para Maestros.
Ley Núm. 239 de 12 de mayo de 1942, según enmendada.

Sec. 2. Préstamos sobre hogares para maestros - Importe y pagos. (18 L.P.R.A. sec. 367)

La Junta de Pensiones para Maestros queda por la presente autorizada para hacer préstamos a los maestros que estuvieren ejerciendo en las escuelas públicas del país, con contrato en propiedad, hasta una suma que no excederá de cinco mil dólares ($5,000) pagaderos en un máximo de diez (10) años naturales en escala proporcional de quinientos dólares ($500) por año, más intereses, pólizas e intereses sobre pagos hechos por la Junta por concepto de estas pólizas; Disponiéndose, que cuando se trate de dos (2) maestros mancomunados, la Junta podrá conceder préstamos hasta una cantidad que no excederá de ocho mil dólares ($8,000) pagaderos en un máximo de diez (10) años naturales, en escala proporcional de ochocientos dólares ($800) por año, entre ambos, más los intereses, pólizas e intereses sobre los pagos hechos por la Junta por concepto de pólizas; prorrateando las obligaciones entre ambos maestros en partes iguales, sujetos tales préstamos a las disposiciones antes mencionadas; y Disponiéndose, además, que tales préstamos serán dedicados exclusivamente a la construcción, adquisición o reparación de hogares, o a la cancelación de hipotecas vencidas, o de hipotecas en que el maestro esté pagando un tipo de interés mucho más alto del que pagaría con esta Junta.

(Mayo 12, 1942, Núm. 239, p. 1381, sec. 2; Abril 20, 1946, Núm. 382, p. 1035, sec. 1; Mayo 13, 1950, Núm. 418, p. 997, sec. 1.)

Sec. 3. Préstamos sobre hogares para maestros - Fondos para préstamos; intereses. (18 L.P.R.A. sec. 368)

Para hacer los préstamos a que se refiere la sec. 367 de este título, la Junta de Pensiones usará aquellos fondos que estén disponibles y que no fuesen necesarios para cubrir atenciones y obligaciones de dicha Junta; Disponiéndose, que dichos préstamos no devengarán otro interés que el del seis (6) por ciento anual.

(Mayo 12, 1942, Núm. 239, p. 1381, sec. 3.)

Sec. 4. Préstamos sobre hogares para maestros - Garantía para los préstamos; reglamentación. (18 L.P.R.A. sec. 369)

La Junta de Pensiones preparará y pondrá en vigor aquellas reglas que estimare convenientes y necesarias para regular la concesión de tales préstamos, los cuales deberán estar garantizados con primeras hipotecas sobre la propiedad a que ha de dedicarse el préstamo concedido;

Disponiéndose, que en caso de construcción, mientras se verifica ésta, el prestatario ofrecerá a la Junta de Pensiones en garantía de su préstamo, y mientras se otorga la correspondiente escritura de hipoteca, dos (2) firmas de reconocida solvencia moral y económica, además de la garantía colateral de su haber mensual del cual se descontará la suma que se ha obligado el prestatario a pagar todos los meses; Disponiéndose, que tan pronto como se inscriba la escritura de hipoteca en el registro de la propiedad correspondiente, la Junta lo comunicará a los fiadores y éstos quedarán relevados de toda obligación a partir de esa fecha; Disponiéndose, además, que en las reglas que dictare la Junta de Pensiones en relación con las pólizas de seguro renovadas anualmente para mayor garantía y protección de los préstamos y de los maestros prestatarios, respectivamente, dicha Junta dispondrá que el pago de las referidas pólizas renovadas por el tiempo que dure el préstamo se incluirá como parte de la deuda y se descontará proporcionalmente cada mes, juntamente con el principal e intereses.

(Mayo 12, 1942, Núm. 239, p. 1381, sec. 4.)

Sec. 5. Préstamos sobre hogares para maestros - Secretario de Justicia aprobará condiciones legales y garantía. (18 L.P.R.A. sec. 370)

Todas las demás condiciones legales del contrato de préstamo, así como la garantía del título de la propiedad que ha de ser hipotecada a favor de la Junta, serán fijados por el Secretario de Justicia; Disponiéndose, que en la imposición de tales condiciones legales dicho funcionario se ajustará a lo dispuesto en la sec. 369 de este título respecto al pago de pólizas de seguro renovadas anualmente.

(Mayo 12, 1942, Núm. 239, p. 1381, sec. 5.)

Sec. 6. Préstamos sobre hogares para maestros - Limitación a fondos de préstamos. (18 L.P.R.A. sec. 371)

En ningún caso la Junta de Pensiones podrá disponer para la concesión de los referidos préstamos de aquellos fondos destinados a otras atenciones de dicha Junta o para atender a aquellas otras obligaciones que haya de contraer la Junta.

(Mayo 12, 1942, Núm. 239, p. 1381, sec. 6.)

Ley para Crear Hogares para los Maestros- La Egida del Maestro.
Ley Núm. 16 de 13 de abril de 1916, según enmendada.

Art. 1. Hogares para los maestros - Contribución para La Egida del Maestro. (18 L.P.R.A. sec. 376)

Por la presente se autoriza a los directores escolares de Puerto Rico para asignar en sus presupuestos anuales respectivos, con la aprobación del Secretario de Educación, una cantidad que no exceda de un medio del uno por ciento (0.5%) de sus ingresos anuales respectivos como contribución anual para permitir a La Egida del Maestro, una corporación constituida e incorporada de acuerdo con las disposiciones de la Ley de Marzo 9, 1911, Núm. 22, según enmendada, llevar a cabo los fines para los cuales fue incorporada.

(Abril 13, 1916, Núm. 16, p. 49, art. 1; Mayo 15, 1931, Núm. 98, p. 595, sec. 10.)

Art. 2. Hogares para los maestros - Pagos; fondo de depósito. (18 L.P.R.A. sec. 377)

Cualquier director escolar que consignare un crédito anual, de acuerdo con las disposiciones de la sec. 376 de este título podrá, mediante la aprobación del Secretario de Educación, ordenar el pago del mismo a La Egida del Maestro en cualquier día del año económico que dicho director escolar estimare adecuado y conveniente. Cualesquiera fondos cuyo pago se ordenare en esa forma serán depositados en la Tesorería de Puerto Rico para ser considerados como un fondo de depósito y no se verificarán pagos del mismo excepto para los fines específicos que en la presente se autorizan y todos los pagos procedentes de dicho fondo deberán ser aprobados por el Secretario de Hacienda en la forma prescrita por ley para el desembolso de fondos públicos.

(Abril 13, 1916, Núm. 16, p. 49, art. 2; Mayo 15, 1931, Núm. 98, p. 595, sec. 10.)

Art. 3. Hogares para los maestros - Edificios para el hogar. (18 L.P.R.A. sec. 378)

Los fondos con que contribuyan los directores escolares, de acuerdo con las secs. 376 y 377 de este título, serán dedicados a, y exclusivamente, empleados por La Egida del Maestro con el objeto de construir en Aibonito en el sitio que ya ha sido concedido a La Egida del Maestro, dos (2) edificios, uno para hombres y otro para mujeres, que serán usados como sitios de retiro para maestros, y con el objeto adicional de construir un edificio que será usado como hogar de maestros ancianos indigentes e inválidos; Disponiéndose, que la construcción de cualquiera o todos los edificios que se autorizan por la presente se realizará de acuerdo con proyectos que serán aprobados por el Secretario de Transportación y Obras Públicas; y Disponiéndose, además, que el edificio que va a dedicarse a hogar de maestros ancianos indigentes e inválidos será construido en primer término.

(Abril 13, 1916, Núm. 16, p. 49, art. 3.)

Art. 4. Hogares para los maestros - Condiciones para poder hacer contribuciones. (18 L.P.R.A. sec. 379)

La contribución que por la presente se autoriza a los directores escolares hacer a La Egida del Maestro se efectuará bajo condición de que dicha corporación no alterará sus cláusulas de incorporación sin la aprobación de la Asamblea Legislativa de Puerto Rico; que los edificios construidos según se dispone anteriormente no serán utilizados para fines distintos de los que en ésta se especifican y que dichos edificios no podrán ser vendidos o en otra forma enajenados sin el consentimiento de la Asamblea Legislativa de Puerto Rico.

(Abril 13, 1916, Núm. 16, p. 49, art. 4.)

Ley de Deducciones de la Pensión o Renta Anual Vitalicia
Ley Núm. 21 de 23 de abril de 1954, según enmendada.

Art. 1. Deducciones de la pensión o renta anual vitalicia para cuotas o seguro. (18 L.P.R.A. sec. 380)

Aquellos maestros que estuvieren percibiendo o que en el futuro perciban una pensión o una renta anual vitalicia podrán autorizar a la Junta de Retiro para Maestros a descontar de su pensión o de su renta anual vitalicia determinada cantidad para pagar la cuota mensual como miembro de la Asociación de Maestros de Puerto Rico, las cuotas de la Asociación de Empleados del Estado Libre Asociado de Puerto Rico para el pago del seguro, las acciones y otras obligaciones de la Cooperativa de Crédito de los Maestros de Puerto Rico, o las cuotas del seguro de salud que administrará Seguridad Social Federal.

(Abril 23, 1954, Núm. 21, p. 147, art. 1; Mayo 23, 1966, Núm. 17, p. 142, art. 2.)

Art. 2. Deducciones de la pensión o renta anual vitalicia para cuotas o seguro - Pago de las cantidades deducidas. (18 L.P.R.A. sec. 381)

La Junta de Retiro para Maestros pondrá a la disposición de la Asociación de Maestros de Puerto Rico, de la Asociación de Empleados del Estado

Libre Asociado de Puerto Rico, de la Cooperativa de Crédito de los Maestros de Puerto Rico, o de la Oficina Federal de Rentas Internas en cheque expedido a favor de dichas asociaciones las cantidades así deducidas.

(Abril 23, 1954, Núm. 21, p. 147, art. 2; Mayo 23, 1966, Núm. 17, p. 142, art. 2.)

Ley de Deducciones del Sueldo para Beneficios de Enfermedad y Otros Servicios.
Ley Núm. 23 de 3 de junio de 1960, según enmendada.

Arts. 1 a 4A. Deducciones del sueldo para beneficios de enfermedad, accidentes, servicios médicos y seguro de vida. (18 L.P.R.A. sec. 382)

(a) Aquellos funcionarios y empleados del Estado Libre Asociado de Puerto Rico que sean miembros de la Asociación de Maestros de Puerto Rico, podrán autorizar al jefe del departamento o dependencia en que trabajen, para descontar de su salario la cantidad correspondiente para el pago de la cuota regular de la Asociación de Maestros de Puerto Rico, de la Asociación Educativa Nacional y de cuotas adicionales para el pago de los siguientes servicios:

(1) Auxilios especiales en caso de enfermedad o accidente.

(2) Servicios médicos y de hospitalización a familiares de dichos empleados.

(3) Seguro de vida en adición a aquel que ofrece la Asociación de Maestros de Puerto Rico de acuerdo con su reglamento. Disponiéndose, que cuando un maestro así lo desee podrá solicitar que se le eliminen los descuentos de dichas cuotas en su totalidad o parcialmente.

(b) El Secretario de Hacienda deducirá del sueldo de los funcionarios y empleados del Estado Libre Asociado de Puerto Rico, que así lo hayan solicitado del jefe del departamento o dependencia en que trabajen, la cantidad correspondiente para el pago de las cuotas de la Asociación de Maestros de Puerto Rico, de la Asociación Educativa Nacional y de cuotas adicionales para el pago de los siguientes servicios:

(1) Auxilios especiales en caso de enfermedad o accidente.

(2) Servicios médicos y de hospitalización a familiares de dichos empleados.

(3) Seguro de vida en adición a aquel que ofrece la Asociación de Maestros de Puerto Rico de acuerdo con su reglamento.

(c) El Secretario de Hacienda hará un solo descuento que englobe en cada caso las cuotas mencionadas en el inciso (b), y la Asociación de Maestros de Puerto Rico hará la correspondiente distribución de las mismas.

(d) El Secretario de Hacienda pondrá a disposición de la Asociación de Maestros de Puerto Rico, en cheque expedido a favor de dicha Asociación de Maestros mensualmente, las cantidades así deducidas del sueldo de dichos funcionarios y empleados.

(Junio 3, 1960, Núm. 23, p. 47, secs. 1 a 4.)

Ley del Aguinaldo de Navidad para los Maestros Retirados.
Ley Núm. 49 de 23 de mayo de 1980, según enmendada.

Arts. 1 a 3. Aguinaldo de Navidad. (18 L.P.R.A. sec. 383)

Todo maestro que estuviera recibiendo una pensión al amparo de las secs. 321 a 366 de este título, o bajo cualquier otra ley, tendrá derecho a recibir un Aguinaldo de Navidad equivalente a doscientos dólares ($200) en 1997; doscientos cincuenta dólares ($250) en 1998, y desde el 1999 en adelante será equivalente a trescientos dólares ($300), cuyo pago se efectuará no más tarde del 20 de diciembre de cada año.

(Mayo 23, 1980, Núm. 49, p. 143, arts. 1 a 3; Abril 24, 1987, Núm. 14, p. 34, sec. 3; Septiembre 2, 1997, Núm. 109, sec. 2.)

Ley de Ajuste de Pensiones de los Maestros Retirados.
Ley Núm. 62 de septiembre de 1992

Art. 2. Definiciones. (18 L.P.R.A. sec. 384)

A menos que del contexto de este capítulo se desprenda otra acepción, los siguientes términos tendrán el significado que a continuación se expresa:

(a) Sistema. Significa el Sistema de Retiro para Maestros, creado en virtud de las secs. 321 et seq. de este título o en virtud de la legislación que se apruebe en el futuro.

(b) Pensión ajustada. Significa una pensión que resultare después de aplicar el tres por ciento (3%) a la pensión bruta.

(Septiembre 4, 1992, Núm. 62, art. 2.)

Art. 3. Delegación de responsabilidad. (18 L.P.R.A. sec. 384a)
Se ordena al Sistema, comenzando el primero de enero de 1992 y subsiguientemente cada tres (3) años a ajustar en un tres por ciento (3%) todas las anualidades que estén vigentes al 1ro de enero del año del aumento y que se hayan estado percibiendo por lo menos tres (3) años antes de la fecha del aumento. Si en algún año el Sistema tuviese reservas solamente para veinticuatro (24) meses o menos no podrá concederse aumento alguno en las pensiones.
(Septiembre 4, 1992, Núm. 62, art. 3.)

Art. 4. Cómputo final. (18 L.P.R.A. sec. 384b)
El Sistema tendrá poder para elevar al dólar más alto las pensiones ajustadas que resultaren en cuantías con fracciones de dólar.
(Septiembre 4, 1992, Núm. 62, art. 4.)

Art. 5. Costo. (18 L.P.R.A. sec. 384c)
El costo del ajuste de las pensiones o rentas anuales vitalicias autorizado por este capítulo provendrá de las reservas en el Fondo de Anualidades y Pensiones para Maestros de Puerto Rico, de los intereses que produzcan las nuevas inversiones realizadas por la Junta de Retiro para Maestros de Puerto Rico según autorizadas por la sec. 354 de este título; de las aportaciones patronales e individuales vigentes y de aquellos aumentos que pudiesen haber en el futuro en éstas; y de aquellas asignaciones especiales con que contribuya el Gobierno con el propósito de mantener la solvencia económica del sistema y que sean consignadas en el Presupuesto General de Gastos del Gobierno de Puerto Rico, para el año en que se efectúe el ajuste de las pensiones.
(Septiembre 4, 1992, Núm. 62, art. 5.)

Art. 6. Efectividad. (18 L.P.R.A. sec. 384d)
Retroactivo al 1ro de enero de 1992 y subsiguientemente cada tres (3) años se aumentarán en un tres por ciento (3%) todas las anualidades que se paguen bajo este capítulo por edad, años de servicio o incapacidad que estén vigentes a esa fecha y que se hayan estado percibiendo por lo menos tres (3) años antes. En años subsiguientes al 1992 el aumento trienal estará sujeto a que haya una previa recomendación favorable del actuario del Sistema de Retiro para Maestros. Cumplidos estos requisitos la Junta de Retiro para Maestros someterá la propuesta del aumento a la Asamblea Legislativa de Puerto Rico para su aprobación. El aumento trienal en años subsiguientes al 1992 cubrirá todas las anualidades que se paguen bajo este capítulo por edad, años de servicio e incapacidad que estén vigentes al 1ro de enero del año en que se conceda el aumento y que se hayan estado percibiendo por lo menos tres (3) años antes.

(Septiembre 4, 1992, Núm. 62, art. 6.)

Art. 7. Normas. (18 L.P.R.A. sec. 384e)

El Sistema promulgará las normas y reglamentos que habrán de regir la administración de este capítulo.

(Septiembre 4, 1992, Núm. 62, art. 7.)

Leyes de Aumento de Salarios a los Maestros.
Ley Núm. 109 de 14 de julio de 2008

Artículo 1.- [Salario Básico]

A partir del 1ro. de julio de 2008, toda persona que sea reclutada por el Departamento de Educación de Puerto Rico, el Departamento de Corrección y Rehabilitación y la Administración de Instituciones Juveniles, para ocupar una plaza de maestro(a) en una jornada a tiempo completo será compensada con un salario básico de mil setecientos cincuenta (1,750) dólares mensuales.

(Julio 14, Núm. 109, 2008, art. 1, efectiva el 1 de julio de 2008.)

Artículo 2.- [Aumento de Salario]

Se establece que toda persona que, al 1ro. de julio de 2008, esté ocupando una plaza de maestro(a) dentro del Sistema de Educación Pública de Puerto Rico, del Departamento de Corrección y Rehabilitación y de la Administración de Instituciones Juveniles se le otorgue un aumento de ciento cincuenta (150) dólares mensuales.

(Julio 14, Núm. 109, 2008, art. 2, efectiva el 1 de julio de 2008.)

Artículo 3.- [Ajuste a la Escala Salarial]

Se dispone que el ajuste a la escala salarial y el aumento al sueldo aquí legislado son independientes y no menoscabarán cualquier otro ajuste realizado a las escalas o aumentos salariales otorgados, siempre que sean en beneficio del maestro(a), obtenido mediante negociación colectiva o por cualquier otro medio legal.

(Julio 14, Núm. 109, 2008, art. 3, efectiva el 1 de julio de 2008.)

Artículo 4.- [Procedencia de los Fondos]

El impacto económico anual del ajuste a la escala salarial y del aumento al sueldo de los maestros(as) aquí legislado deberá ser consignado en el Presupuesto Anual de Gastos del Gobierno del Estado Libre Asociado de Puerto Rico para el Año Fiscal 2008-2009 y años subsiguientes. La

procedencia de los fondos para cubrir dicho impacto provendrán de las partidas adjudicadas a nómina y costos relacionados de dichas agencias.
(Julio 14, Núm. 109, 2008, art. 4, efectiva el 1 de julio de 2008.)

Artículo 5.- [Vigencia]
Esta Ley entrará en vigor el 1ro. de julio de 2008.
(Julio 14, Núm. 109, 2008, art. 5, efectiva el 1 de julio de 2008.)

Ley de la Junta de Apelaciones del Sistema de Educación (JASE).
Ley Núm. 115 de 30 Junio de 1965, p. 339, según enmienda.

Art. 1. Cancelación o suspensión de certificado de maestro - Causas. (18 L.P.R.A. sec. 274)

El Secretario de Educación podrá cancelar el certificado de cualquier maestro permanentemente o suspender dicho certificado por tiempo determinado mediante el procedimiento que aquí se dispone, por cualesquiera de las siguientes causas:

(a) Prevaricación, soborno o conducta inmoral.

(b) Incompetencia en el desempeño de las funciones como maestro.

(c) Negligencia en el desempeño de las funciones como maestro.

(d) Insubordinación.

(e) Convicción por un tribunal de justicia por cualquier delito grave o menos grave que implique depravación moral.

(f) Incurrir en conducta prohibida por el art. 3.14 de la Ley de Agosto 28, 1990, Núm. 68.

(g) Observancia de una conducta desordenada, incorrecta o lesiva al buen nombre del sistema de educación de Puerto Rico.

(h) Posesión del certificado mediante fraude o engaño.

(i) Incurrir en violaciones a las secs. 1801 et seq. del Título 3, conocidas como "Ley de Etica Gubernamental del Estado Libre Asociado de Puerto Rico", según determine administrativamente el Director de la Oficina de Etica Gubernamental o un tribunal con jurisdicción.

(Junio 30, 1965, Núm. 115, p. 339, art. 1; Agosto 28, 1991, Núm. 78, sec. 2.)

Art. 2. Medidas correctivas. (18 L.P.R.A. sec. 274-1)

Cuando la conducta de cualquier maestro o empleado del sistema de educación pública violare las normas establecidas, por la ley o reglamento, el Secretario de Educación deberá tomar las medidas correctivas necesarias, siguiendo el procedimiento que aquí se dispone. Podrá considerar la amonestación verbal, las reprimendas escritas, las suspensiones de empleo y sueldo, y las destituciones. Tanto las suspensiones de empleo y sueldo como las destituciones deberán notificarse por escrito mediante correo certificado a los maestros o empleados del sistema de educación pública indicándoles las alegaciones de hecho en las cuales se fundamentan.

El Secretario de Educación podrá destituir o suspender de empleo y sueldo cualquier maestro o empleado del sistema de educación pública por justa causa y previa formulación de cargos por escrito, previa celebración de una vista administrativa informal.

A los fines de las secs. 274 et seq. de este título podrá ser motivo de suspensión de empleo y sueldo o de destitución, entre otras situaciones similares, la violación de las disposiciones contenidas en las secs. 274 y 274-2 de este título.

(Junio 30, 1965, Núm. 115, p. 339, adicionado como art. 2 en Agosto 28, 1991, Núm. 78, sec. 3.)

Art. 3. Deberes de maestros o empleados. (18 L.P.R.A. sec. 274-2)

Los maestros o empleados del sistema de educación pública tendrán, entre otros, los siguientes deberes y obligaciones:

(a) Asistir al trabajo con regularidad y puntualidad, y cumplir la jornada de trabajo establecida.

(b) Observar normas de comportamiento correcto, cortés y respetuoso en sus relaciones con sus supervisores, compañeros de trabajo y ciudadanos.

(c) Realizar eficientemente y con diligencia las tareas y funciones asignadas a su puesto y otras compatibles con las que se les asignen.

(d) Corresponder a las instrucciones de sus supervisores compatibles con la autoridad delegada en éstos y con las funciones y objetivos de la agencia.

(e) Mantener la confidencialidad de aquellos asuntos relacionados con su trabajo, a menos que reciba un requerimiento o permiso de autoridad competente que así lo requiera. Nada de lo anterior menoscabará el derecho de los ciudadanos que tienen acceso a los documentos y otra información de carácter público.

(f) Estar disponible a prestar sus servicios cuando la necesidad así lo exija y previa la notificación correspondiente, con antelación razonable, salvo que el maestro o empleado tenga justa causa para no hacerlo.

(g) Vigilar, conservar y salvaguardar documentos, bienes e intereses públicos que estén bajo su custodia.

(h) Cumplir con las disposiciones de las leyes y reglamentos aplicables al Departamento de Educación y con las órdenes emitidas en virtud de las mismas.

Los maestros o empleados no podrán:

(a) Utilizar su posición oficial para fines políticos partidistas o para otros fines no compatibles con el servicio público.

(b) Realizar funciones o tareas que conlleven conflictos de intereses con sus obligaciones como maestros o empleados del sistema de educación pública.

(c) Observar conducta incorrecta o lesiva al buen nombre del Departamento de Educación o al Gobierno de Puerto Rico.

(d) Realizar acto alguno que impida la aplicación de las secs. 274 et seq. de este título y las reglas adoptadas de conformidad con las mismas ni hacer o aceptar a sabiendas declaración, certificación o informe falso en relación con cualquier materia cubierta por dichas secciones.

(e) Dar, pagar, ofrecer, solicitar o aceptar directa o indirectamente dinero, servicios o cualquier otro valor por o a cambio de una elegibilidad, nombramiento, ascenso u otras acciones de personal.

(f) Incurrir en actuaciones que envuelvan una violación a las secs. 1801 et seq. del Título 3, conocidas como "Ley de Etica Gubernamental del Estado Libre Asociado de Puerto Rico", según determine administrativamente el Director de la Oficina de Etica Gubernamental o un tribunal con jurisdicción.

(Junio 30, 1965, Núm. 115, p. 339, adicionado como art. 3 en Agosto 28, 1991, Núm. 78, sec. 4.)

Art. 4. Formulación de cargos. (18 L.P.R.A. sec. 274a)

Siempre que el Secretario de Educación se convenciere, después de haber realizado una investigación, de que un maestro o empleado ha incurrido en algunas de las causales enumeradas en las secs. 274 y 274-2 de este título, notificará al maestro o empleado una formulación de cargos por escrito para la cancelación de los certificados de maestros yo la suspensión de sueldo, o destitución, según sea el caso, en la que se especifiquen los hechos que justifican tal acción. El Secretario podrá relevar sumariamente sin privación de sueldo a cualquier maestro o empleado del desempeño de su cargo en aquellos casos de mal uso de fondos públicos, o cuando haya motivos razonables de que existe un peligro real para la salud, vida, seguridad o moral de los empleados o del pueblo en general, antes de la determinación final sobre la acción a seguir. Las formulaciones de cargos serán firmadas por el Secretario de Educación o por el funcionario en el cual él delegue por escrito tal facultad y éstas serán notificadas por correo certificado al maestro o empleado a su última dirección conocida. La formulación de cargos contendrá un aviso al maestro o empleado afectado de su derecho a apelar de la misma ante la Junta que por el presente se crea dentro de un término de treinta (30) días de ser notificado con copia de la misma.

(Junio 30, 1965, Núm. 115, p. 339, art. 2, renumerado como art. 4 y enmendado en Agosto 28, 1991, Núm. 78, sec. 5.)

Art. 5. Acción final y firme; efectos. (18 L.P.R.A. sec. 274b)
De no apelarse la acción dentro del término de treinta (30) días, la misma se convertirá en final y firme. La suspensión o cancelación del certificado conllevará la separación o destitución del maestro de su cargo.
(Junio 30, 1965, Núm. 115, p. 339, art. 3, renumerado como art. 5 y enmendado en Agosto 28, 1991, Núm. 78, sec. 6.)

Derogadas. (18 L.P.R.A. sec. 274c y 274d)
Ley de Agosto 28, 1991, Núm. 78, secs. 7 y 8, ef. Agosto 28, 1991.

Art. 6. Junta de Apelaciones del Sistema de Educación - Creación. (18 L.P.R.A. sec. 274e)
Por esta sección se crea la Junta de Apelaciones del Sistema de Educación compuesta por tres (3) personas, una de las cuales será un abogado Juris Doctor admitido al ejercicio de la profesión en Puerto Rico y con no menos de tres (3) años de experiencia. Las mismas serán nombradas por el Gobernador con el consejo y consentimiento del Senado por un término de cuatro (4) años y desempeñarán sus cargos hasta que sus sucesores sean nombrados y tomen posesión. Ninguno de los miembros de la Junta podrá ser empleado del sistema de educación pública, y desempeñarán sus respectivos cargos sin retribución pero con derecho a que se les reembolsen los gastos de viaje y a una dieta de cien dólares ($100) por cada día de sesión. El abogado actuará como presidente de la misma, pero cualquiera de sus miembros podrá presidir las vistas en ausencia del presidente. El Secretario de Educación proveerá a la Junta [con] facilidades para celebrar sus vistas y deliberaciones y [con] equipo y personal necesario para cumplir sus propósitos. La Junta nombrará un secretario y otro personal necesario. La Junta podrá adoptar los reglamentos que estime conveniente para su mejor funcionamiento, a tenor con las secs. 2101 et seq. del Título 3, conocidas como "Ley de Procedimiento Administrativo Uniforme del Estado Libre Asociado de Puerto Rico". No podrá ser miembro de la Junta ninguna persona que haya estado activa en política durante los cuatro (4) años anteriores a su nombramiento.

El Presidente y los demás miembros de la Junta deberán ser personas de reputado conocimiento e interés en el campo de la administración de personal en el servicio público y en la aplicación del principio de mérito.

Cualquier miembro de la Junta tendrá poderes para emitir citaciones requiriendo la comparecencia de testigos y la presentación de documentos a las vistas y emitirá citaciones a solicitud de las partes interesadas. Si cualquier persona citada por la Junta se negare a comparecer, cualquiera de las partes podrá solicitar del Tribunal de Primera Instancia que se ordene a dicho testigo comparecer y testificar ante la Junta. El tribunal emitirá entonces una citación requiriéndole al testigo que comparezca y declare ante la Junta. Si la persona se negare luego de haber sido citada por el tribunal será procesada por desacato. El testimonio ante la Junta se prestará bajo juramento o afirmación y sus miembros tendrán la facultad de tomar juramentos a los testigos.

Ninguna persona será excusada de comparecer y testificar, o de presentar libros, archivos, correspondencia, documentos u otra evidencia en obediencia a la citación expedida por la Junta o un agente, basándose en que el testigo o evidencia que de ella se requiera pueda dar lugar a su procesamiento o a exponerla a un castigo o confiscación, pero ningún individuo será procesado ni sujeto a ningún castigo o confiscación por el contenido de lo testificado o de la evidencia presentada.

La Junta queda facultada para adoptar un sello oficial y todas sus órdenes, comunicaciones, citaciones y decisiones tendrán la presunción de regularidad y cuando se expidan con el sello de la Junta serán reconocidos como documentos oficiales.

Las querellas, órdenes, citaciones y otros documentos de la Junta o su agente podrán diligenciarse personalmente, por correo certificado o dejando copias de las mismas en la oficina o lugar de trabajo de la persona a ser notificada.

La Junta podrá nombrar oficiales examinadores para que realicen investigaciones con relación a apelaciones específicas, quienes podrán presidir vistas y audiencias si así lo ordenare la Junta. Cada uno de los miembros de la Junta podrá actuar como oficial examinador en cualquier caso en que la Junta lo asigne. El miembro de la Junta que haya actuado como oficial examinador en un caso no estará impedido de participar en los procedimientos ante la Junta en pleno en relación con el mismo caso.

(Junio 30, 1965, Núm. 115, p. 339, art. 6; Junio 7, 1967, Núm. 114, p. 371; Junio 24, 1971, Núm. 102, p. 360; Agosto 28, 1991, Núm. 78, sec. 9.)

Art. 7. Junta de Apelaciones del Sistema de Educación - Jurisdicción. (18 L.P.R.A. sec. 274e-1)

La Junta tendrá jurisdicción apelativa en los siguientes casos:

(a) En las acciones de personal descritas en las secs. 274, 274-1, 274-2 y 274j de este título.

(b) En los casos de ciudadanos, cuando aleguen que una acción o decisión que les afecta viola sus derechos a ingresar en el Sistema de Personal del Departamento de Educación en cumplimiento con el principio de mérito.

(c) En los casos de maestros o empleados cuando aleguen que una acción o decisión del Secretario de Educación viola sus derechos en las áreas esenciales al principio de mérito conforme a las leyes y reglamentos aplicables del Departamento de Educación.

(d) En toda acción o decisión relacionada con la concesión, denegación yo modificación de certificado de maestro conforme a las disposiciones de las secs. 260 et seq. de este título y sus reglamentos.

(e) En casos de maestros o empleados cuando sean de aplicación las disposiciones de las secs. 1332 y 1333 del Título 3 que surjan de una acción o decisión del Departamento tomada en o después del 28 de agosto de 1990 [sic].

(Junio 30, 1965, Núm. 115, p. 339, adicionado como art. 7 en Agosto 28, 1991, Núm. 78, sec. 10.)

Art. 8. Junta de Apelaciones del Sistema de Educación - Término para apelar. (18 L.P.R.A. sec. 274e-2)

La parte afectada según la sec. 274e-1 de este título deberá radicar su escrito de apelación ante la Junta dentro de los treinta (30) días, contados a partir de la notificación de la acción o decisión objeto de la apelación. Este término es de carácter jurisdiccional.

(Junio 30, 1965, Núm. 115, p. 339, adicionado como art. 8 en Agosto 28, 1991, Núm. 78, sec. 11.)

Art. 9. Junta de Apelaciones del Sistema de Educación - Vista; señalamiento. (18 L.P.R.A. sec. 274f)

Al ser notificada del escrito de apelación la Junta señalará la fecha, sitio y hora para la celebración de una vista de apelación.

La notificación de dicha vista se cursará con no menos de treinta (30) días de antelación a la celebración de la misma. Se advertirá al apelante de su derecho a comparecer personalmente o asistido de su abogado, a ofrecer evidencia y contrainterrogar testigos.

(Junio 30, 1965, Núm. 115, p. 339, art. 7, renumerado como art. 9 y enmendado en Agosto 28, 1991, Núm. 78, sec. 12.)

Art. 10. Junta de Apelaciones del Sistema de Educación - Vista; celebración. (18 L.P.R.A. sec. 274g)

La vista se celebrará ante la Junta en pleno, o ante uno o dos de sus miembros, o ante un oficial examinador designado por la Junta. La prueba testifical será tomada taquigráficamente o mediante una grabación mecánica en cinta indeleble.

(Junio 30, 1965, Núm. 115, p. 339, art. 8; Junio 7, 1967, Núm. 114, p. 371; Junio 24, 1971, Núm. 102, p. 360; renumerado como art. 10 y enmendado en Agosto 28, 1991, Núm. 78, sec. 13.)

Art. 11. Junta de Apelaciones del Sistema de Educación - Vista; forma. (18 L.P.R.A. sec. 274h)

La vista será pública, a menos que cualquiera de las partes someta una solicitud por escrito debidamente fundamentada y así lo autorice el funcionario que presida la vista si entiende que puede causar daño irreparable a la parte peticionaria. El apelante tendrá derecho a comparecer personalmente o representado por abogado, examinar los testigos contrarios y presentar su prueba. Las reglas de evidencia no serán obligatorias en este procedimiento, pero los principios fundamentales de evidencia se podrían utilizar para lograr una solución rápida, justa y económica. Tanto el apelante como el Secretario de Educación tendrán derecho, mediante solicitud a ser informados, antes de la vista, de los nombres y las direcciones de los testigos de la otra parte así como a ser servidos con copia de todas las declaraciones juradas o firmadas por los testigos de la otra parte.

(Junio 30, 1965, Núm. 115, p. 339, art. 9, renumerado como art. 11 y enmendado en Agosto 28, 1991, Núm. 78, sec. 14.)

Art. 12. Junta de Apelaciones del Sistema de Educación - Decisión; plazo para emitirla; notificación; reconsideración. (18 L.P.R.A. sec. 274i)

En o antes de los noventa (90) días de concluida la vista, la Junta emitirá su decisión en la que deberán concurrir por lo menos dos (2) de sus miembros, quienes la firmarán. La decisión podrá confirmar, revocar o modificar la orden del Secretario. La decisión de la Junta será notificada por correo certificado a la última dirección conocida de las partes y a sus abogados.

La decisión o resolución final deberá incluir y exponer separadamente determinaciones de hecho si éstas no se han renunciado, conclusiones de derecho, que fundamentan la adjudicación, la disponibilidad del recurso de reconsideración o revisión según sea el caso. La decisión o resolución deberá ser firmada por los miembros de la Junta. La decisión o resolución advertirá el derecho de solicitar la reconsideración o revisión de la misma, con expresión de los términos correspondientes a tenor con las secs. 2101 et seq. del Título 3. Cumplido este requisito comenzarán a correr dichos términos.

La Junta deberá notificar a las partes la decisión o resolución final a la brevedad posible, por correo certificado con acuse de recibo y deberá archivar en autos copia de la decisión o resolución final y de la constancia de la notificación. Una parte no podrá ser requerida a cumplir con una decisión final a menos que dicha parte haya sido notificada de la misma.

Art. 16. Toma de juramentos. (18 L.P.R.A. sec. 274o)
Se faculta a los funcionarios o empleados del Departamento de Educación, encargados de investigar la conducta de maestros o empleados a tomar juramentos en el desempeño de tales funciones.
(Junio 30, 1965, Núm. 115, p. 339, art. 16; Agosto 28, 1991, Núm. 78, sec. 22.)

Art. 17. Definiciones. (18 L.P.R.A. sec. 274p)
Para todos los efectos, las palabras y frases que a continuación se indican tendrán el significado que a su lado se expresa:

(a) Maestro. Significa todo el personal docente e incluye maestro a cargo de la enseñanza como a los funcionarios en labores técnicas o de supervisión o de administración escolar.

(b) Empleado. Significa todo el personal que ocupe cualquier cargo o empleo no relacionado directamente con la labor docente, sea regular o irregular, transitorio o que preste servicios por contrato que equivalga a ocupar un puesto.

(c) Junta. Significa la Junta de Apelaciones del Sistema de Educación Pública.

(d) Principio de mérito. Se refiere al concepto de que todos los empleados del sistema de educación deben ser seleccionados, adiestrados, ascendidos, retenidos y tratados en todo lo referente a su empleo sobre la base de la capacidad, sin discrimen por razones de raza, color, sexo, nacimiento, edad, orientación sexual, identidad de género, origen o condición social, ni a sus ideas políticas o religiosas.

(e) Abogado. Significa persona que posea un grado académico en derecho (Juris Doctor) admitido al ejercicio de la profesión en Puerto Rico.

(Junio 30, 1965, Núm. 115, p. 339, adicionado como art. 17 en Agosto 28, 1991, Núm. 78, sec. 23; Mayo 29, 2013, Núm. 22, art. 7, enmienda el inciso (d).)

Reg. 9180 Reglamento de Personal del Departamento de Educación de Puerto Rico.
Radicado: 17 de junio de 2020

GORIERNO DE PUERTO RICO
DEPARTAMENTO DE EDUCACIÓN
HATO REY, PUERTO RICO

PREÁMBULO

Mediante la Ley Núm. 85-2018, conocida corno "Ley de Reforma Educativa de Puerto Rico", este pueblo ha declarado su firme deseo y aspiración de que sus hijos reciban una educación de calidad superior que los prepare y capacite para que en el día de mañana estén en condiciones de ganarse la vida de forma digna, y puedan proveer para sus necesidades materiales, intelectuales y morales. Para la ejecución de sus aspiraciones, el pueblo de Puerto Rico ha ordenado al Secretario del Departamento de Educación de Puerto Rico ("Secretario") que, entre otras, establezca los reglamentos, normas, órdenes o directrices apropiadas para lograr que el estudiante, como figura protagónica de lodo el Sistema de Educación Pública ("Sistema"], reciban la enseñanza a la cual tiene derecho.

Los empleados docentes y no docentes del Departamento de Educación de Puerto Rico ("Departamento"] son figuras esenciales e indispensables para cumplir con los objetivos ordenados por la Ley Núm. 85-2018. Por tal razón se hace necesario establecer un reglamento de personal que tutele y proteja el objetivo y deber principal de proveer educación de calidad superior al estudiante y que, a su vez reconozca y respete la dignidad que ostentan y merecen los empleados del Departamento. Todo ello, en cumplimiento con la realidad jurídica que nos rige.

CAPÍTULO I: DISPOSICIONES GENERALES

Artículo I. Base Legal.

A. Este Reglamento se adopta conforme lo dispuesto en:

1. El Capítulo III, de la Ley Núm. 85-2018, conocida con la "Ley de Reforma Educativa de Puerto Rico";

2. Ley Núm. 2-2018J, conocida como "Código Anticorrupción para el Nuevo Puerto Rico";

3. La Ley Núm. 8-2017, según enmendada, conocida como "Ley para la Administración y Transformación de los Recursos Humanos en el Gobierno de Puerto Rico";

4. La Ley Núm. 26-2017, según enmendada, conocida como "Ley de Cumplimiento con el Plan Fiscal";

5. La Ley Núm. 38-2017, según enmendada, conocida como "Ley de Procedimiento Administrativo Uniforme del Gobierno de Puerto Rico";

6. Ley Núm. 1-2017 según enmendada, conocida como "Ley Orgánica de la Oficina de Ética Gubernamental de Puerto Rico";

7. Ley Núm. 246-2011, según enmendada, conocida como "Ley para el Bienestar y Protección de Menores";

8. Ley Núm. 45-1998, según enmendada, conocida como "Ley de Relaciones del Trabajo para el Servicio Público de Puerto Rico";

9. Ley Núm. 3-1998, conocida como "Ley para Prohibir el Hostigamiento Sexual en Instituciones de Enseñanza de Puerto Rico";

10. Ley Núm. 17 del 22 de abril de 1988, según enmendada, conocida como la "Ley para Prohibir el Hostigamiento Sexual en el Empleo";

11. Ley Núm. 115 de 30 de julio de 1965, según enmendada.

12. Ley Núm. 94 de 21 de junio de 1955, según enmendada, conocida como "Ley para Regular la Certificación de Maestros"; y,

12. Ley Núm. 12 de 15 de mayo de 1938, según enmendada, conocida como "Ley para Regular la Permanencia de Maestros".

Artículo II. Titulo

Este Reglamento se conocerá como Reglamento de Personal del Departamento ("Reglamento"].

Artículo III. Aplicabilidad

Este Reglamento aplicará a todo el personal del Departamento. En caso de surgir algún conflicto entre este Reglamento y algún Convenio Colectivo, respecto a los empleados dentro de la Unidad Apropiada, prevalecerán las disposiciones del Convenio Colectivo, siempre y cuando estas no sean incompatibles con las leyes vigentes. Futuras negociaciones para Convenios Colectivos deben ser cónsonas con esta reglamentación y con las leyes vigentes.

Artículo IV. Deberes y Responsabilidades

Sección 4.1. Deberes de los Empleados

A. Los empleados del Departamento tendrán los siguientes deberes y obligaciones:

1. Proteger a los estudiantes y velar por su seguridad física y emocional.

2. Realizar eficiente y diligentemente, durante todo el año, las tareas y funciones de sus puestos y aquellas que se le asigne de conformidad con las

metas del Sistema, procurando en todo momento la continuidad de los servicios con resultados de excelencia y de alta calidad.

3. Utilizar las mejores estrategias y destrezas pedagógicas, aprobadas por el Departamento, en la labor de enseñar a los estudiantes, cuando posean estas tareas como parte de sus funciones.

4. Proveer el mejor servicio posible en beneficio de los estudiantes, quienes son la figura protagónica de todo el Sistema según el plan estratégico del Departamento.

5. Asistir al trabajo con regularidad y puntualidad y cumplir la jornada de trabajo establecida.

6. Observar normas de comportamiento correcto, cortés y respetuoso en sus relaciones con sus supervisores, compañeros de traba y ciudadanos.

7. Seguir las instrucciones que les impartan sus supervisores dentro de su ámbito de autoridad, siempre y cuando no sean claramente ilegales.

8. Mantener la confidencialidad y seguridad de aquellos asuntos relacionados con su trabajo, particularmente expedientes o información de estudiantes y de empleados, a menos que medie un requerimiento formal o permiso de una autoridad competente que le requiera la divulgación de estos, en cuyo caso deberá consultarse con los abogados del Departamento. Cualquier falta por no salvaguardar la información de un estudiante o empleado que esté cobijada por alguna ley, podrá ser base para el inicio de una acción disciplinaria en su contra.

9. Realizar tareas durante horas no laborables cuando el servicio lo requiera, previa la notificación correspondiente con antelación razonable.

10. Vigilar, conservar y proteger documentos, bienes e intereses públicos que estén Bajo su custodia, o a los que tenga acceso.

11. Conocer y cumplir las normas legales y reglamentarias, lo mismo que reglas y órdenes emitidas al amparo de estas, según aplique, en el desempeño de sus funciones, así como cumplir con los protocolos, reglamentos, órdenes, cartas circulares y otras disposiciones emitidas por el Secretario o personas con autoridad delegada para ello.

12. Fomentar la participación y colaboración de los padres y la comunidad en el proceso educativo y entorno escolar, respetando y fomentando las reglas, política pública y otras iniciativas establecidas por el Secretario.

13. Conducirse en su vida privada, incluyendo o en su proyección pública, de forma tal que su conducta no constituya delito o depravación moral.

14. Utilizar las plataformas y cuentas electrónicas oficiales del Departamento, preservar sus contraseñas y no enviar comunicaciones oficiales a través de redes sociales o mensajes de texto.

15. Cumplir con las normas de conducta ética establecidas en las leyes gubernamentales vigentes, y sus reglamentos; así como con las disposiciones de la Ley Núm. 2-2018, conocida como "Código Anticorrupción para el Nuevo Puerto Rico".

16. Mantener las bases de datos y sistemas de información actualizados, además de asegurarse que sus credenciales de acceso y cuentas estén activas y contengan los datos correctos sobre sus contacto personal, ubicación de escuela o área de trabajo, puesto *y* demás información pertinente.

B. Los empleados del Departamento no podrán:

1. Aceptar regalos, donativos o recompensas por labores realizadas como empleados, excepto cuando la ley expresamente lo autorice.

2. Utilizar su puesto oficial para fines político-partidistas o para fines no compatibles con el servicio público, la ley, la moral o el orden público.

3. Realizar actos conflictivos con sus obligaciones como empleados públicos.

1. Revelar o compartir sus credenciales u códigos de acceso a los sistemas informáticos o de las facilidades del Departamento, siempre y cuando no sea requerido por autoridad competente para fines relacionados con las funciones que ejerce el empleado, o mediante una orden judicial que surja producto de un proceso investigativo.

5. Observar una conducta lesiva al buen nombre del Departamento o del Gobierno de Puerto Rico.

6. Incurrir en prevaricación, soborno o conducta inmoral.

7. Realizar actos que impidan la implementación o aplicación de la Ley Núm. 85- 2018 y las reglas adoptadas de conformidad la misma; o hacer declaraciones, certificaciones o informes falsos en relación con asuntos cubiertos por la leyes, los reglamentos, las normas y las directrices que rigen el Departamento.

9. Dar, pagar, ofrecer, solicitar, o aceptar, directa o indirectamente dinero, servicios o cualquier otro valor a cambio de obtener o de otorgar una elegibilidad, un nombramiento, un ascenso u algún otro beneficio de una transacción de personal, o de cualquier servicio que provea el Departamento.

10. Incurrir en conducta, tipificada o no como delito, que consista en maltrato contra un estudiante o contra un menor de edad, o que se encuentre dentro del alcance de la Ley Núm. 246-2011, según enmendada, conocida como "Ley para el Bienestar y Protección de Menores".

10. Incurrir en conducta o acercamientos de naturaleza sexual dirigida a cualquier estudiante o contra un menor de edad.

11. Incurrir en hostigamiento sexual según definido en la Ley Núm. 17 del 22 de abril de 1988, según enmendada, conocida como la "Ley para Prohibir el Hostigamiento Sexual en el Empleo" o por la Ley Núm. 3-1998, conocida como "Ley para Prohibir el Hostigamiento Sexual en Instituciones de Enseñanza de Puerto Rico".

12. Dejar de brindar protección a los estudiantes menores de edad que estén a su cargo, ya sea de forma regular o que incidentalmente se le haya delegado tal responsabilidad. Se entenderá por protección el deber de reconocer que los estudiantes son sujetos que tienen derechos y es la responsabilidad del adulto garantizar los mismos, así como eliminar cualquier amenaza a su seguridad, integridad y bienestar, y el evitar aquellos riesgos de que el estudiante sufra algún tipo de maltrato o negligencia, en cualquiera de sus modalidades.

13. Incurrir, permitir o no denunciar conducta constitutiva de trata humana.

14. Dejar de seguir las directrices emitidas por el Departamento en situaciones de emergencia, desastre natural o de incidentes catastróficos.

15. Incurrir en conducta relacionada con delitos contra el erario, la fe y función pública o que envuelvan fondos o propiedad pública.

16. Facilitar la respuesta a exámenes o pruebas o, en alguna medida, contribuir o permitir que en una prueba o evaluación se cometa fraude.

17. Incurrir en cualquier tipo de discrimen contra cualquier empleado, funcionario o persona, según definido por la constitución de Puerto Rico, por las leyes y el derecho estatal y federal aplicable.

Sección 4.2. Deberes del Supervisor

A. Además de cumplir con las obligaciones que corresponden a todos los empleados y las impuestas por las leyes, reglamentos y directrices que rigen el Departamento, y procurar el cumplimiento de dichas obligaciones de parte de quienes están bajo su supervisión, los empleados con estos deberes deberán observar las siguientes normas:

1. Asumir la responsabilidad por sus labores que se realizan bajo su dirección, tomar decisiones e impartir instrucciones oportunas conforme a la autoridad a estas conferidas, previniendo que haya alguna falta o

interrupción del servicio o consecuencia negativa para el sistema, los empleados o los estudiantes.

2. Asegurar que los empleados bajo su supervisión cumplan con las disposiciones legales y reglamentarias que rigen el Departamento y sigan el plan de trabajo que se les asigne. En caso de incumplimiento, deberá tomar las medidas correctivas que las circunstancias requieran dentro del marco de la autoridad a estos conferida y, de ser necesario, informará a sus superiores verbalmente o por escrito de anomalías, incidentes, accidentes o situaciones que requieran atención inmediata por supervisores de rnayor jerarquía.

3. Dirigir a los supervisados de lornla diligente y previsora, para que su oficina o área logre las metas, según establecidas en el plan estratégico del Departamento. A su vez, deberá esforzarse por maximizar el usn de los recursos, velar por la seguridad de las personas y de los bienes que tiene a cargo mediante la oportuna planificación presupuestaria, el manejo adecuado de los fondos asignados y la reducción de gastos en servicios contratados.

4. Ejercer la autoridad que se le ha conferido de manera justa, con arreglo a las normas de respeto al derecho y a la dignidad que, como personas, tienen los empleados a quienes dirige y supervisa.

5. Planificar el trabajo de sus supervisados y reunirlos periódicamente para analizar si están cumpliendo con los objetivos de la unidad y de lo contrario, establecer medidas que fomenten el cumplimiento de tales objetivos, incluyendo planes de trabajo para cada proyecto y planes de apoyo para los empleados ule así lo necesiten.

6. Evaluar periódicamente y de forma justa e imparcial la labor de sus supervisados y preparar los informes que se le requieran para certificar el desempeño de estos, de conformidad con las normas que para ello se establezcan.

7. Informar a la Secretaría Auxiliar de Recursos Humanos del Nivel Central (en adelante, la "SARH", por sus siglas) o a la Oficina de Transacciones de Personal de la Oficina Regional Educativa, según corresponda, antes de finalizar el año escolar, quienes de sus supervisados se habrán de retirar en el próximo año escolar, así como la fecha estimada de retiro, de conformidad con las directrices impartidas al respecto.

8. Evaluar objetivamente' y conforme a la normativa vigente, cuáles empleados son necesarios para su unidad de trabajo, según los planes y metas establecidos y recomendar cambios de personal, según la necesidad de servicio. Este mecanismo no se podrá utilizar como subterfugio para recomendar cambios cuyo objetivo sea uno distinto a una necesidad real de

servicios. Tampoco podrá ser utilizado como mecanismo de acción disciplinaria o para discriminar contra el empleado.

9. Cumplir con todas aquellas responsabilidades que resulten inherentes o que razonablemente estén relacionadas a su cargo, informando de manera proactiva a su supervisor inmediato.

Sección 4.3. Acciones por incumplimiento de deberes.

El desempeño deficiente, ineficiente, pobre, tardío, o negligente de cualquier empleado, así como su incumplimiento con las normas y deberes aquí establecidos, constituye una interferencia a la gestión primordial del Departamento, que es brindar una educación de calidad a los estudiantes, por lo que ello resultará en la imposición de medidas correctivas o acciones disciplinarias, que incluyen, pero no se limitan a, la amonestación verbal, amonestación escrita, suspensión de empleo y sueldo, o destitución, de conformidad con el debido proceso de ley, los reglamentos y los convenios colectivos aplicables. Las medidas correctivas o acciones disciplinarias que se impongan, de ninguna manera excluirán o reemplazarán cualquier otra acción legal que proceda. La imposición de las mismas se regirá por las disposiciones del Reglamento de Medidas Correctivas y Acciones Disciplinarias.

Artículo V. Composición del Servicio

A. El personal del Departamento lo integran los funcionarios y empleados docentes y no docentes, del servicio de carrera, del servicio de confianza y transitorios.

B. **El personal docente** lo componen empleados docentes con funciones de enseñanza y apoyo a la docencia y empleados docentes con funciones directivas, administrativas y de supervisión, según definidos en el Reglamento para la Certificación del Personal Docente.

C. **El personal no docente** es aquel no comprendido en la categoría docente. Es decir, todo empleado clasificado en los grupos no diestros, semidiestros, diestros, técnicos, oficinescos, administrativos, profesionales y de supervisión que sirven de apoyo a la gestión educativa.

Sección 5.1. Servicio de Carrera

Los empleados de carrera son aquellos que han ingresado en el servicio público a tenor con el principio de mérito y en cumplimiento cabal de lo establecido en este Reglamento, así como en el ordenamiento jurídico vigente y aplicable a los procesos de reclutamiento y selección de servicio de carrera al momento de su nombramiento.

El propósito de servicio de carrera es dar continuidad a la administración pública en el Departamento. El servicio de carrera comprenderá las funciones Profesionales, técnicas, administrativas y ejecutivas hasta el nivel más alto en que son separables y distinguibles de las funciones de asesoría en formulación de política pública y la implementación de los programas de la administración incumbente. Los trabajos y funciones comprendidos en el servicio de carrera están subordinados a pautas de políticas y normas programáticas que se formulan y prescriben en el servicio de confianza.

Sección 5.2. Servicio de Confianza

Los empleados al servicio de confianza intervienen y colaboran sustancialmente en la formulación e implantación de la política pública y, además, asesoran o prestan servicios directos al Secretario. Los candidatos para puestos en el servicio de confianza serán nombrados por el Secretario y serán de libre selección y remoción. El número total de puestos en el servicio de confianza será determinado por el Secretario, dependiendo de las necesidades del servicio.

Los empleados de confianza deberán reunir aquellos requisitos de preparación, experiencia y de cualquier otra naturaleza que et Secretario considere imprescindible para el adecuado desempeño de las funciones asignadas al puesto.

Sección 5.3. Cambios de Categorías de Puestos

A. El Departamento podrá efectuar el cambio de un puesto de servicio de carrera al servicio de confianza o viceversa, cuando ocurra un cambio oficial de funciones o en la estructura organizativa de la Agencia que así lo justifique, sujeto lo siguiente:

1. si el puesto está vacante;

2. si el puesto está ocupado y el cambio es del servicio de carrera al servicio de Confianza, su ocupante deberá consentir expresan por escrito. En caso de que el empleado no consienta, deberá ser reubicado simultáneamente en un puesto en el servicio de carrera con igual sueldo y para el cual reúna los requisitos mínimos;

3. si el puesto está ocupado y el cambio es del servicio de confianza al servicio de carrera su ocupante permanecerá en el mismo, sujeto a las siguientes condiciones:

a. que reúna los requisitos de preparación académica y experiencia establecidos para la clase de puesto o su equivalente en otros planes de valoración de puestos;

b. que haya ocupado el puesto por un período de tiempo no menor que el correspondiente al periodo probatorio para la clase de puesto, o su equivalente en otros planes de valoración de puestos; y sus servicios excelentes estén validados en una evaluación;

c. que apruebe o haya aprobado el examen o criterios de selección establecidos para la clase de puesto o su equivalente en otros planes de valoración de puestos;

d. que se certifique que sus servicios han sido satisfactorios.

4. En caso de que el ocupante no con todas las condiciones antes indicadas, éste no podrá permanecer en el puesto, salvo que le asista el derecho de reinstalación.

B. Los cambios de categoría no pueden usarse como subterfugio paira conceder beneficios de permanencia a empleado que no compitieron para un puesto de carrera. Sólo procederán luego de un análisis riguroso de las funciones del puesto o de la estructura organizacional de la Agencia y requerirán la autorización de la Oficina de Gerencia y Presupuesto.

Artículo VI. Áreas Esenciales al Principio de Mérito

Sección 6.1. Áreas Esenciales al Principio de Mérito

A. Las siguientes áreas son esenciales al principio de mérito, aplicables al personal del

Departamento, con excepción del servicio de confianza·:

l. Clasificación de puestos

2. Reclutamiento y selección de personal

3. Ascensos, descensos y traslados

4. Adiestramientos

5. Retención en el servicio

B. El Departamento se asegurará de ofrecer a los empleados y a toda persona cualificada la oportunidad de competir en los procesos de reclutamiento y selección, prestando atención a aspectos tales como: logros académicos, profesionales y laborales, conocimientos, capacidad, habilidades, destrezas, ética del trabajo; y sin discrimen por razones de raza, color, sexo, nacimiento, edad, orientación sexual, identidad de género, origen o condición social, por ideas políticas o religiosas, por ser víctima o percibido como víctima de violencia doméstica, agresión sexual, acecho, condición de veterano, ni por impedimento físico o mental.

CAPÍTULO II: PERSONAL DOCENTE

Artículo I. Clasificación del Personal Docente

A. El Departamento clasificará su personal docente de acuerdo con las funciones que ejercen, de conformidad con las disposiciones del Reglamento para la Certificación del Personal Docente.

B. Los puestos se denominarán con títulos que respondan a unas funciones básicas, lo mismo que su complejidad, y se describirán de manera que orienten a quienes los ocupen respecto a las responsabilidades y obligaciones que conllevan.

C. Sólo se asignará al personal docente las funciones que correspondan a la categoría del puesto al que fueron nombrados.

D. No se extenderá nombramiento para ejercer en las categorías docentes en favor de alguna persona que no posea un certificado regular docente, excepto en las categorías de difícil reclutamiento, con sujeción a la normas para el nombramiento en puestos transitorios.

Artículo II. Reclutamiento y Selección de Personal Docente Con Funciones de Enseñanza y de Apoyo a la Docencia Ubicados en las Escuelas.

Se establecerán normas para el reclutamiento para cada categoría de puesto docente con funciones de enseñanza y de apoyo a la docencia ubicado en las escuelas que serán revisadas cuando sea necesario con el fin de que respondan a las necesidades del Departamento. Las normas establecerán un sistema que permita atraer y mantener los mejores recursos humanos disponibles. El Secretario de Educación podrá establecer normas adicionales ante necesidades urgentes e inaplazables de servicio para el nombramiento de este personal, en consideración a la legislación y normativa vigente.

Sección 2.1. Aplicabilidad

A. Las disposiciones de este artículo serán aplicables a los siguientes puestos:

1. Maestros de la sala de clases

    a. Programas Académicos

    b. Programa de Educación Especial

    c. Programas Ocupacionales

    d. Programa Montessori

    e. Profesores Postsecundarios

2. Trabajador Social Escolar

3. Consejero Escolar

B. Este Artículo será aplicable a cualquier otra categoría de nueva creación, de conformidad con el Reglamento para la Certificación del Personal Docente.

Sección 2.2. Normas de Reclutamiento

A. Se establecerán normas para el reclutamiento en cada categoría de puesto docente con funciones de enseñanza y de apoyo a la docencia.

B. Las normas establecerán un sistema que permita atraer y mantener los mejores recursos humanos disponibles.

C. La convocatoria para cubrir puestos vacantes deberá informar los requisitos mínimos para cada categoría. Dichos requisitos se establecerán en función de las necesidades del Sistema de Educación Pública, de los recursos humanos disponibles y de las funciones correspondientes a cada categoría de puesto.

D. Estas normas se revisarán cuando sea necesario con el fin de que respondan a las necesidades del Sistema de Educación Pública.

Sección 2.3. Requisitos

Los interesados en ingresar en el Sistema de Educación Pública de Puerto Rico deberán cumplir con los requisitos que establece la ley que regula la certificación del personal docente, cualquier ley de permanencia vigente, y otras leyes y reglamentos relacionados con el docente del Sistema de Educación Pública.

Sección 2.4. Condiciones Generales para Ingreso al Servicio Público.

A. Estar física y mentalmente capacitado para desempeñar las funciones esenciales del puesto.

B. Ser ciudadano de los Estados Unidos o extranjero legalmente autorizado a trabajar en los Estados Unidos conforme a la legislación aplicable.

C. Cumplir con las disposiciones aplicables de la "Ley de Contribución sobre Ingresos", según enmendada, sobre la radicación de la planilla de contribución sobre ingresos los cinco (5) años previos a la solicitud;

D. Contar con las certificaciones y requisitos correspondientes al puesto que solicite.

E. Cumplir con la Ley de Ética Gubernamental de Puerto Rico vigente y sus reglamentos.

F. No tener obligaciones alimentarias atrasadas, o estar cumpliendo un plan de pago bajo la Ley Núm. 5 del 30 de diciembre de 1986, conocida como la Ley Orgánica de la Administración para el Sustento de Menores (ASUME).

G. No estar inscrito en el Registro de Personas Convictas por Delitos Sexuales y Abuso contra Menores.

H. No haber sido convicto por delito grave o por cualquier delito que implique depravación moral.

I. No haber incurrido en conducta deshonrosa.

J. No hacer uso ilegal de sustancias controladas.

K. No ser adicto al uso habitual y excesivo de bebidas alcohólicas.

L. No haber sido destituido del servicio público, ni convicto por los delitos graves o menos graves que se enumeran en la Sección 6.8 de la Ley Núm. 8-2017, en la jurisdicción de Puerto Rico, en la jurisdicción federal o en cualquiera de los demás estados de los Estados Unidos.

M. No tener antecedentes de maltrato, maltratan institucional, negligencia o negligencia institucional en el Registro Central del Departamento de la Familia.

N. Las condiciones identificadas de la (H) a la (L) no aplicarán cuando el candidato haya sido habilitado por el Departamento del Trabajo y Recursos Humanos para ocupar puestos en el servicio público. Aun cuando el candidato haya sido habilitado por el Departamento del Trabajo y Recursos Humanos para ocupar puestos en el servicio público, una persona convicta por delito de maltrato o abuso sexual a un menor, no podrá ocupar un puesto docente. No obstante, queda a discreción del Secretario evaluar el caso, y determinar en cuales áreas del Departamento podría laborar el candidato que ha sido habilitado.

Sección 2.5. Convocatoria de Empleo.

A. Se emitirán convocatorias por los medios de comunicación más adecuados, con el fin de atraer y retener al personal idóneo en el Departamento y de proporcionarle a los interesados la oportunidad de competir libremente por los puestos.

B. Se considerarán medios adecuados de comunicación: el portal electrónico del Departamento, el portal electrónico del Gobierno de Puerto Rico y los medios de comunicación más apropiados en cada caso, de modo que puedan llegar a las fuentes de recursos. La diversidad de medios o el medio a utilizarse en la divulgación y el plazo para recibir solicitudes, estará sujeto a criterios tales como: grado de especialización de la clase, cantidad de puestos a cubrir, región a la que pertenece la oportunidad y el tipo de competencia.

C. Las convocatorias deberán contener la siguiente información:

1. Categoría de puesto;

2. Fecha límite para solicitar;

3. Requisitos mínimos para cualificar y exclusiones para los mismos; según la necesidad del servicio;

4. Naturaleza del examen, si aplica;

5. Dónde completar la solicitud;

6. Instrucciones generales;

7. Quiénes pueden completar la solicitud;

8. Documentos que deben acompañar la solicitud;

9. Qué hacer para efectuar cambios luego de someter la solicitud;

10. Fecha límite para efectuar cambios o añadir documentos que alteren la información suministrada;

11. Criterios que se habrán de utilizar para ordenar los nombres en el Registro de Turnos;

12. Cualquier otra información indispensable.

Sección 2.6. Solicitud

A. La SARH publicará un formulario de solicitud de empleo mediante el portal electrónico del Departamento, que será utilizado en todo el Departamento y completado electrónicamente con la información requerida.

B. A todo candidato a empleo se le requerirá que complete una solicitud de empleo electrónicamente.

C. El formulario especificará los documentos y requisitos que deberá someter el candidato en cumplimiento con leyes estatales y federales.

Sección 2.7. Procesamiento de Solicitudes

A. Las solicitudes recibidas electrónicamente como resultado de las convocatorias pasarán por un proceso de autenticación de la información y documentación provista.

B. Serán rechazadas de plano por el sistema electrónico aquellas solicitudes que no cumplan con los campos requeridos.

C. Las solicitudes serán rechazadas por cualquiera de las siguientes causas:

1. No reunir el solicitante los requisitos mínimos de ingreso o los establecidos en la convocatoria;

2. No someter la documentación requerida dentro del término establecido en la convocatoria.

3. Tener el Departamento conocimiento formal de que el solicitante:

a. Está física o mentalmente incapacitado para desempeñar las funciones esenciales del puesto;

b. Ha sido convicto por delito grave o por cualquier delito que implique depravación;

c. Ha incurrido en conducta deshonrosa;

d. Ha sido destituido del servicio público;

e. Es adicto al uso habitual o excesivo de bebidas alcohólicas;

f. Hace uso ilegal de sustancias controladas;

g. Posee antecedentes de maltrato, maltrato institucional, negligencia o negligencia institucional.

h. Ha incumplido con el compromiso pactado en contrato para estudios;

i. Ha realizado o ha intentado realizar algún engaño o fraude en la información sometida en la solicitud;

j. No cumple con algunas de las disposiciones establecidas en la convocatoria;

k. No cumple con alguna de las condiciones de ingreso al servicio público.

l. Para las causales expuestas en los incisos b, c, d, e y f, la solicitud será rechazada si el empleado no ha sido habilitado para ingresar al servicio público.

D. Adjudicación de Puntuación

1. La SARH evaluará las solicitudes aprobadas, y mediante un sistema de puntos calificará las mismas según los criterios establecidos en la convocatoria y la rúbrica de evaluación.

2. Se otorgarán los siguientes puntos adicionales a los aspirantes que evidencien pertenecer a alguna de estas categorías:

   1. Veteranos, según se define en la Ley Núm. 203-2007, conocida como la "Carta de Derechos del Veterano Puertorriqueño del Siglo XXI"- se le concederán diez (10) puntos.

   2. Personas con impedimento, según se define en la Ley ADA, siempre que esta persona no cualifique para los beneficios de la Ley Núm. 203-2007- se concederán cinco (5) puntos.

3. En el caso de los aspirantes a los puestos de maestros, cuando la suma de los puntos otorgados por el cumplimiento de los criterios y requisitos establecidos, se encuentre entre: i) 88-118, se le sumarán dos (2) puntos; ii) 119-139, se le sumarán cuatro (4) puntos; y iii) 140-160, se le sumarán seis (6) puntos.

4. Para la correcta adjudicación de puntuación, el candidato deberá someter las transcripciones oficiales de créditos de todos los grados académicos conferidos como parte de su preparación académica.

5. El índice académico que se considerará para la adjudicación de puntuación será el general. Esto se obtiene a base de todos los créditos

aprobados en las diferentes instituciones universitarias debidamente acreditadas para ofrecer grados en Puerto Rico y en los Estados Unidos de América.

6. Para la adjudicación de puntuación por grados ofrecidos en instituciones fuera del territorio norteamericano, será necesario que se lleve a cabo el proceso de validación con las agencias acreditadoras, de que están reconocidas por el Departamento de Educación Federal.

Sección 2.8. Registro de Turnos

A. Disposiciones Generales

1. Según las necesidades de servicio en el Sistema, la SARH preparará un Registro de Turnos para cada Municipio y para cada una de las categorías de puestos docentes con funciones de enseñanza y de apoyo a la docencia.

2. Los puntos asignados a la solicitud determinarán el turno de cada solicitante en el Registro y sus nombres serán colocados en estricto orden descendente conforme a las puntuaciones obtenidas en la evaluación.

3. El Registro será publicado en el portal electrónico.

4. En caso de puntuaciones iguales de candidatos, se determinará el orden para figurar en el Registro de acuerdo a los siguientes factores, en su correspondiente orden:

   a. Preparación académica

   b. Índice académico general

   c. Experiencia

   d. Nota del curso de práctica docente

   e. Residencia

Si la evaluación de estos criterios es idéntica, se considerará el índice de la especialidad.

5. La vigencia del Registro de Turnos dependerá de su utilidad y de que satisfaga adecuadamente las necesidades del servicio.

6. Todos los candidatos tendrán la responsabilidad de actualizar periódicamente su información en el Registro para continuar en el mismo.

B. Publicación de los Registros de Turnos

1. El Registro de Turnos será publicado en el portal electrónico del Departamento a fin de que pueda ser examinado por las personas con legítimo interés en este.

2. Es responsabilidad de los candidatos utilizar las cuentas de correo electrónicas oficiales del Departamento y acceder regularmente al portal

electrónico del Departamento para mantenerse al tanto de los avisos e información sobre sus solicitudes.

3. Cualquier candidato que se considere afectado y cuente con evidencia de que su turno no le fue adjudicado conforme a las normas establecidas en este Reglamento, podrá solicitar la revisión del resultado a la SARH dentro de los diez (10) días laborables siguientes a la fecha en que le fue adjudicado el turno al candidato. La solicitud de revisión deberá hacerse por escrito a través del portal electrónico del Departamento, exponiendo las razones por las cuales entiende que su turno no le fue adjudicado de acuerdo con las normas establecidas. El término para solicitar la revisión será improrrogable. En cualquier caso, la reclamación no tendrá el efecto de detener la acción de la autoridad nominadora.

4. Si como resultado de la revisión, se altera la puntuación o posición del aspirante en el Registro de Turnos, se hará el ajuste correspondiente.

C. Eliminación de Candidatos del Registro de Turnos

1. Los nombres de los candidatos que figuran en el Registro de Turnos podrán ser eliminados por cualquiera de las siguientes razones:

a. El candidato ha aceptado un nombramiento regular.

b. El candidato declinó una oferta de nombramiento sin ofrecer razones que justifiquen tal acción; declaró que no está disponible para empleo o; no respondió a la oferta dentro de los tres (3) días laborables siguientes al ofrecimiento, sin mediar justa causa.

Disponiéndose que el candidato bajo las circunstancias de este inciso, será eliminado del Registro correspondiente y la posición rechazada quedará disponible para el próximo candidato elegible.

c. No comparecer a entrevista para competir por el puesto, sin razón justificada.

d. Haber sido convicto por algún delito grave o delito menos grave que implique depravación moral; o ser adicto al uso habitual y excesivo de bebidas alcohólicas; o hacer uso ilegal de sustancias controladas; o haber incurrido en conducta deshonrosa excepto en los casos en que el candidato hubiese sido rehabilitado o en que aplique la Ley Núm. 70 de 20 de junio de 1963, según enmendada.

e. Suministrar información falsa en la solicitud; realizar o intentar realizar engaño o fraude en su solicitud para obtener ventaja en el proceso para determinar su elegibilidad para empleo.

f. Haber sido declarado incapacitado por un organismo competente.

g. Haber sido destituido del servicio público y el candidato no ha sido habilitado para competir para puestos en el servicio público.

h. Dejar de someter evidencia requerida dentro del término otorgado.

i. Muerte del candidato.

j. Recibir resultado positivo en la prueba para la detección de sustancias controladas, conforme a la Ley Núm. 78 de 14 de agosto de 1997.

La SARH le enviará notificación escrita a todo candidato cuyo nombre se elimine de un Registro de Turnos a tenor con los incisos 1 (d), (e), (f), (h) y (j) y se le advertirá sobre su derecho de solicitar la revisión ante la SARH dentro de los 10 (diez) días calendario a partir de la fecha de la notificación. La revisión deberá someterse por escrito e incluir los fundamentos y cualquier evidencia que la sustente. En todo caso en que la eliminación del nombre de un candidato en el Registro de Turnos hubiere sido errónea, se restituirá su nombre a dicho Registro.

Sección 2.9. Proceso de Selección

A. El superintendente regional establecerá un calendario de entrevistas para el reclutamiento del personal docente, el cual se deberá mantener actualizado y en un lugar visible. Los candidatos serán citados de acuerdo con ese calendario.

B. Los candidatos elegibles serán citados a entrevista por estricto orden de turnos. La citación para entrevista indicará la categoría del puesto, fecha, hora y lugar de la entrevista. Esta se enviará mediante correo electrónico, con un mínimo de tres días calendario de antelación a la fecha de la entrevista. El término de los tres días comenzará a contar al día siguiente del envío del correo electrónico. En aquellos casos en los cuales el candidato no registró una dirección de correo electrónico, se le convocará mediante llamada telefónica o por correo postal. No se podrá realizar la entrevista antes de haber transcurrido los tres días aquí mencionados.

C. Cuando exista una necesidad urgente de contratar a un personal docente, el superintendente regional o su representante autorizado podrá conducir las entrevistas mediante llamada telefónica. Estas se realizarán mediante el uso del Registro de Elegibles en estricto orden de turno.

D. En los casos descritos en el inciso anterior, se le indicará al candidato el número de puesto, categoría, estatus, escuela y municipio de ubicación. No será necesaria la notificación de esta con tres días de antelación, sino que la acción podrá llevarse a cabo, inmediatamente. Se llevará un registro detallado de las llamadas que se realicen. El registro incluirá: fecha de la llamada; el nombre del candidato entrevistado; su identidad debidamente validada; si el candidato aceptó o rechazó el ofrecimiento del puesto. De no localizar al candidato que le corresponda mediante llamada telefónica y según el estricto orden de turno, se procederá a citar de conformidad con lo establecido en el inciso B de esta sección.

E. La selección del personal docente con funciones de enseñanza y de apoyo a la docencia se llevará a cabo por la División de Recursos Humanos de la ORE, de acuerdo al estricto orden en el Registro de Turnos y las necesidades del servicio.

Una vez seleccionado el candidato, se le informará sobre los documentos que deberá someter, así como todo trámite correspondiente y los términos para completarlos.

F. De incumplir el candidato con la entrega de documentos en los términos establecidos, será considerado como un candidato que declinó la oferta de empleo y se continuará el proceso de selección de personal.

Sección 2.10. Revisión del Proceso de Selección

A. Cualquier candidato que se considere afectado con la selección efectuada en el proceso de reclutamiento podrá solicitar la revisión del proceso dentro de los cinco (5) días laborables siguientes a la fecha de la notificación de la determinación, ante el Comité de Impugnaciones. La solicitud de impugnación deberá hacerse por escrito a través del portal electrónico del Departamento, por correo certificado, o personalmente ante la Oficina del comité de Impugnaciones y deberá incluir los fundamentos y cualquier evidencia que la sustente. El término para impugnar la determinación será improrrogable. En cualquier caso, la impugnación no tendrá el efecto de detener la acción de la autoridad nominadora.

Artículo III. Reclutamiento y Selección de Personal Docente, Directivo, Administrativo, de Supervisión y del Nivel Postgrado.

Se establecerán normas para el reclutamiento para cada categoría de puesto docente con funciones directivas, administrativas y de supervisión que serán revisadas cuando sea necesario con el fin de que respondan a las necesidades del Departamento. Las normas establecerán un sistema que permita atraer y mantener los mejores recursos humanos disponibles. El Secretario de Educación podrá establecer normas adicionales ante necesidades urgentes e inaplazables de servicio para el nombramiento de este personal, en consideración a la legislación y normativa vigente.

Sección 3.1. Aplicabilidad

A. Este Artículo es aplicable a los aspirantes de las siguientes categorías de puestos:

1. Especialista en Tecnología Educativa

2. Especialista en Currículo

3. Especialista en Investigaciones Docentes

4. Especialista en Investigaciones de Educación Especial

5. Evaluador de Educación Especial

6. Coordinador de Programas Ocupacionales

7. Director de Escuela

8. Facilitador Docente

9. Superintendente Auxiliar de Escuelas

10. Superintendente de Escuelas

11. Profesor

12. Director Postsecundario

13. Facilitador Docente Postsecundario

14. Especialista en Currículo Postsecundario

15. Trabajador Social Postsecundario

16. Consejero Profesional Postsecundario

17. Coordinador de Educación Técnica y Colocaciones

18. Bibliotecario Postsecundario

19. Coordinador de Deportes y Recreación

B. Este Artículo será aplicable a cualquier otra categoría de nueva creación, de conformidad con el Reglamento para la Certificación del Personal Docente.

Sección 3.2. Requisitos

Los interesados en ingresar en el Sistema de Educación Pública de Puerto Rico deberán cumplir con los requisitos que establece la ley que regula la certificación de personal docente en Puerto Rico, cualquier ley de permanencia vigente, y otras leyes y reglamentos relacionados con el docente del Sistema de Educación Pública.

Sección 3.3. Condiciones Generales para Ingreso al Servicio Público.

Los candidatos a puestos docentes con funciones directivas, administrativas y de supervisión deberán cumplir con las condiciones generales para ingreso al servicio público establecidas en la sección 2.4 del Artículo II de este Capítulo.

Sección 3.1. Convocatoria de Empleo.

A. Se emitirán convocatorias para cada puesto vacante, por los medios de comunicación más adecuados, con el fin de atraer y retener al personal más idóneo en el Sistema y de proporcionarle a los interesados la oportunidad de competir libremente.

B. Se considerarán medios adecuados de comunicación: el portal electrónico del Departamento, el portal electrónico del Gobierno de Puerto Rico y los medios de comunicación más apropiados en cada caso, de modo que puedan llegar a las fuentes de recursos. La diversidad de medios o el medio a utilizarse en la divulgación y el plazo para recibir solicitudes, estará sujeto a criterios tales como: grado de especialización de la clase, cantidad de puestos a cubrir, región a la que pertenece la oportunidad y el tipo de competencia.

C. Las convocatorias deberán contener la siguiente información:

1. Categoría de puesto;

2. Fecha límite para solicitar;

3. Requisitos mínimos para cualificar y exclusiones para los mismos; según la necesidad del servicio;

4. Naturaleza del examen, si aplica;

5. Dónde completar la solicitud;

6. Instrucciones generales;

7. Quiénes pueden completar la solicitud;

8. Documentos que deben acompañarse con la solicitud;

9. Qué hacer para efectuar cambios luego de someter la solicitud;

10. Fecha límite para efectuar cambios o añadir documentos que alteren la información suministrada;

11. Criterios que habrán de utilizarse para ordenar los nombres en el Registro de Turnos;

12. Cualquier otra información indispensable.

Sección 3.5. Solicitud

A. La SARH preparará un formulario de solicitud de empleo mediante el portal electrónico del Departamento, que será utilizado en todo el Departamento y completado electrónicamente con la información requerida.

B. A todo candidato a empleo se le requerirá que complete una solicitud de empleo electrónicamente.

Sección 3.6. Procesamiento de Solicitudes

A. Las solicitudes recibidas electrónicamente como resultado de las convocatorias pasarán por un proceso de autenticación de la información y documentación provista.

B. Serán rechazadas de plano por el sistema electrónico, aquellas solicitudes que no cumplan con los campos requeridos.

C. Las solicitudes serán rechazadas por cualquiera de las siguientes causas:

1. No reunir el solicitante los requisitos mínimos de ingreso o los establecidos en la convocatoria;

2. No someter la documentación requerida dentro del término establecido en la convocatoria;

3. Tener el Departamento conocimiento formal de que el solicitante:

a. Está física o mentalmente incapacitado para desempeñar las funciones esenciales del puesto.

b. Ha sido convicto por delito grave o por cualquier delito que implique depravación moral.

c. Ha incurrido en conducta deshonrosa.

d. Ha sido destituido del servicio público.

e. Es adicto al uso habitual o excesivo de bebidas alcohólicas.

f. Hace uso ilegal de sustancias controladas.

g. Ha incumplido con el compromiso pactado en contrato para estudios.

h. Ha realizado o ha intentado realizar algún engaño o fraude en la información sometida en la solicitud.

i. No cumple con algunas de las disposiciones establecidas en la convocatoria;

j. No cumple con alguna de las condiciones de ingreso al servicio público.

D. Adjudicación de Puntuación

1. La SARH evaluará las solicitudes aprobadas, y mediante un sistema de puntos calificará las mismas según los criterios establecidos en la convocatoria y la rúbrica de evaluación.

2. Se otorgarán los siguientes puntos adicionales a los aspirantes que evidencien pertenecer a alguna de estas categorías:

a. Veteranos, según se define en la Ley Núm. 203-2007, conocida como la "Carta de Derechos del Veterano Puertorriqueño del Siglo XXI"- se le concederán diez (10) puntos.

b. Personas con impedimento, según se define en la Ley ADA, siempre que esta persona no cualifique para los beneficios de la Ley Núm. 203-2007- se concederán cinco (5) puntos.

3. Para la correcta adjudicación de puntuación, el candidato deberá someter las transcripciones oficiales de créditos de todos los grados académicos conferidos como parte de su preparación académica.

4. El índice académico que se considerará para la adjudicación de puntuación será el general. Esto se obtiene a base de todos los créditos aprobados en las diferentes instituciones universitarias debidamente acreditadas para ofrecer grados en Puerto Rico y en los Estados Unidos de América.

5. Para la adjudicación de puntuación por grados ofrecidos en instituciones fuera del territorio norteamericano, será necesario que se lleve a cabo el proceso de validación con las agencias acreditadoras que estén reconocidas por el Departamento de Educación Federal.

Sección 3.7. Registro de Elegibles

A. Disposiciones Generales

1. La SARH preparará un Registro de Elegibles para cada puesto docente directivo, administrativo y de supervisión vacante.

2. Los puntos asignados a la solicitud determinarán el turno de cada solicitante en el Registro y sus nombres serán colocados en estricto orden descendente conforme a las puntuaciones obtenidas en la evaluación.

3. En caso de puntuaciones iguales de candidatos, se determinará el orden para figurar en el Registro, tomando en consideración los siguientes factores, en su correspondiente orden:

a. Preparación académica

b. Índice académico general

c. Experiencia

d. Residencia

Si la evaluación de estos criterios es idéntica, se considerará el índice de la especialidad.

4. El Registro será publicado en el portal electrónico.

5. Cualquier candidato que se considere afectado y cuente con evidencia de que su turno no le fue adjudicado conforme a las normas establecidas en este Reglamento, podrá solicitar la revisión del resultado a la SARH dentro de los cinco (5) días laborables siguientes a la fecha en que le fue adjudicado el turno al candidato. La solicitud de revisión deberá hacerse

por escrito a través del portal electrónico del Departamento, exponiendo las razones por las cuales entiende que su turno no le fue adjudicado de acuerdo con las normas establecidas. El término para solicitar la revisión será improrrogable. En cualquier caso, la reclamación no tendrá el efecto de detener la acción de la Agencia.

6. Si como resultado de la revisión, se altera la puntuación o posición del aspirante en el Registro de Elegibles, se hará el ajuste correspondiente.

7. La vigencia del Registro de Elegibles será de un año luego de seleccionado el candidato.

C. Eliminación de Candidatos de los Registros de Elegibles

1. Los nombres de los candidatos que figuran en el Registro de Elegibles podrán ser eliminados por cualquiera de las siguientes razones:

a. El candidato ha aceptado un nombramiento regular.

b. El candidato declinó una oferta de nombramiento sin ofrecer razones que justifiquen tal acción; declaró que no está disponible para empleo o; no respondió a la oferta dentro de los tres (3) días laborables siguientes al ofrecimiento, sin mediar justa causa. Disponiéndose que el candidato bajo las circunstancias de este inciso, será eliminado del Registro correspondiente y la posición rechazada quedará disponible.

c. No comparecer a entrevista para competir por el puesto, sin razón justificada.

d. Haber sido convicto por algún delito grave o delito menos grave que implique depravación moral; o ser adicto al uso habitual y excesivo de bebidas alcohólicas; o hacer uso ilegal de sustancias controladas; o haber incurrido en conducta deshonrosa excepto en los casos en que el candidato hubiese sido rehabilitado o en que aplique la Ley Núm. 70 de 20 de junio de 1963, según enmendada.

e. Suministrar información falsa en la solicitud; realizar o intentar realizar engaño o fraude en su solicitud para obtener ventaja en el proceso para determinar su elegibilidad para empleo.

f. Haber sido declarado incapacitado por un organismo competente.

g. Haber sido destituido del servicio público.

h. Dejar de someter evidencia requerida dentro del término otorgado.

i. Muerte del candidato.

j. Determinación por parte de la Autoridad Nominadora o un foro competente de que prevalece la evaluación no satisfactoria, esto es, inadecuada o deficiente, en la categoría en la que se desempeña.

k. Recibir resultado positivo en la prueba para la detección de sustancias controladas, conforme a la Ley Núm. 78 de 14 de agosto de 1997.

2. A todo candidato cuyo nombre se elimine de un Registro de Elegibles a tenor con los incisos (d), (e), (f), (h) y (j) del inciso anterior, la SARH o persona a quien se delegue, le enviará notificación escrita al efecto y se le advertirá sobre su derecho de solicitar reconsideración ante la SARH en un término de diez (10) días calendario a partir de la fecha de la notificación. En todo caso en que la eliminación del nombre de un candidato en el Registro de Elegibles hubiere sido errónea, se restituirá su nombre a dicho Registro.

C. Certificación de Elegibles

1. La SARH certificará los primeros diez (10) candidatos del Registro de Elegibles y remitirá dicha certificación de elegibles al área donde pertenece el puesto.

2. En caso de haber menos de diez (10) candidatos elegibles para un puesto, se certificarán como elegibles la cantidad de candidatos que obren en el registro correspondiente.

Sección 3.8. Proceso de Selección

A. Al recibirse la certificación de elegibles en el área donde existe la vacante, se citará a entrevista a todos los candidatos que figuren en ella. Se establecerá, mediante comunicación oficial, la forma de citar a los candidatos.

B. La SARH establecerá la normativa para el proceso de evaluación de candidatos que incluirá la designación de un Comité de Entrevistas ("el Comité") que conducirá el proceso de evaluación de elegibles y estará compuesto por un mínimo de tres (3) personas entre las cuales deberá estar el supervisor inmediato de la unidad de trabajo a la cual pertenece el puesto vacante. Cuando algún funcionario del Comité no pueda comparecer a la entrevista, lo sustituirá un representante autorizado.

C. Este proceso de evaluación incluirá un análisis de las credenciales académicas y profesionales, experiencia y entrevistas personales a los candidatos. El proceso podrá incluir, además, técnicas alternas de evaluación tales como: exámenes, pruebas de escritura, entre otras, dirigidas a indagar la idoneidad del candidato en consideración al puesto.

D. El Comité otorgará una puntuación a este proceso de evaluación de los candidatos elegibles.

E. Luego del proceso de entrevista, el comité preseleccionará a tres (3) candidatos.

F. El Comité enviará sus recomendaciones al Secretario del Departamento, para la selección final. No obstante, si luego de evaluados los elegibles, el Comité no hace recomendación favorable de alguno de estos, podrá solicitar a la SARH una nueva certificación de elegibles. Dicha solicitud deberá contener un memorando expresando las razones por las cuales ninguno de los candidatos de la primera certificación resultó recomendado.

G. El Secretario tendrá la discreción de acoger o rechazar las recomendaciones de candidatos emitidas por el Comité. En caso de rechazo, podrá solicitar a la SARH una nueva certificación de elegibles para evaluación del Comité.

H. La SARH o la División de Recursos Humanos de la ORE, según corresponda, notificará electrónicamente a la persona que se seleccionó para el nombramiento y le informará los documentos que deberá someter y el término para presentarlos. También se notificará electrónicamente a los candidatos certificados que no resultaron seleccionados.

I. De incumplir el candidato con la entrega de documentos en los términos establecidos, será considerado como un candidato que declinó la oferta de empleo y se continuará el proceso de selección de personal.

Artículo IV. Reclutamiento Especial del Personal Docente.

A. El reclutamiento especial podrá utilizarse cuando resulte impracticable atender las necesidades del servicio con nombramientos hechos con sujeción al Registro correspondiente; cuando no haya candidatos elegibles en el Registro; cuando las cualificaciones especiales de los puestos asi lo requieran; y en los Proyectos Especiales del Secretario.

B. El Secretario podrá establecer criterios particulares para el reclutamiento especial en atención a la naturaleza de los puestos.

C. La SARH establecerá la normativa para el reclutamiento especial con sujeción a lo siguiente:

1. Se utilizará el portal electrónico del Departamento, el portal electrónico del Gobierno de Puerto Rico y los medios de comunicación más apropiados en cada caso, para anunciar las oportunidades de empleo, de modo que puedan llegar a las fuentes de recursos.

2. Las convocatorias para reclutamiento especial deberán publicarse con no menos de tres (3) días laborables antes de la fecha de entrevista.

3. Todo candidato deberá reunir las condiciones generales de ingreso al servicio público y los requisitos mínimos establecidos para la clase de puesto.

4. Todo nombramiento se hará considerando la necesidad del servicio, la idoneidad y capacidad del candidato, que será determinado mediante la puntuación obtenida durante el proceso de evaluación de solicitud y entrevista.

5. La SARH o la División de Recursos Humanos de ORE, según corresponda, notificará a través del correo electrónico y/o portal electrónico del Departamento a la persona que se seleccionó para el nombramiento, se le informará sobre los documentos que deberá someter, así como todo trámite correspondiente y los términos para completarlos.

6. El candidato seleccionado tendrá un máximo de tres días laborables siguientes a la aceptación del puesto para entregar la totalidad de los documentos requeridos para el trámite del nombramiento. De incumplir con lo aquí establecido, será considerado como un candidato que declinó la oferta de empleo y se continuará el proceso de selección de personal.

Artículo V. Proceso de Nombramiento

A. Para procesar el nombramiento del candidato, una vez culminado el proceso de selección, ya sea mediante reclutamiento ordinario o especial, el elegido deberá someter los documentos requeridos, así como completar todo trámite correspondiente en los términos establecidos. El candidato seleccionado certificará su aceptación al puesto, con el cumplimiento de los trámites descritos a continuación.

B. Para procesar el nombramiento de un candidato seleccionado será indispensable que presente los siguientes documentos, además de cualquier otro que le solicite la Agencia al momento del nombramiento:

1. Certificado de antecedentes penales (original) emitido por la Policía de Puerto Rico con no más de seis (6) meses de expedido.

2. Certificación negativa de antecedentes de maltrato a menores del Departamento de la Familia. En caso de la verificación no se encuentre disponible al momento, deberá presentar evidencia de la solicitud, así como una declaración jurada de que no posee antecedentes de maltrato a menores en el Departamento de la Familia. La verificación de antecedentes de maltrato se entregará al Departamento tan pronto le sea expedida.

3. Certificación de Radicación de Planillas de Contribución sobre Ingresos de los últimos cinco (5) años si estaba obligado a rendir la misma o completar el formulario titulado Información sobre su Planilla de Contribución sobre Ingresos de no haber tenido que rendir planilla.

4. Certificación Negativa de Caso de Pensión Alimentaria expedida por la Administración para el Sustento de Menores (ASUME).

5. Evidencia de licencia profesional requerida para ejercer las funciones del puesto, de aplicar al candidato.

6. Deberá completar el formulario I-9 "Verificación de Elegibilidad para Empleo (I-9) del Servicio de Inmigración Federal", previo a la juramentación y toma de posición del puesto.

7. Deberá prestar el "Juramento de Fidelidad" al momento de su nombramiento.

8. Certificado médico que evidencie su estado de salud.

9. Documentos que acrediten el cumplimiento con los requisitos de educación continua o desarrollo profesional correspondientes.

10. Certificación de la experiencia de trabajo, ya sea en escuelas privadas acreditadas de Puerto Rico, en las escuelas públicas y privadas acreditadas de Estados Unidos y en el Programa de Head Start. La misma debe incluir: día, mes y año de la labor, horario de trabajo, nivel y categoría(s) en que enseñó y la evaluación, en los casos en que aplique. Para certificar la experiencia en escuelas privadas, deberá utilizar el formulario oficial expedido por el Departamento de Educación.

11. Resultado de la Prueba de Dopaje.

12. Cualquier otro documento que el Departamento solicite, por estimarlo necesario para el nombramiento.

C. El nombramiento estará sujeto al resultado de las pruebas para la detección de sustancias controladas administradas al candidato preseleccionado para empleo, así como a la verificación de antecedentes de maltrato a menores.

D. Solo se extenderá el nombramiento oficial al candidato, una vez haya entregado la totalidad de los documentos requeridos.

E. No deberán efectuarse nombramientos a un puesto, sin haber concluido los procedimientos y trámites correspondientes al caso de su anterior incumbente.

Artículo VI. Estatus del Nombramiento

Sección 6.1. Tipos de Nombramientos

Los tres tipos de nombramientos para el personal docente serán los siguientes:

1. Personal Permanente

2. Personal Probatorio

3. Personal Transitorio

Sección 6.2. Personal Permanente

Será permanente el personal que cumpla con todos los requisitos del puesto, y que haya completado el periodo probatorio satisfactoriamente. Este personal debe contar con la certificación correspondiente, de conformidad con la ley que regula la Certificación de Maestros.

Sección 6.3. Personal Probatorio

A. Será probatorio el personal docente nombrado para ocupar un puesto regular, por el período de prueba que establece la ley que regula la permanencia de los docentes.

B. Periodo probatorio:

1. La duración del período probatorio será de dos (2) años consecutivos e ininterrumpidos de labor satisfactoria en la misma categoría de puesto. El período probatorio no será prorrogable.

2. Se considerará una interrupción en el servicio cualquier tipo de licencia autorizada de más de cinco días o si el nombramiento para un nuevo año escolar ocurre después de cinco días de iniciado el nuevo año escolar.

3. Se considerará una interrupción en el servicio cualquier tipo de movimiento que desvincule al empleado de las funciones de su puesto, como por ejemplo, un destaque.

4. Al personal docente nombrado con status transitorio elegible se le acreditará el tiempo trabajado en tal capacidad como período probatorio, conforme a la ley que regula la permanencia de los docentes. Para acreditar los años de servicio su labor tiene que haber sido evaluada satisfactoriamente, eso es, con un nivel de ejecución ejemplar o competente.

5. Durante el periodo probatorio la labor de todos los empleados será evaluada por sus supervisores, de acuerdo a los instrumentos de evaluación que provea el Departamento y utilizando la plataforma digital de evaluación.

6. Todo personal que apruebe satisfactoriamente el periodo probatorio, debidamente acreditado con las evaluaciones correspondientes, pasará a ocupar el puesto con estatus permanente de haber disponibilidad fiscal y de estar puesto vacante. El cambio se tramitará a la terminación del período probatorio.

7. Un empleado podrá ser separado de su puesto durante el periodo probatorio, cuando se considere que, según las evaluaciones realizadas, su desempeño no ha sido satisfactorio y no ha cumplido con las métricas del

Departamento. La separación deberá efectuarse mediante una comunicación oficial escrita.

8. Todo empleado del servicio de carrera que no apruebe el período probatorio correspondiente y hubiese sido empleado con estatus permanente inmediatamente antes en otra categoría, tendrá derecho a que se le reinstale en un puesto de la misma categoría a la ocupada con carácter permanente o en otro puesto cuyos requisitos sean equivalentes. Dicho empleado estará impedido de solicitar un puesto en otra categoría durante un periodo de dos años a partir de su reinstalación.

Sección 6.4. Personal Transitorio

A. Será transitorio el personal docente nombrado por un término fijo.

B. Tipos de personal docente transitorio:

1. Transitorio Elegible: Será transitorio elegible el personal docente que posea certificado regular en la categoría del puesto en el cual fue nombrado.

2. Transitorio Provisional: Será transitorio provisional el personal docente nombrado en un puesto para el cual no tiene certificado regular.

C. Normas para los transitorios

1. Los empleados nombrados para cubrir necesidades temporales o de emergencia tendrán estatus transitorio y deberán reunir las condiciones generales de ingreso al servicio público establecidas en este Reglamento.

2. Para poder ocupar un puesto, el candidato deberá reunir los requisitos mínimos de la convocatoria.

3. De haber sido un empleado transitorio en un año anterior, se considerarán, para su nueva contratación o para su inclusión en el Registro correspondiente, los resultados de las evaluaciones de su desempeño.

4. El personal transitorio será evaluado con los mismos criterios e indicadores que se utilizan para la evaluación de empleados regulares en los puestos correspondientes. En caso de que el término para el cual fue contratado sea menor al establecido para las evaluaciones, el empleado será evaluado únicamente por ese periodo.

5. Los nombramientos transitorios siempre serán de duración fija y no confieren derechos de retención en el servicio, excepto por el término de vigencia de los mismos.

6. Con el fin de mantener la continuidad del servicio, se podrán nombrar empleados transitorios en puestos regulares del servicio de carrera, según la disponibilidad de fondos, en los siguientes casos:

a. Cuando el incumbente del puesto se encuentre en uso de licencia sin sueldo o en cualquier otro tipo de licencia autorizada expresamente en ley que se anticipe que pueda ser prolongada.

b. Cuando exista una emergencia en la prestación de servicios.

c. Cuando el incumbente del puesto hubiese sido destituido y la decisión a ese efecto estuviese pendiente de resolución ante el foro apelativo correspondiente.

d. Cuando el incumbente del puesto haya sido suspendido de empleo y sueldo por determinado tiempo.

e. Cuando el incumbente del puesto pase a ocupar otro puesto mediante nombramiento en el servicio de confianza o transitorio, con derecho a reinstalación al puesto anterior.

f. Cuando el puesto se quede vacante como consecuencia de jubilaciones, renuncias o terminaciones por otras razones.

g. Cuando no existan candidatos que posean certificación regular.

h. Para cubrir una necesidad o proyecto especial del Departamento.

7. El nombramiento transitorio terminará al finalizar el término para el cual fue contratado o en la fecha en que concluya la necesidad temporal.

8. El Secretario establecerá los procedimientos y criterios que estime necesarios para la selección del personal transitorio, sujeto a las disposiciones de las leyes aplicables.

Artículo VII. Jornada de Trabajo y Asistencia.

Sección 7.1. Jornada de Trabajo

A. Normas

1. Personal docente con funciones de enseñanza, personal de apoyo a la docencia ubicados en las escuelas y especialistas en tecnología educativa:

a. La jornada regular de trabajo semanal para este personal será de treinta (30) horas. Esta se establecerá sobre la base de cinco días laborables, con una jornada diaria de seis (6) horas. No obstante, cuando la situación particular de una escuela requiera un programa de matrícula alterna, la jornada de trabajo semanal para este personal será de veinticinco (25) horas. Esta se establecerá sobre la base de cinco (5) días laborables con una jornada diaria de cinco (5) horas.

b. Se concederá a los empleados dos (2) días de descanso por cada jornada regular semanal de trabajo, que normalmente será sábado y domingo, aunque el Secretario tendrá la facultad de variarlos para un empleado o grupo de empleados, cuando las necesidades del servicio lo requieran.

c. Se dispone, sin embargo, que según las necesidades del servicio podrá requerirse al personal que rinda labores fuera de su jornada regular de trabajo.

d. Esta jornada podría ser modificada de acuerdo a la ley y a las necesidades de los estudiantes.

2. Personal docente directivo, administrativo y de supervisión:

La jornada regular de trabajo semanal para el personal docente directivo, administrativo y de supervisión será de treinta y siete horas y media (37.5). Esta se establecerá sobre la base de cinco días laborables con una jornada diaria de siete horas y media (7.5). Se concederá a los empleados dos (2) días de descanso por cada jornada regular semanal de trabajo, que normalmente será sábado y domingo, aunque el Secretario tendrá la facultad de variarlos para un empleado o grupos de empleados, cuando las necesidades del servicio lo requieran. Se dispone, sin embargo, que, según las necesidades del servicio, podrá requerirse al personal que rinda labores fuera de su jornada regular de trabajo.

3. Se podrá reducir la jornada regular diaria o semanal de los empleados como acción para evitar cesantías; en dicho caso la jornada podrá establecerse sobre la base de menos de cinco (5) días laborables.

4. Las horas trabajadas comprenderán todo el tiempo durante el cual se le requiere a un empleado prestar servicios o permanecer en la unidad de trabajo o en un determinado lugar de trabajo y todo el tiempo durante el cual se le ordene o autorice expresamente a realizar el mismo.

B. Horario

1. El horario de entrada y salida para el personal docente será establecido por el Secretario o por el personal que este designe, de acuerdo a las necesidades de cada área de trabajo del Departamento.

2. El Departamento le concederá a todo empleado una (1) hora para la toma alimentos durante su jornada regular diaria, asegurándose la continua prestación de servicios. Dicho período deberá comenzarse a disfrutar por el empleado no antes de concluida la tercera y media (3½) hora, ni después de terminar la quinta (5) hora de trabajo consecutiva. Mediante acuerdo entre el empleado y el Departamento, la hora de tomar alimentos podrá reducirse a media (½). Así también, esta hora podrá ser reducida por situaciones apremiantes o por necesidades del servicio.

3. El Departamento programará sus trabajos en forma tal que el empleado pueda disfrutar del tiempo establecido para tomar alimentos. No obstante, en situaciones de emergencia o por necesidad del servicio, se podrá requerir

al empleado que preste servicios durante su hora de tomar alimentos o parte de ésta.

Sección 7.2. Registro y Control de Asistencia

A. Normas Generales

1. Todo empleado será responsable de orientarse respecto a las normas y procedimientos existentes para la administración y el registro de asistencia.

2. El sistema de registro de asistencia se utilizará con el propósito de la aprobación o denegación de algunos tipos de licencias, de investigaciones de la Oficina del Contralor, rendición de cuentas, de la adopción de medidas disciplinarias en los casos en que el empleado no cumpla con las disposiciones sobre la asistencia incluidas en este Reglamento, y como criterio para la evaluación del empleado.

3. Los empleados tienen la responsabilidad de registrar diariamente en el terminal biométrico ("ponchador") o en cualquier otro sistema que determine el Departamento, las horas específicas de entrada y salida de acuerdo con su turno de trabajo, así como el periodo de tomar alimentos, según aplique.

4. Los empleados son responsables de completar las solicitudes electrónicas relacionadas al registro de asistencia, siempre que sea necesario, y procurar la aprobación y tramitación estas.

5. Los empleados deberán verificar sus balances en el sistema electrónico de asistencia del Departamento semanalmente, en o antes del martes de la siguiente semana. Es decir, el empleado deberá justificar las incidencias de la semana anterior, según corresponda, para certificar que la información allí reflejada es correcta, así como solicitar los ajustes pertinentes a su supervisor. El incumplimiento con esta disposición dará paso a la imposición de medidas disciplinarias, de conformidad con la Política de Asistencia y Puntualidad y el Reglamento de Medidas Correctivas y Acciones Disciplinarias.

6. En caso de que el terminal biométrico o el sistema de registro de asistencia del portal electrónico del Departamento no se encuentre en función, la asistencia, ausencia o tardanza deberá ser registrada de conformidad con las normas y directrices que disponga el Departamento.

7. Está prohibido registrar la asistencia de otro empleado.

8. Todo empleado que no registre su asistencia diariamente en los terminales biométricos asignados a su área de trabajo se expone a medidas disciplinarias, las cuales dependerán de la frecuencia y el patrón seguido de conformidad con la Política de Asistencia y Puntualidad.

B. Todo supervisor será responsable de:

1. Orientar a los empleados en torno a las normas y procedimientos existentes para la administración y registro electrónico de asistencia.

2. Fomentar la asistencia y puntualidad en su equipo de trabajo.

3. Mantener los registros electrónicos al día y aprobar por el medio electrónico disponible en o antes de cada miércoles, el uso de licencias y de ajustes correspondientes, solicitados por los empleados bajo su supervisión. Es decir, evaluará la semana anterior. El incumplimiento con esta disposición dará paso a la imposición de medidas disciplinarias de conformidad con la Política de Asistencia y Puntualidad y el Reglamento de Medidas Correctivas y Acciones Disciplinarias.

4. Monitorear la asistencia de sus empleados para asegurar el cumplimiento de las normas y procedimientos con la asistencia, jornada de trabajo y uso de licencias.

5. Coordinar los periodos de tomar alimentos, de manera que no se vea afectado el servicio prestado, ni se incurra en penalidades o tiempo compensatorio sin necesidad.

6. Realizar los ajustes semanales correspondientes en el sistema electrónico disponible.

7. Aplicar medidas correctivas cuando se incumpla con las normas y procedimientos establecidos y asociados con el registro de asistencia.

8. Notificar inmediatamente a la SARH o la División de Recursos Humanos de la ORE, según corresponda, cualquier situación relacionada al sistema que impida el buen funcionamiento de este.

9. La SARH o la División de Recursos Humanos de la ORE, según corresponda, será responsable de monitorear el sistema y certificar que cada supervisor cumpla con dicha responsabilidad de manera apropiada.

C. Ausencias

1. Un empleado se considerará ausente cuando no comparezca personalmente a su lugar de trabajo durante el horario oficial establecido.

2. Cuando el empleado tenga necesidad de ausentarse de su trabajo, por cualquier motivo, deberá notificarlo a su supervisor con anticipación. Si las razones justificadas imposibilitan informar la ausencia con anticipación, el empleado notificará a su supervisor por el medio más rápido y efectivo lo antes posible, durante el mismo día de la ausencia, para que este pueda hacer los arreglos pertinentes.

3. Siempre que el empleado se ausente deberá solicitar sus ajustes por medio del sistema electrónico disponible, y proveer justificación para cada

una de sus ausencias o ponches omitidos. Ello deberá ser aprobado por el supervisor a través del mismo sistema.

4. Las ausencias autorizadas de los empleados se descontarán de los balances de licencias correspondientes. De no tener balance disponible, el periodo de ausencia se descontará, en primer lugar, de su tiempo compensatorio, si tuviera alguno, y en segundo lugar, se descontará del sueldo.

5. En caso de ausencia no autorizada del empleado, dicho periodo se descontará de su sueldo.

6. Las ausencias del personal docente con funciones de enseñanza y apoyo a la docencia no podrán descontársele de la licencia de vacaciones. En caso de que este personal no tenga balances disponibles en la licencia correspondiente, o no exista una licencia de la cual pueda descontarse el periodo de ausencia, se descontará del sueldo.

7. Las medidas correctivas o acciones disciplinarias por incidencias de tardanzas serán establecidas en la Política de Asistencia y Puntualidad.

D. Tardanzas

1. Personal Docente con funciones de enseñanza y personal de apoyo a la docencia ubicado en las escuelas. Se considerará tardanza todo aquel registro ("ponche") que se realice desde un (1) minuto después de la hora de entrada al turno de trabajo. Las tardanzas de este personal docente no podrán descontarse de la licencia de vacaciones. En caso de que no tenga balances disponibles en la licencia correspondiente o no exista una licencia de la cual pueda descontarse la tardanza, se descontará del sueldo.

2. Personal docente directivo, administrativo y de supervisión Se considerará tardanza todo aquel registro que se realice desde los seis (6) minutos después de la hora de entrada al turno de trabajo. De registrarse la entrada luego de 10 minutos a partir de la hora de entrada o de la hora de regreso del tiempo destinado a tomar alimentos, se realizará el descuento correspondiente.

3. Cuando un empleado tenga necesidad de incurrir en tardanza por cualquier motivo, será responsable de notificarlo a su supervisor con anticipación. Si las razones justificadas imposibilitan informar la tardanza con anticipación, el empleado notificará a su supervisor por el medio más rápido y efectivo, lo antes posible, durante el mismo día de la tardanza.

4. El empleado que incurra en tardanza deberá completar el formulario electrónico correspondiente y aneja la evidencia requerida. Será discrecional del supervisor autorizar o no dicha tardanza, de no proveerse la evidencia correspondiente o el aviso previo.

5. Si el empleado registra su asistencia después de su hora oficial de entrada, se descontará el tiempo de la tardanza del balance de la licencia correspondiente. Si no hubo aviso ni justificación de la tardanza, se descontará del sueldo.

6. Las medidas correctivas o acciones disciplinarias por incidencias de tardanzas serán establecidas en la Política de Asistencia y Puntualidad.

Sección 7.3. Salidas Durante la Jornada Diaria de Trabajo

A. Se considerarán salidas oficiales que requieren la autorización previa por el supervisor inmediato del empleado:

1. Las que un empleado deba hacer en horas laborables para prestar servicios autorizados fuera del lugar de trabajo;

2. En los casos en que la asignación especial requiera la presencia de un empleado fuera de su lugar oficial de trabajo durante varios días consecutivos;

3. El tiempo de participación de los empleados en adiestramientos de corta duración autorizados por el Departamento.

B. El supervisor será responsable de requerir la hoja de asistencia certificada por el supervisor del área en la cual se presten los servicios, previo a la autorización semanal de las horas laborables del empleado. El empleado será responsable de enviar la asistencia certificada por medio del sistema electrónico disponible. En caso de salidas oficiales de los maestros, el Director de Escuela será responsable de cubrir ese tiempo haciendo los arreglos pertinentes a la organización escolar.

C. En caso de adiestramientos, los empleados deberán registrar sus horas de entrada y salida en los formularios provistos para estos fines por la entidad que ofrece el adiestramiento. A su regreso, el empleado presentará a su supervisor el certificado que se le otorgue o su equivalente, como evidencia de que completó las horas correspondientes al adiestramiento, previo a la autorización semanal de las horas laborables del empleado.

D. Se considerarán salidas no oficiales de la unidad de trabajo, toda salida antes de completar la jornada diaria de trabajo que no fuera mencionada previamente. Para ser descontada de los balances de licencias correspondientes, deberá estar autorizada por el supervisor inmediato; de lo contrario, se descontarán del sueldo.

Artículo VIII- Ascensos y Descensos para el Personal Docente Directivo, Administrativo y de Supervisión.

Sección 8.1. Ascensos

A. Objetivo

1. El ascenso es el cambio de un empleado de un puesto en una clase a un puesto en otra clase con un tipo mínimo de retribución mayor, conforme a la preparación académica, los conocimientos, la experiencia de trabajo adquiridas y las necesidades del Sistema.

2. El objetivo de los ascensos es lograr que los empleados más competentes puedan colocarse en posiciones en que sus capacidades y destrezas promuevan la alta calidad de los servicios que ofrece el Sistema.

B. Normas sobre Ascensos

1. Se anunciarán las oportunidades de ascenso mediante divulgación en el portal electrónico del Departamento, de manera que todos los candidatos debidamente cualificados puedan competir.

2. Los candidatos a ascenso deberán poseer un certificado regular para la categoría correspondiente y cumplir con los requisitos mínimos establecidos.

3. De haber varios candidatos que reúnan los requisitos mínimos de preparación académica y experiencia establecidos, se procederá con los trámites de competencia establecidos en este Reglamento para el procedimiento ordinario de selección.

4. Luego de anunciadas las oportunidades, si no existiesen candidatos que reúnan los requisitos mínimos de preparación académica y experiencia establecidos, se cubrirán los puestos según las disposiciones de reclutamiento y selección que se establecen en este Reglamento.

5. El Departamento determinará los puestos que se cubrirán mediante el ascenso de empleados. Esta determinación se hará tomando en consideración la naturaleza de las funciones del puesto y las necesidades particulares del Sistema.

6. Los empleados docentes en puestos regulares podrán ascender siempre y cuando cuenten con evaluaciones consecutivas satisfactorias y luego del análisis del expediente del empleado, su preparación académica, experiencia profesional y los adiestramientos que haya tomado, relacionados con las funciones del puesto al cual se le propone ascender.

7. Todo empleado aspirante a un ascenso deberá tener por lo menos sus últimas dos (2) evaluaciones de desempeño del trabajo realizado en su puesto, con resultados satisfactorios. (ejemplar o competente)

8. Todo empleado que sea ascendido deberá aprobar el periodo probatorio que conlleve el puesto. De no aprobarlo, el empleado será reinstalado al puesto que ocupaba antes de ser ascendido o a uno en la misma clase o clase equivalente.

Sección 8.2. Descensos

A. Causas para los Descensos

1. El descenso de un empleado regular podrá ser motivado por las siguientes razones:

a. A solicitud expresa y escrita del empleado.

b. Cuando se elimine el puesto que ocupaba y no se le pueda ubicar en un puesto similar al que ostentaba. La eliminación del puesto puede surgir por falta de fondos o de trabajo que haga imprescindible la eliminación del puesto que ocupa el empleado.

B. Normas para los Descensos

1. Ningún descenso tendrá efecto sino hasta que haya transcurrido quince (15) días calendario contados desde la fecha de notificación del mismo, a través del correo electrónico o el portal electrónico del Departamento.

2. Los descensos no podrán hacerse arbitrariamente, ni podrán ser utilizados como medida disciplinaria.

3. En el caso de descensos solicitados, el empleado deberá expresar por escrito su conformidad con el mismo, en cuyo caso, el descenso podrá tener efecto inmediato o antes de transcurrir el término de la notificación establecida en el inciso anterior. En estos casos el salario se ajustará al sueldo básico de la clase de puesto al cual sea descendido. En el caso de que el empleado haya ocupado antes el puesto al cual es descendido, le corresponderá el último sueldo que percibía en dicho puesto, de ser este mayor al sueldo básico del puesto al momento del descenso.

4. En caso de los descensos por necesidad del servicio, se notificará al empleado informando las razones para el descenso; las condiciones referentes al mismo en términos del título de la clase, estatus y sueldo a percibir en el nuevo puesto; así como la fecha en que surtirá efecto. En el caso de que el empleado haya ocupado antes el puesto al cual es descendido, le corresponderá el último sueldo que percibía en dicho puesto, de ser este mayor al sueldo básico del puesto al momento del descenso.

5. Los empleados descendidos deberán cumplir con los requisitos mínimos del puesto que van a ocupar y cumplir con el periodo probatorio, de no haber ostentado un estatus regular en la categoría en descenso.

6. Cuando el empleado no acepte el descenso por razón de eliminación de su puesto, podrá impugnar la determinación dentro de los diez (10) días laborables siguientes a la fecha de la notificación de la determinación mediante el procedimiento pactado con la Unidad Apropiada para la resolución de quejas y agravios. El empleado no unionado podrá impugnar

la determinación dentro de los diez (10) días laborables siguientes a la fecha de la notificación de la determinación ante el Comité de Impugnaciones. La solicitud de deberá hacerse por escrito a través del portal electrónico del Departamento, por correo certificado, o personalmente ante la Oficina del Comité de Impugnaciones y deberá incluir los fundamentos y cualquier evidencia que la sustente. El término para impugnar la determinación será improrrogable. En cualquier caso, la impugnación no tendrá el efecto de detener la acción de la autoridad nominadora. De estar en desacuerdo con la determinación final del Comité de Impugnaciones, el empleado tendrá treinta (30) días contados desde la fecha de notificación de la misma, para acudir ante la Oficina de Apelaciones del Sistema de Educación de conformidad con el Reglamento de la Oficina de Apelaciones del Sistema de Educación.

Artículo IX. Traslados y Reasignaciones del Personal Docente.

Sección 9.1. Disposiciones Generales sobre Traslados y Reasignaciones

A. Para asegurar la calidad y disponibilidad de los servicios educativos, y ubicar los recursos donde resulten necesarios de forma que se garantice el ofrecimiento óptimo de los servicios en el Sistema, el Secretario o el funcionario designado, llevará a cabo los procesos de reasignación o reubicación del personal docente que estime necesarios, con el fin de atender las necesidades de los estudiantes como prioridad absoluta.

B. El Secretario o el funcionario designado podrá reubicar o reasignar al personal con estatus regular o transitorio, por necesidad del servicio durante todo el año escolar, en caso de que surjan las siguientes situaciones:

1. Reducción en la matrícula.

2. Eliminación y/o reducción de fondos.

3. Rediseño del programa o plan educativo.

4. Cambios en el programa académico o requisitos de graduación.

5. Atención a proyectos especiales.

6. Eliminación de programas.

7. Eliminación de proyectos o cursos.

8. Reorganización del sistema.

9. Cierre, consolidación o rediseño de escuelas.

10. Reorganización de una escuela dentro del Plan de Mejoramiento, debido entre otras cosas a, falta de mejoramiento académico de los estudiantes o persistente fracaso en cumplir con el Plan Escolar o Diseño de Excelencia Escolar (DEE).

11. Seguridad de estudiantes, personal docente, no docente o comunidad escolar.

12. La necesidad de empleados para atender funciones o programas del Departamento de acuerdo con sus conocimientos, experiencias, destrezas o cualificaciones especiales, o de ofrecer igualdad de oportunidad de servicios educativos.

13. Cumplimiento con la reglamentación federal para alcanzar la correspondiente paridad en la asignación de recursos estatales en las escuelas.

14. Necesidad del empleado de adiestrarse en otras áreas del Departamento.

15. Otras circunstancias, eventos y situaciones fuera del control del Departamento.

Sección 9.2. Normas para las Traslados y Reasignaciones

A. El Departamento procurará que el movimiento por traslado o reasignación no resulte oneroso al empleado. En virtud de ello, al determinar una reasignación o reubicación por la necesidad del servicio, se dará especial atención a lo siguiente:

1. La necesidad específica del servicio.

2. Naturaleza de las funciones del puesto.

3. Cualificaciones necesarias para el puesto.

4. Normas de reclutamiento en vigor para la categoría del puesto.

5. Localización o ubicación del puesto.

B. Los empleados serán reubicados o reasignados en consideración a los siguientes criterios, en el orden de prioridad en que se indican:

1. fecha en que el personal docente adquirió estatus permanente en la categoría correspondiente;

2. total de años de experiencia en el sistema educativo;

3. preparación académica adicional en la especialidad en que se desempeña como personal docente;

4. índice académico general que consta en el expediente de personal;

5. efectividad en el desempeño de sus funciones.

B. Nunca se utilizará la reasignación o reubicación como medida disciplinaria, ni podrá efectuarse arbitrariamente.

C. La reubicación o reasignación no podrá afectar la retribución del empleado.

D. Las reubicaciones o reasignaciones serán informados a través del correo electrónico, con no menos de quince (15) días laborables de antelación a la fecha en que será efectivo, expresando brevemente las razones. No obstante, en situaciones de emergencia o en circunstancias imprevistas, podrá hacerse excepción a esta norma.

E. Cuando el empleado es miembro de la unidad apropiada y no está de acuerdo con la reasignación o reubicación, podrá impugnar la determinación mediante el procedimiento pactado en el Convenio Colectivo para la resolución de quejas y agravios.

F. El empleado docente que no es miembro de la unidad apropiada podrá impugnar la determinación dentro de los diez (10) días laborables siguientes a la fecha de la notificación de la determinación ante el Comité de Impugnaciones. La solicitud de impugnación deberá hacerse por escrito a través del portal electrónico del Departamento, por correo certificado, o personalmente ante la Oficina del Comité de Impugnaciones y deberá incluir los fundamentos y cualquier evidencia que la sustente. El término para impugnar la determinación será improrrogable. En cualquier caso, la impugnación no tendrá el efecto de detener la acción de la autoridad nominadora. De estar en desacuerdo con la determinación final del Comité de Impugnaciones, el empleado tendrá treinta (30) días contados desde la fecha de notificación de la misma, para acudir Oficina de Apelaciones del Sistema de Educación; siendo dicho término fatal y jurisdiccional. En cualquier caso, la impugnación no tendrá el efecto de detener la acción de la autoridad nominadora.

G. Un empleado reasignado por necesidad de la Agencia, no estará sujeto a un nuevo período probatorio.

Sección 9.3. Solicitudes de Traslado o Reasignación de Personal Docente

A. Solicitudes de reubicaciones por situaciones excepcionales

1. El personal del Departamento podrá solicitar una reubicación por situaciones excepcionales mediante el portal electrónico por las siguientes circunstancias:

a. Motivos de seguridad (violencia de género, acecho, con orden de protección como evidencia).

b. Por orden judicial (en estos casos, no existirá discreción del Departamento).

c. Enfermedad del empleado o de un familiar, hasta el cuarto grado de consanguinidad y el segundo de afinidad que requiera tratamiento en otro municipio con evidencia fehaciente que sustente la petición. Se considerará enfermedad bajo estos incisos cualquier condición de salud grave o terminal. También se tomará en consideración cualquier accidente que conlleve una hospitalización prolongada o que requiera tratamiento continuo bajo supervisión de un profesional de la salud.

d. Cambio de residencia, que resulte distante al lugar de trabajo.

2. El empleado presentará por escrito la solicitud de reubicación por circunstancias excepcionales al supervisor inmediato y al Superintendente Regional de la ORE, incluyendo la evidencia de la circunstancia que motiva su solicitud.

3. Si la solicitud de reubicación involucra a dos ORE, el Superintendente Regional de la ORE donde se origina la petición se comunicará con el Superintendente Regional de la ORE para la cual se solicita la reubicación, para constatar que existe un puesto disponible o una necesidad del servicio para la categoría correspondiente.

B. Solicitud de traslado o reasignación

1. Conforme a las necesidades del servicio y las directrices que para ello imparta el Secretario, este podrá autorizar que los empleados regulares soliciten reubicaciones o reasignaciones en el Sistema. Las directrices para las solicitudes se impartirán mediante comunicación oficial del

Secretario, con sujeción a lo siguiente:

a. El empleado que solicita una reubicación o reasignación deberá reunir los requisitos mínimos del puesto. Además, deberá existir la vacante y la necesidad del puesto en el lugar donde se solicita.

b. En caso de que un empleado sea reasignado a un puesto de otra categoría, estará sujeto al período probatorio correspondiente.

c. Las reubicaciones o reasignaciones peticionadas solo podrán ser consideradas para concesión, luego de que el Departamento confirme la matrícula, identifique el personal a jubilarse y determine la necesidad de la Agencia para el próximo año escolar.

C. Notificación

La autorización de las reubicaciones o reasignaciones o su denegatoria, serán informados a través del correo electrónico y el portal electrónico del Departamento, con no menos de quince (15) días laborables de antelación a la fecha en que será efectivo, expresando brevemente las razones. No obstante, en situaciones de emergencia o en circunstancias imprevistas podrá hacerse excepción a esta norma.

Artículo X. Adiestramiento

Sección 10.1. Objetivos

A. Con el propósito de alcanzar los más altos niveles de excelencia, eficiencia y productividad profesional del empleado en el servicio público, el Departamento coordinará cursos, talleres, seminarios de capacitación, adiestramientos, entre otros, siempre que estos redunden en beneficio de los servicios que presta dicho empleado al Departamento, sujeto a la necesidad y disponibilidad de fondos. El Departamento establecerá y divulgará a los empleados la disponibilidad de programas de adiestramiento compulsorios para el personal, así como las guías y requisitos mínimos de cursos de desarrollo profesional y horas de educación continua que deberán cumplir.

B. Se podrán requerir horas adicionales de experiencias de desarrollo profesional cualificadas por el Departamento para los empleados docentes con resultados no satisfactorios en su evaluación, así como para los maestros y directores de escuelas de bajo rendimiento, según lo determine el Secretario.

C. El Departamento establecerá un sistema de registro de cumplimiento con las horas de adiestramiento para consideraciones de ascensos, evaluaciones, entre otros propósitos.

Artículo XI. Retención En El Servicio

Sección 11.1. Seguridad en el Empleo

El objetivo primordial de la retención del servicio es que sean los empleados más aptos los que sirvan al Sistema. Los empleados de carrera con estatus permanente retendrán sus puestos siempre que satisfagan los objetivos, criterios de calidad, productividad, eficiencia, orden, y disciplina, conforme a las métricas, evaluaciones, estándares y criterios establecidos en la Ley Orgánica del Departamento y otras leyes aplicables, así como en los reglamentos y directrices promulgados a esos efectos, en atención a las necesidades del Sistema.

Sección 11.2. Evaluación de Empleados

A. El Departamento, mediante reglamento, creará e implantará un sistema de evaluación de desempeño, productividad, ejecutorias y cumplimiento eficaz con los criterios establecidos, utilizando métricas cuantificables para los empleados. Los supervisores designados vendrán obligados a evaluar a los empleados utilizando el sistema de evaluación sobre desempeño establecido por el Departamento.

B. La prestación de servicios por parte de los empleados y funcionarios del Departamento, no se circunscribe únicamente a la observancia y acatamiento de los deberes y obligaciones requeridos por su puesto en las leyes y reglamentos. Requieren, además, que la ejecución de sus funciones produzca resultados de excelencia que promuevan un sistema de alta calidad. Los objetivos del sistema de evaluación son los siguientes:

1. Medir la productividad del empleado para asegurar un servicio de calidad en el Sistema y el efecto que su servicio tiene en los resultados de aprovechamiento y clasificación de escuelas.

2. Asegurar que sus labores se enfocan en las prioridades estratégicas del Departamento y la forma en que deben efectuar su trabajo, para que produzca resultados de alto rendimiento.

3. Reconocer y estimular la labor de excelencia de los empleados.

4. Determinar la ubicación de los empleados para la mejor utilización de sus conocimientos, destrezas, habilidades y capacidades, según las necesidades del Sistema.

5. Identificar necesidades de adiestramiento, desarrollo y capacitación del profesional, para su correspondiente atención.

C. Al establecer los sistemas de evaluación, se observará lo siguiente:

1. Se ofrecerá adiestramiento a los supervisores y orientación a los supervisados sobre los sistemas de evaluación que se establezcan.

2. Cada supervisor considerará, conjuntamente con el empleado, el resultado de las evaluaciones.

3. Se establecerán mecanismos internos de revisión que aseguren la mayor objetividad en el proceso de evaluación de los empleados.

4. Se establecerá la periodicidad de las evaluaciones.

5. Se establecerán criterios de productividad y eficiencia para evaluar a los empleados, conforme a las funciones de los puestos y los resultados de su desempeño.

Artículo XII. Separaciones del Servicio del Personal Docente.

Se podrá separar del servicio a empleados docentes cuando concurra en cualquiera de las siguientes situaciones:

Sección 12.1. Cesantía

Se podrán decretar cesantías de empleados docentes por la eliminación de puestos por falta de trabajo, fondos o como resultado de avances o cambios tecnológicos. La SARH establecerá un Plan de Cesantías el cual deberá disponer que se notificará al empleado sobre la cesantía en un término no menor de treinta (30) días con antelación a su fecha de vigencia. En dicha notificación oficial se le informará, entre otros aspectos, sus derechos como cesanteados.

Sección 12.2. Cesantía por incapacidad

A. Se podrá decretar una cesantía por incapacidad determine que el empleado está incapacitado física o mentalmente para desempeñar los deberes esenciales de su puesto, con o sin acomodo razonable. Cuando el Secretario tenga razones fundadas para creer que un empleado del Departamento sufre de incapacidad física o mental, le ordenará a éste que se someta a un examen médico, con un médico de la confianza profesional del Departamento. Mientras tanto, podrá relevar al docente de sus deberes, mediante notificación a esos efectos. Si del dictamen médico resultare que el empleado está física o mentalmente incapacitado para desempeñar las funciones esenciales de su puesto, el Secretario ordenará su cesantía o cualquier otra medida que estime necesaria para el bienestar y mejor funcionamiento del Sistema.

B. La negativa del empleado a someterse al examen médico requerido podrá servir de base a una presunción de que está impedido para desempeñar las funciones esenciales de su puesto. Esta acción se notificará al empleado apercibiéndole de su derecho a solicitar al Departamento una vista administrativa informal dentro del término de quince (15) días consecutivos a partir de la notificación.

C. Los siguientes elementos podrán constituir, entre otros, razones para considerar que un empleado esté física o mentalmente incapacitado para desempeñar los deberes de su puesto:

1. baja notable en la productividad;

2. ausentismo marcado por razón de enfermedad;

3. patrón irracional en la conducta del empleado.

Sección 12.3. Separación por accidente de trabajo

La separación por accidente de trabajo procederá cuando el empleado esté inhabilitado por accidente del trabajo y en tratamiento médico en la Corporación del Fondo del Seguro del Estado por un período mayor de doce (12) meses desde la fecha del accidente. También procederá la separación si, antes de cumplido el periodo de doce meses a partir del accidente, el empleado no requiere que se le reponga en su empleo dentro del término de quince días contados a partir de la fecha en que fuere dado de alta o fuere autorizado a trabajar con derecho a tratamiento, conforme al Artículo 5(a) de la Ley Núm. 45 del 18 de abril de 1935, según enmendada, Ley de Compensaciones por Accidentes del Trabajo. Esta acción se notificará al empleado apercibiéndole de su derecho a solicitar al Departamento una vista administrativa informal dentro del término de quince (15) días consecutivos a partir de la fecha de la notificación.

Sección 12.4. Separación de empleados con status transitorio

Los empleados docentes con status transitorio podrán ser separados de sus puestos por justa causa en cualquier momento, conforme al debido proceso de ley.

Sección 12.5. Separación durante el período probatorio

Se podrá separar de su puesto a cualquier empleado docente de carrera durante el periodo probatorio cuando se determine, según la evaluación de desempeño correspondiente, que sus servicios, hábitos o actitudes no justifican concederle status permanente. Si la separación estuviera fundada en la transgresión de normas de conducta, se podrá proceder a su separación del servicio mediante el procedimiento de destitución, a través de los procesos disciplinarios y cumplimiento con el debido proceso de ley.

Sección 12.6. Separación por incumplimiento de la obligación de rendir planillas

Se podrá separar de su puesto a un empleado cuando se determine que este incumplió con su obligación de rendir la planilla de contribución sobre ingresos ante el Departamento de Hacienda en una o más ocasiones, conforme a las disposiciones de la "Ley de Contribución sobre Ingreso vigente", siguiendo el debido proceso de ley.

Sección 12.7. Separación de Empleados Convictos

El Departamento separará del servicio a cualquier empleado o funcionario que resultase convicto de un delito grave o de cualquier delito que implique depravación moral o infracción de sus deberes oficiales. La mera convicción es causa suficiente para declarar el puesto vacante, conforme a las disposiciones del Artículo 208 del Código Político de 1902, con el consecuente efecto de la separación inmediata del puesto.

Sección 12.8. Renuncia

Cualquier empleado podrá renunciar a su puesto libremente mediante notificación escrita al Secretario o su representante designado. Esta comunicación se hará con no menos de quince (15) días calendarios de antelación a su último día de trabajo, excepto que el Secretario, o su representante designado, podrá aceptar la renuncia presentada en un plazo menor. Si el empleado tiene una acción disciplinaria, será facultad exclusiva del Secretario la aceptación de su renuncia. De lo contrario, el procedimiento se realizará de forma ordinaria. El Secretario o su representante autorizado notificará al empleado si le acepta la misma o si le es rechazada por existir razones que justifiquen se investigue la conducta del empleado. Una vez aceptada la renuncia, la misma no podrá ser retirada.

Sección 12.9. Separación por Jubilación o Programas de Retiro

A. El personal docente del Departamento que se acoja al beneficio de jubilación u otro programa de retiro ofrecido por el Gobierno de Puerto Rico, deberá notificarlo de conformidad con las instrucciones impartidas por el Secretario a esos efectos.

B. El personal del Departamento que se acoja al beneficio de jubilación u otro programa de retiro ofrecido por el Gobierno de Puerto Rico debe asegurarse de tener al día sus balances y someter toda la información necesaria a la SARH o a la División de Recursos Humanos de la ORE, según corresponda.

C. Una vez aceptada la jubilación, la misma no podrá ser retirada, salvo que el fundamento para retirar la misma sea una certificación del Sistema de Retiros que establezca un error en el cómputo de tiempo trabajado, en cuyo caso, podrá modificar la fecha de jubilación.

D. El Secretario podrá establecer mediante comunicación oficial las guías y normas para el trámite de jubilación de los empleados.

Sección 12.10. Reconsideración

A. Cuando el empleado es miembro de la unidad apropiada y no está de acuerdo con la separación efectuada, podrá impugnar la determinación mediante el procedimiento pactado en el Convenio Colectivo para la resolución de quejas y agravios.

B. En el caso de empleados que no pertenecen a la unidad apropiada, podrán presentar apelación ante la Oficina de Apelaciones del Sistema de Educación dentro de los treinta (30) días de haberle sido notificada la separación; siendo dicho término fatal y jurisdiccional. En cualquier caso, la apelación no tendrá el efecto de detener la acción de la autoridad nominadora.

Sección 12.11. Obligaciones al Cesar como Empleado

A. En todo caso en que un empleado cese en sus funciones por cualquier razón, deberá:

1. Devolver todos aquellos documentos en su posesión que pertenezcan al Departamento.

2. Devolver al Departamento toda la propiedad que esté bajo su custodia, al igual que los trabajos que pudieren estar bajo su responsabilidad, análisis y estudio.

3. Saldar o hacer los arreglos correspondientes en relación con cualquier deuda líquida y exigible que tenga pendiente con el Departamento o con el Gobierno de Puerto Rico, de conformidad con la ley.

4. Asegurar haber actualizado los sistemas de información y base de datos, según aplique.

5. Asegurarse de transferir, según le sea aplicable, todos los reportes, calificaciones de estudiantes e información pertinente, antes de cesar sus funciones.

6. Proveer un informe de rendición de labores y estatus de asuntos trabajados pendientes o en proceso completar.

B. El Departamento descontará de cualquier partida, ya sea de vacaciones, bono o salario, que el empleado tenga a su favor, cualquier cantidad certificada por el Departamento de Hacienda que el empleado adeude al Estado. Los empleados realizarán las gestiones necesarias para el pago de las deudas que no puedan ser cubiertas con las partidas remanentes.

C. El supervisor inmediato certificará el cumplimiento del empleado con sus obligaciones, lo cual dará base para comenzar a tramitar la solicitud de renuncia o jubilación del empleado. El cumplimiento con las olIligaciones aquí establecidas es compulsorio para el inicio de los trámites de jubilación o renuncia. El incumplimiento puede dar base a que el Departamento se reserve el derecho de comenzar una acción disciplinaria en contra del empleado.

Artículo XIII. Reinstalaciones

Sección 13.1. Disposiciones Generales

A. La reinstalación es el derecho de un empleado que tenga o hubiese tenido status permanente, a ser reinstalado en el puesto permanente que ocupaba o a uno similar, por una de las siguientes circunstancias:

1. Por orden emitida por un Tribunal o foro apelativo competente mediante el cual se deja sin efecto la destitución, separación o suspensión de un empleado. También tendrá derecho a reinstalación cuando se cumple el término de una suspensión determinada.

2. Luego de expirado el término para el que fue nombrado al servicio de confianza o cuando la Autoridad Nominadora no requiera de sus servicios en el puesto de confianza; salvo que su remoción del puesto de servicio de confianza se haya efectuado mediante formulación de cargos.

3. Cuando un empleado en uso de licencia concedida por el Departamento, solicita que se le reinstale a su puesto.

4. Cuando un empleado que haya dejado su puesto para ingresar en el servicio activo con las Fuerzas Armadas solicita que se le reinstale a su puesto.

5. Cuando un empleado del servicio de carrea falla en aprobar el periodo probatorio en otro puesto.

6. Cuando así lo disponga alguna ley del Congreso de los Estados Unidos o de Puerto Rico.

B. En todos los casos será responsabilidad del empleado notificar a su supervisor con treinta (30) días de anticipación, su interés de reinstalarse en el puesto, salvo que una orden judicial disponga un término menor. Igualmente, será responsabilidad del supervisor notificar inmediatamente a la SARH o a la División de Recursos Humanos de la ORE, según aplique, para la acción correspondiente.

C. Los empleados reinstalados mantendrán el estatus y sueldo correspondiente al puesto que ocupaban y, además, tendrán derecho a los beneficios en términos de clasificación y sueldo que se hayan extendido al puesto de carrera que ocupaba.

Artículo XIV. Reingresos

Sección 14.1. Disposiciones Generales

A. Significa la reintegración o el retorno al servicio, mediante certificación, de cualquier empleado regular de carrera, después de haberse separado del servicio por cualesquiera de las siguientes causas:

1. incapacidad que ha cesado

2. cesantía por eliminación de puestos

B. Disposiciones que regirán los reingresos:

1. Los empleados regulares que sean cesanteados por eliminación de puestos o por incapacidad (al recuperarse de la misma), podrán solicitar el reingreso dentro de los cinco (5) años a partir de la fecha de su separación.

2. Las personas que soliciten reingreso luego de una determinación de incapacidad, deberán presentar evidencia fehaciente del cese de su incapacidad en su solicitud de reingreso.

3. La Agencia notificará al empleado por escrito la acción tomada en el caso de su solicitud de reingreso.

4. Los nombres de las personas con derecho a reingreso serán incluidos en el Registro de Turnos que estuviere vigente, correspondiente a la clase o categoría de puesto que ocupaban con carácter regular, y se les otorgará 5 puntos adicionales en la adjudicación de puntuación para figurar en el Registro.

5. En caso de ser seleccionado en reingreso para el puesto, el empleado devengará el mismo salario que tenía al momento de la separación.

Sección 14.2. Rechazo de Solicitudes de Reingreso

Se podrá rechazar una solicitud de reingreso cuando la misma se someta después de haber expirado el término establecido, cuando el candidato no provea la información y los documentos requeridos o por alguna razón que le haga inelegible para el reingreso al servicio público.

Al rechazar una solicitud de reingreso, el Secretario o el representante designado por éste, le notificará al empleado la causa o las causas en que se fundamente su determinación. El empleado podrá solicitar una reconsideración de la decisión ante la SARH, dentro de los diez (10) días laborables siguientes a la fecha de la notificación, explicando los fundamentos para su solicitud. De no quedar satisfecho con la determinación, podrá presentar apelación ante la Oficina de Apelaciones del Sistema de Educación (OASE) dentro de los treinta (30) días de haberle sido notificada la determinación; siendo dicho término fatal y jurisdiccional. En cualquier caso, la impugnación no tendrá el efecto de detener la acción de la autoridad nominadora.

Sección 14.3. Período Probatorio en Casos de Reingresos

Las personas que reingresen al servicio público estarán sujetas al periodo probatorio correspondiente. Sin embargo, el Secretario o su representante designado podrá conferirle status permanente a esos empleados, si el reingreso ocurre dentro del término de un (1) año a partir de la fecha de la separación del servicio.

CAPITULO III PERSONAL NO DOCENTE DEL DEPARTAMENTO DE EDUCACION

Artículo I. Clasificación de Puestos del Personal no Docente.

Sección 1.1. Plan de Clasificación de Puestos

A. El Secretario establecerá un Plan de Clasificación para los puestos en el servicio de carrera del Departamento. El Plan de Clasificación contendrá un inventario de los puestos autorizados e incluirá la descripción de cada puesto, funciones básicas, complejidad, responsabilidades y los requisitos mínimos. Todos los puestos o plazas que existen, o que se creen en el futuro, deberán estar agrupados en clases según la similitud en la naturaleza y complejidad de los deberes, grado de autoridad y responsabilidad asignada a los mismos.

B. La SARH del nivel central mantendrá al día el plan de clasificación mediante la actualización frecuente de las descripciones de puestos, las especificaciones de clases y las asignaciones de los puestos a las clases, de conformidad con las necesidades del Sistema y las mejores prácticas en el área de clasificación de puestos. El Plan de Clasificación será revisado periódicamente, conforme a los cambio sque surjan en la estructura funcional del Departamento.

C. El Plan de Clasificación de puestos se formulará a propósito de:

1. Reconocer y aplicar la política pública que el principio de mérito instituye como principio rector de la administración de personal en el servicio público.

2. Facilitar su aplicación mediante la adopción de normas claras, precisas y uniformes que permitan mantener un sistema retributivo objetivo, basado en la equidad, con escalas de sueldo uniformes para aquellas clases de puestos que sean equivalentes.

3. Mantener la correlación entre la jerarquía de las clases en los respectivos planes de clasificación y la retribución monetaria que se les asigna en las escalas de sueldos correspondientes.

4. Describir adecuadamente las funciones, deberes y la autoridad inherentes a los requisitos mínimos para cada clase de puesto, lo mismo que el lugar que ocupan en la estructura jerárquica administrativa.

Sección 1.2. Reclasificación de Puestos

A. Se justificará reclasificar todo puesto cuando esté presente cualquiera de las siguientes situaciones:

1. Modificación al Plan de Clasificación: En esta situación no existen necesariamente cambios significativos en las descripciones de los puestos, pero en el proceso de mantener al día el Plan de Clasificación mediante la consolidación, segregación, alteración, creación y eliminación de clases, surge la necesidad de cambiar la clasificación de algunos puestos.

2. Cambio Sustancial en Deberes, Responsabilidades o Autoridad: Es un cambio deliberado y sustancial en la naturaleza o el nivel de las funciones del puesto, que lo hace subir o bajar de jerarquía o lo ubica en una clase distinta al mismo nivel.

3. Evolución del Puesto: Es el cambio que tiene lugar con el transcurso del tiempo en los deberes, autoridad y responsabilidades del puesto que ocasiona una transformación del puesto original.

Sección 1.3. Status de los Empleados en Puestos Reclasificados

El status de los empleados cuyos puestos sean reclasificados se determinará con arreglo a las siguientes normas:

A. Si la reclasificación procediera por cambio sustancial en deberes, autoridad y responsabilidad, y el cambio resultara en un puesto de categoría superior, se podrá ascender al empleado si su nombre estuviera en turno de certificación en el registro de elegibles correspondiente. También se podrá autorizar al ascenso sin oposición del empleado conforme a las normas establecidas en este reglamento para este tipo de ascenso; o si no hubiera registro de elegibles, se podrá celebrar examen para cubrir el puesto reclasificado. En todo caso, el incumbente estará sujeto al periodo probatorio. Si el incumbente que ocupa el puesto reclasificado no cumple con los requisitos de dicho puesto, la autoridad nominadora lo reubicará en un puesto de clasificación igual a su nombramiento o en un puesto similar para el cual el empleado reúna los requisitos mínimos, o dejará en suspenso la clasificación, hasta tanto se logre reubicar al empleado.

B. Si la reclasificación procediera por evolución del puesto o por modificación del Plan de Clasificación, el incumbente permanecerá ocupando el puesto reclasificado con el mismo status que antes del cambio.

Sección 1.4 Normas Generales para el Proceso de Reclasificación

1. El proceso de reclasificación por cualquiera de las situaciones mencionadas en la sección 1.2 de este Artículo, estará a cargo de la SARH.

2. Un supervisor que considere que el puesto de algún empleado debe ser reclasificado, someterá la recomendación por escrito a la SARH, quien evaluará la recomendación y emitirá su determinación aprobando o denegando la reclasificación.

3. Para efectuar cualquier acción de reclasificación, la SARH deberá cumplir con todas las normas presupuestarias y fiscales vigentes.

4. De no ser aprobada por la SARH, la reclasificación no será autorizada.

5. Ninguna unidad tendrá la autoridad para cambiar las funciones de un empleado, salvo que medie la aprobación escrita de la SARH.

Artículo II. Reclutamiento y Selección del Personal No Docente.

El Departamento de Educación ofrecerá la oportunidad de competir a todas las personas que reúnan los requisitos mínimos establecidos en la clase de puesto que solicita y que esté debidamente cualificado, observando el Principio de Mérito. Esta participación se establecerá en atención al mérito sin discrimen por razones de raza, color, sexo, nacimiento, edad, origen o condición social, ideas políticas o religiosos, o impedimento en sus actividades.

Sección 2.1. Normas de Reclutamiento

A. Se establecerán normas de reclutamiento para cada clase de puesto con el propósito de atraer y retener los mejores recursos humanos disponibles.

B. En las normas se establecerán los requisitos mínimos para el reclutamiento a base de las especificaciones de puesto, así como el tipo de examen y tipo de competencia. Los requisitos serán inherentes a las funciones de los puestos.

C. De conformidad con las leyes laborales vigentes, el reclutamiento interno deberá ser fomentado para llenar los puestos vacantes. El reclutamiento interno se refiere al proceso de búsqueda, dentro de todas las entidades de la Rama Ejecutiva, del recurso humano que reúna los requisitos mínimos de preparación académica y experiencia requeridos para realizar las funciones propias de aquellos puestos que se encuentren vacantes o queden vacantes y que resulten necesarios para la continuidad de los trabajos del Departamento.

D. El reclutamiento externo- abierto al público en general- será una alternativa de último recurso a la cual el Departamento podrá acudir previa autorización de la OATRH, única y exclusivamente cuando el reclutamiento interno no provea un candidato para ejercer las funciones del puesto vacante.

Sección 2.2. Condiciones Generales Para Ingreso al Servicio Público

A. Estar física y mentalmente capacitado para desempeñar las funciones esenciales del puesto.

B. Ser ciudadano de los Estados Unidos o extranjero legalmente autorizado a trabajar en los Estados Unidos conforme a la legislación aplicable.

C. Cumplir con las disposiciones aplicables de la "Ley de Contribución sobre Ingresos", según enmendada, sobre la radicación de la planilla de contribución sobre ingresos los cinco (5) años previos a la solicitud;

D. Contar con las certificaciones y requisitos correspondientes al puesto que solicite.

E. Cumplir con la Ley de Ética Gubernamental de Puerto Rico vigente y sus reglamentos.

F. No tener obligaciones alimentarias atrasadas, o estar cumpliendo un plan de pago bajo la Ley Núm. 5 del 30 de diciembre de 1986, conocida como la Ley Orgánica de la Administración para el Sustento de Menores (ASUME).

G. No estar inscrito en el Registro de Personas Convictas por Delitos Sexuales y Abuso contra Menores.

H. No haber sido convicto por delito grave o por cualquier delito que implique depravación moral.

I. No haber incurrido en conducta deshonrosa;

J. No hacer uso ilegal de sustancias controladas.

K. No ser adicto al uso habitual y excesivo de bebidas alcohólicas.

L. No haber sido destituido del servicio público, ni convicto por los delitos graves o menos graves que se enumeran en la Sección 6.8 de la Ley Núm. 8-2017, en la jurisdicción de Puerto Rico, en la jurisdicción federal o en cualquiera de los demás estados de los Estados Unidos.

M. Las condiciones identificadas de la (H) a la (L) no aplicarán cuando el candidato haya sido habilitado por el Departamento del Trabajo y Recursos Humanos para ocupar puestos en el servicio público.

Sección 2.3. Convocatoria de Empleo

A. Una vez aprobadas por la OATRH, se emitirán convocatorias internas para cada puesto vacante de conformidad con las disposiciones establecidas por dicha Oficina, y se publicarán en el "Registro Central de Convocatorias para el Reclutamiento, Ascenso y Adiestramiento en el Servicio Público."

B. En caso de que la convocatoria interna no resulte en un candidato para ejercer las funciones del puesto vacante, luego de cumplir con las disposiciones establecidas por la OATRH se publicará una convocatoria externa por los medios de comunicación más adecuados, con el fin de atraer y retener al personal más idóneo en el Sistema y de proporcionarle a los interesados del público en general, la oportunidad de competir libremente.

C. Se considerarán medios adecuados de comunicación: el portal electrónico del Departamento, el portal electrónico del Gobierno de Puerto Rico y los medios de comunicación más apropiados en cada caso, de modo que puedan llegar a las fuentes de recursos. La diversidad de medios o el medio a utilizarse en la divulgación y el plazo para recibir solicitudes, estará sujeto a criterios tales como: grado de especialización de la clase, cantidad de puestos a cubrir, región a la que pertenece la oportunidad y el tipo de competencia.

C. Las convocatorias deberán contener la siguiente información:

1. Título, clase de puesto y sueldo;

2. Número de puestos;

3. Fecha límite para solicitar;

4. Beneficios marginales;

5. Requisitos mínimos para cualificar;

6. Naturaleza del examen;

7. Dónde conseguir la solicitud;

8. Instrucciones generales;

9. Quiénes deben llenar la solicitud;

10. Documentos que deben acompañarse con la solicitud;

11. Dónde enviar o entregar la solicitud;

12. Qué hacer para efectuar cambios luego de someter la solicitud;

13. Fecha límite para efectuar o enviar documentos que alteren la información suministrada;

14. Criterios que habrán de utilizarse para ordenar los nombres en el Registro de Elegibles;

15. Cualquier otra información indispensable, según el tipo de puesto.

Sección 2.4. Procesamiento de Solicitudes de Empleo

A. El Secretario Auxiliar de Recursos Humanos preparará un formulario de solicitud de empleo a ser usado en todo el Departamento donde se requiera, como mínimo, la siguiente información de los candidatos:

1. Nombre completo del solicitante, incluyendo su primer nombre, inicial, apellido paterno y apellido materno;

2. Dirección residencial y postal completa;

3. Dirección de correo electrónico;

4. Teléfono donde pueda localizarse a la persona;

5. Número de Seguro Social;

6. Historial educativo, incluyendo el nombre de las escuelas, colegios y universidades en que ha cursado estudios y los grados obtenidos;

7. Historial de experiencias de trabajo y habilidades incluyendo el nombre de sus patronos y descripción de las labores realizadas;

8. Puestos en el Departamento para los que solicita ser considerado;

9. Documentos acreditativos complementarios, tales como: originales de diplomas transcripción oficial de créditos, evidencia de estudios en instituciones acreditadas, copia del certificado de nacimiento o en su lugar un documento legalmente válido, cartas de referencias, licencias y colegiación;

10. Certificación de que la información ofrecida es veraz, de que está disponible para ser empleado por el Departamento, y de que no existen impedimentos legales que lo inhabiliten para ocupar las posiciones que solicita.

B. Las solicitudes podrán rechazarse por cualquiera de las siguientes causas:

1. Haberse sometido tardíamente;

2. No reunir el solicitante los requisitos establecidos en la convocatoria;

3. Tener el Departamento conocimiento formal de que el solicitante:

a. Está física o mentalmente incapacitado para desempeñar las funciones esenciales del puesto.

b. Ha sido convicto por delito grave o por cualquier delito que implique depravación.

c. Ha incurrido en conducta deshonrosa.

d. Ha sido destituido del servicio público.

e. Es adicto al uso habitual o excesivo de bebidas alcohólicas.

f. Hace uso ilegal de sustancias controladas.

g. Ha incumplido con el compromiso pactado en contrato para estudios.

h. Ha realizado o ha intentado realizar algún engaño o fraude en la información sometida en la solicitud.

i. No cumple con algunas de las disposiciones establecidas en la convocatoria;

j. No cumple con alguna de las condiciones de ingreso al servicio público.

k. La solicitud está incompleta.

C. Se notificará por escrito al solicitante la razón por la cual su solicitud fue rechazada y se le informará su derecho a pedir la reconsideración de la decisión a la SARH, dentro de los diez (10) días siguientes a la notificación.

Sección 2.5. Adjudicación de Puntos

A. La SARH o la División de Recursos Humanos de las ORE, según corresponda, evaluará las solicitudes aprobadas, y mediante un sistema de puntos calificará las mismas según los criterios establecidos en la convocatoria y la rúbrica de evaluación.

B. Se otorgarán los siguientes puntos adicionales a los aspirantes que evidencien pertenecer a alguna de estas categorías y que hubieren obtenido, en cualquier prueba o examen como parte de una solicitud de ingreso, la puntuación mínima requerida para cualificar:

1. Veteranos, según se define en la Ley Núm. 203-2007, conocida como la "Carta de Derechos del Veterano Puertorriqueño del Siglo XXI"- se le concederán diez (10) puntos.

2. Personas con impedimento, según se define en la Ley ADA, siempre que esta persona no cualifique para los beneficios de la Ley Núm. 203-2007- se concederán cinco (5) puntos.

Sección 2.6. Registro de Elegibles

A. Disposiciones Generales

1. La SARH preparará un Registro de Elegibles para cada puesto vacante.

2. Los nombres de los candidatos serán colocados en el correspondiente Registro, en orden descendente de la puntuación obtenida.

3. Se notificará a cada candidato por la vía electrónica, o en su defecto, por correo regular, el resultado de la puntuación obtenida de la evaluación de su solicitud.

4. Cualquier candidato podrá solicitar la revisión del resultado de la puntuación obtenida dentro de los diez (10) días calendarios siguientes a la fecha en que se le envió la notificación del resultado del examen. Si como resultado de dicha revisión se altera la puntuación o el turno del candidato, se hará el ajuste correspondiente. La corrección no invalidará ningún nombramiento efectuado.

B. Eliminación de Candidatos de los Registros de Elegibles

1. Los nombres de los candidatos que figuren en los Registros de Elegibles podrán ser eliminados de los mismos por las siguientes razones:

a. Haber sido convicto por algún delito grave o delito que implique depravación, o por el uso habitual y excesivo de bebidas alcohólicas, de droga narcótica, o haber incurrido en conducta deshonrosa;

b. Haber suministrado información falsa en la solicitud, con el fin de obtener ventaja para elegibilidad o nombramiento;

c. Haber sido declarado incapacitado por un organismo competente;

d. Haber sido destituido del servicio público;

e. No haber sometido evidencia requerida sobre requisitos mínimos;

f. Imposibilidad de localizar al candidato en las direcciones que ofreció en su solicitud;

g. Muerte del candidato.

2. Los candidatos cuyos nombres se eliminen de un Registro de Elegibles a tenor con los incisos (a) al (c) que anteceden, se les enviará una notificación al efecto y se les prevendrá sobre su derecho a que se reconsidere la decisión ante la SARH dentro de los treinta (10) días siguientes a la notificación. Si la eliminación de un candidato del registro se hubiese producido por error, su nombre se restituirá al registro.

C. Vigencia y Cancelación del Registro de Elegibles

1. El Registro de Elegibles permanecerá vigente hasta que se llene la vacante para la cual fue creado. Si durante los primeros treinta (30) días de haberse llenado la correspondiente vacante, el candidato elegido dejara de

ocupar su puesto, el mismo Registro se activará nuevamente para la selección de un nuevo candidato.

2. El Registro de Elegible podrá cancelarse en circunstancias como las siguientes:

a. Cuando se considere necesario atraer nuevos candidatos porque ninguno de los incluidos en el registro fue elegido, o ninguno compareció a la entrevista al ser citado, o todos declinaron el puesto ofrecido.

b. Cuando se detecte la existencia de fraude antes o durante la evaluación de las solicitudes.

3. Se notificará a los elegibles cuando el Registro de Elegibles se cancele o cumpla su vigencia a través del correo electrónico o el portal electrónico del Departamento.

4. El nombramiento de personas para ocupar puestos transitorios no eliminará sus nombres de un registro de elegibles.

D. Certificación de Elegibles

1. Los puestos vacantes se cubrirán mediante la certificación y selección de candidatos que figuran en los registros de elegibles.

2. La SARH certificará los primeros diez (10) candidatos del Registro de Turnos y remitirá dicha certificación de elegibles al área donde pertenece el puesto.

3. Un candidato podrá ser certificado simultáneamente para más de un puesto en clases distintas. De ser seleccionado por más de una unidad de trabajo, se le dará prioridad a la unidad que el candidato elija.

4. Si alguna unidad de trabajo interesa cubrir más de un puesto dentro de la misma clase o categoría simultáneamente, se determinará el número de puestos a cubrirse en la misma certificación y se certificará hasta un máximo de diez (10) elegibles por cada puesto adicional.

5. En caso de haber menos de diez (10) candidatos elegibles para un puesto, se certificarán como elegibles la cantidad de candidatos que obren en el registro correspondiente.

Sección 2.7. Proceso de Selección

A. La SARH establecerá la normativa para el proceso de evaluación de candidatos, que incluirá la designación de un Comité de Entrevistas ("el Comité") que conducirá el proceso de evaluación de elegibles y estará compuesto por un mínimo de tres (3) personas, entre las cuales deberá estar el supervisor inmediato de la unidad de trabajo a la cual pertenece el puesto vacante.

B. Este proceso de evaluación incluirá un análisis de las credenciales académicas y profesionales, experiencia y entrevistas personales a los candidatos. El proceso podrá incluir, además, técnicas alternas de evaluación tales como: exámenes, pruebas de escritura, entre otras, dirigidas a indagar la idoneidad del candidato en consideración al puesto.

C. El Comité otorgará una puntuación a este proceso de evaluación de los candidatos elegibles.

D. Luego del proceso de entrevista, el comité seleccionará al candidato que ocupará el puesto.

Sección 2.8 Proceso de Nombramientos

A. Una vez culminado el proceso de selección de candidatos, el elegido deberá someter los documentos requeridos, así como completar todo trámite correspondiente en los términos establecidos. El candidato seleccionado certificará su aceptación al puesto, con el cumplimento de los trámites descritos a continuación.

B. Para procesar el nombramiento de un candidato seleccionado será indispensable que presente los siguientes documentos, además de cualquier otro que le solicite la Agencia al momento del nombramiento:

1. Un certificado médico válido que acredite que está física y mentalmente capacitado para ejercer las funciones del puesto al cual fue nombrado. La presentación del certificado en el momento en que se efectúe el nombramiento no impedirá que el Departamento exija que el empleado ya nombrado se someta a examen médico en cualquier otro momento en que exista una causa justificada para tal requerimiento. El Secretario determinará el tipo de examen médico que se exigirá para cada situación particular.

2. El Formulario I-9 sobre verificación de elegibilidad para empleo del Servicio de inmigración Federal.

3. El juramento de fidelidad requerido por la Ley Núm. 14 del 24 de julio de 1952.

4. Certificado de antecedentes penales (original) emitido por la Policía de Puerto Rico con no más de seis (6) meses de expedido.

5. Una certificación oficial donde conste que el candidato seleccionado no tiene obligación alimentaria atrasada o que está al día en el cumplimiento del plan de pago que al efecto hubiese convenido ante la Administración de Sustento de Menores o el Tribunal de Justicia correspondiente.

6. Una declaración del candidato seleccionado que no usa sustancia controlada ni abusa o se excede en el consumo de bebida embriagante.

7. Copia fiel y exacta del Certificado de Nacimiento expedido por el Registro Demográfico.

8. Resultado de la Prueba de Dopaje.

9. Cualquier otro documento que el Departamento solicite por estimarlo necesario para el nombramiento.

C. El nombramiento estará sujeto al resultado de las pruebas para la detección de sustancias controladas administradas al candidato preseleccionado para empleo.

D. Solo se extenderá el nombramiento oficial al candidato, una vez haya entregado la totalidad de los documentos requeridos.

E. No deberán efectuarse nombramientos a un puesto, sin haber concluido los procedimientos y trámites correspondientes al caso de su anterior incumbente, cuando sea aplicable.

Artículo III. Estatus del Nombramiento del Personal No Docente.

Sección 3.1. Tipos de Nombramientos

A. Los tres tipos de nombramientos para el personal no docente serán los siguientes:

1. Personal Permanente

2. Personal Probatorio

3. Personal Transitorio

Sección 3.2. Personal permanente

Será permanente el personal que cumpla con todos los requisitos del puesto, y que haya completado el periodo probatorio satisfactoriamente e ininterrumpidamente. Se considerará una interrupción en el servicio cualquier tipo de licencia autorizada de más de cinco días o si el nombramiento para nuevo término ocurre después de cinco días de haber vencido el nombramiento anterior.

Sección 3.3. Personal probatorio

A. Será probatorio el empleado nombrado o ascendido para ocupar un puesto regular, por el período de prueba establecido para la clase de puesto que ocupa, excepto que expresamente se disponga lo contrario en este Reglamento.

B. Normas para los Probatorios:

1. El empleado será orientado y adiestrado durante el periodo probatorio.

2. El trabajo del empleado será evaluado durante el periodo probatorio conforme a las normas establecidas.

3. Cualquier empleado podrá ser separado de su puesto en el transcurso o al final del periodo probatorio si se determinara que su desempeño y adaptabilidad a las normas del Departamento no han sido satisfactorias. La separación se efectuará mediante una comunicación oficial que le será entregada al empleado.

Todo empleado del servicio de carrera en el Departamento que no apruebe el periodo probatorio correspondiente y hubiese sido empleado regular inmediatamente antes, tendrá derecho a que se reinstale en un puesto de la misma clase o similar al que ocupaba con carácter regular.

4. Si el empleado con status probatorio hubiese desempeñado satisfactoriamente los deberes de un puesto de la misma clase mediante nombramiento transitorio, el periodo de servicios prestados le será acreditado al periodo probatorio correspondiente.

5. Si el empleado nombrado se hubiese desempeñado satisfactoriamente en una clase de puesto con carácter interino, el tiempo de servicios correspondiente al interinato le podrá ser acreditado al periodo probatorio, de haber concurrido las siguientes circunstancias:

a. Que el empleado hubiese sido designado oficialmente para desempeñar el referido puesto interinamente;

b. Que al momento de tal designación el empleado reúna los requisitos mínimos requeridos para el puesto;

c. Que durante el interinato, el empleado hubiese desempeñado todos los deberes del puesto.

6. Las evaluaciones que se realicen a empleados en período probatorio serán discutidas con estos antes de que sean finales y oficiales. Se le solicitará al empleado que las firme y, de este negarse a hacerlo, el supervisor que emite la evaluación hará la anotación correspondiente, haciendo constar que la misma fue discutida con el empleado y las razones que este adujo para no firmarla.

7. Todo empleado que apruebe satisfactoriamente el periodo probatorio pasará a ocupar el puesto con status regular.

Sección 3.4. Personal Transitorio

A. Será transitorio el personal docente nombrado por un término fijo.

B. Normas para los transitorios

1. Los empleados nombrados para cubrir necesidades temporales o de emergencia tendrán estatus transitorio y deberán reunir las condiciones generales de ingreso al servicio público establecidas en este Reglamento.

2. Para poder ocupar un puesto, el candidato deberá reunir los requisitos mínimos de la convocatoria.

3. De haber sido un empleado transitorio en un año anterior, se considerarán, para su nueva contratación, los resultados de las evaluaciones de su desempeño. En caso de que el término para el cual fue contratado sea menor al establecido para las evaluaciones, el empleado será evaluado únicamente por ese periodo. El personal transitorio será evaluado con los mismos criterios e indicadores que se utilizan para la evaluación de empleados regulares en los puestos correspondientes.

4. Los nombramientos transitorios siempre serán de duración fija y no confieren derechos de retención en el servicio, excepto por el término de vigencia de estos.

5. Con el fin de mantener la continuidad del servicio se podrán nombrar empleados transitorios en puestos regulares del servicio de carrera, según la disponibilidad de fondos, en los siguientes casos:

a. Cuando el incumbente del puesto se encuentre en uso de licencia sin sueldo o en cualquier otro tipo de licencia autorizada expresamente en ley que se anticipe pueda ser prolongada.

b. Cuando exista una emergencia en la prestación de servicios.

c. Cuando el incumbente del puesto hubiese sido destituido y la decisión a ese efecto estuviese pendiente de resolución ante el foro apelativo correspondiente.

d. Cuando el incumbente del puesto haya sido suspendido de empleo y sueldo por determinado tiempo.

e. Cuando el incumbente del puesto pase a ocupar otro puesto mediante nombramiento en el servicio de confianza o transitorio, con derecho a reinstalación al puesto anterior.

f. Cuando el puesto se quede vacante como consecuencia de jubilaciones, renuncias o terminaciones por otras razones.

g. Para cubrir una necesidad o proyecto especial del Departamento.

6. El nombramiento transitorio terminará al finalizar el término para el cual fue contratado o en la fecha en que concluya la necesidad temporal.

7. El Secretario establecerá los procedimientos y criterios que estime necesarios para la selección del personal transitorio sujeto a las disposiciones de las leyes aplicables.

Artículo IV. Jornada de Trabajo y Asistencia del Personal No Docente.
Sección 4.1. Jornada Regular de Trabajo del Personal

A. Jornada Regular de Trabajo del Personal

1. La jornada regular de trabajo semanal del será de treinta y siete y media (37½) horas a la semana sobre la base de cinco (5) días laborables, durante el período comprendido de lunes a viernes, salvo disposiciones en contrario de leyes especiales. Disponiéndose que podrán establecerse jornadas regulares reducidas de cuatro (4) horas y hasta de siete (7) horas, de conformidad con la naturaleza de los puestos de acuerdo al Plan de Clasificación y las necesidades del servicio. Se concederá a los empleados dos (2) días de descanso, por cada jornada regular de trabajo semanal que normalmente corresponderán a los sábados y domingos. El Secretario podrá variar la jornada de trabajo y los días de descanso cuando las necesidades del servicio lo requieran.

2. Se concederá un periodo de gracia de diez (10) minutos en las horas de entrada por la mañana y en la tarde. Se considerará tardanza cuando el empleado se presente a su sitio de trabajo después de once (11) minutos de la hora de entrada establecida. No obstante, el uso excesivo de este privilegio puede ser motivo de acción disciplinaria.

3. El Departamento concederá a sus empleados un periodo de descanso de 15 minutos en la mañana y en la tarde. Estos periodos de receso se coordinarán con el supervisor inmediato.

Sección 4.2 Tiempo Extra

A. El programa de trabajo del Departamento se formulará tal manera que se reduzca al mínimo la necesidad de trabajo en exceso de jornada regular establecida en la Agencia para los empleados. No obstante, por razón de la naturaleza especial de los servicios a prestarse, la necesidad de los servicios para proteger y preservar la vida y propiedad de los ciudadanos, por cualquier situación de emergencia, por eventos de fuerza mayor, disturbios atmosféricos, situaciones imprevistas o de mantenimiento necesarias para dar continuidad a un servicio esencial, se podrá requerir a los empleados que presten servicios en exceso de su jornada de trabajo, diaria o semanal, o en cualquier día en que se suspendan los servicios sin cargo a licencia por el Gobernador. En estos casos, deberá mediar una autorización previa del supervisor del empleado, la cual deberá ser aprobada por el Secretario o por aquel funcionario en quien éste delegue. Los supervisores deberán tomar medidas para que cuando empleado permanezca trabajando sea siempre a virtud de una autorización expresa.

B. Los empleados tendrán derecho a recibir tiempo compensatorio, a razón de tiempo y medio, por los servicios prestados en exceso de su jornada regular, diaria o semanal, hora de tomar alimentos y por los servicios prestados en los días feriados, en los días de descanso, o en los días en que se suspendan los servicios sin cargo a licencia por el Gobernador. El tiempo compensatorio deberá ser disfrutado por el empleado dentro del período de seis (6) meses a partir de la fecha en que haya realizado el trabajo extra.

Si por necesidad del servicio esto no fuera posible, se le podrá acumular el tiempo compensatorio hasta un máximo de doscientas cuarenta (240) horas. En los casos de empleados que ejerzan funciones de seguridad pública, respuestas a emergencia o actividades temporadas, según estos términos se definen en el en la "Ley Federal de Normas Razonables del Trabajo", salvo por lo dispuesto en el Artículo 10 de la Ley 53-1996 y el Artículo 2.09 de la Ley 20-2017, se podrá acumular hasta cuatrocientas ochenta (180) horas. La compensación de tiempo extra en tiempo compensatorio no procede para las horas que el empleado acumule en exceso de los límites mencionados.

C. Está excluido de las disposiciones del apartado (2) precedente cualquier empleado que realice funciones de naturaleza administrativa, ejecutiva o profesional, conforme estos términos se definen en la "Ley Federal de Normas Razonables del Trabajo".

Artículo V: Ascensos y Descensos del Personal No Docente.

Sección 5.1. Ascensos

A. Objetivo

1. El ascenso es el cambio de un empleado de un puesto en una clase a un puesto en otra clase con un tipo mínimo de retribución mayor, conforme a la preparación académica, los conocimientos, la experiencia de trabajo adquiridas y las necesidades del Sistema.

2. El objetivo de los ascensos es lograr que los empleados más competentes puedan colocarse en posiciones en que sus capacidades y destrezas promuevan la alta calidad de los servicios que ofrece el Sistema.

B. Normas sobre Ascensos

1. El Departamento determinará las clases de puestos que debido a las necesidades particulares de la Agencia o a la naturaleza de las funciones de dichas clases de puestos, requieren que se cubran mediante el ascenso de empleados.

2. Los empleados en puestos permanentes podrán ascender mediante exámenes que podrán consistir de pruebas escritas, orales, físicas, o de ejecución o evaluación de preparación y experiencia. Además de éstos, se

podrán tomar en consideración las evaluaciones del supervisor, análisis del expediente del empleado y los adiestramientos que hayan tomado relacionados con las funciones del puesto al cual se le propone ascender.

3. Se anunciarán las oportunidades de ascenso de manera que todos los candidatos debidamente cualificados puedan competir. Luego de anunciadas las oportunidades, si no existiese una cantidad razonable de personas que reúnan los requisitos mínimos de preparación académica y experiencia establecidos, la forma de cubrir los puestos o prestar los servicios será la establecida en este Reglamento para los procedimientos ordinarios de reclutamiento y selección.

4. Todo empleado ascendido deberá cumplir con el período probatorio asignado a la clase de puesto a la cual haya sido ascendido.

C. Ascensos sin Oposición

Se podrá autorizar ascensos sin oposición cuando las exigencias especiales y excepcionales del servicio, y las cualificaciones especiales de los empleados así lo justifiquen, previa la aprobación del examen. Por exigencias especiales y excepcionales del servicio se entenderá la asignación o atención de nuevas funciones o programas; la ampliación de los servicios que presta el Departamento; la necesidad de reclutar personal que logre mantener la continuidad en la prestación de los servicios sin necesidad de mayor orientación; inadecuacidad de un registro de elegibles; urgencia por cubrir un puesto vacante que hace impracticable el procedimiento ordinario.

Por otro lado, por las cualificaciones especiales de los empleados se entenderá la experiencia adicional; los estudios académicos adicionales a los requisitos mínimos; y los resultados obtenidos del sistema de evaluación adoptado por el Departamento.

Sección 5.2. Descensos

A. Causas para los Descensos:

El descenso de un empleado regular podrá ser motivado por las siguientes razones:

1. A solicitud del empleado.

2. Cuando se eliminen puestos y no se le pueda ocupar en un puesto similar al que ocupaba. La eliminación del puesto puede surgir por falta de fondos o de trabajo que haga imprescindible la eliminación del puesto que ocupa el empleado.

B. Normas para los Descensos:

1. Ningún descenso tendrá efecto sino hasta que haya transcurrido treinta (30) días calendario contados desde la fecha de notificación del mismo, a través del correo electrónico y/o portal electrónico del Departamento.

2. Los descensos no podrán hacerse arbitrariamente, ni podrán ser utilizados como medida disciplinaria.

3. En el caso de descensos solicitados, el empleado deberá expresar por escrito su conformidad con el mismo, en cuyo caso, el descenso podrá tener efecto inmediato o antes de transcurrir el término de la notificación establecida en el inciso (1) que antecede. En estos casos el salario se ajustará al sueldo básico de la clase de puesto al cual sea descendido. En caso de que el empleado haya ocupado antes el puesto al cual es descendido, le corresponderá el último sueldo que percibía en dicho puesto, de ser este mayor al sueldo básico del puesto al momento del descenso.

4. En caso de los descensos por necesidad del servicio, se notificará al empleado informando las razones para el descenso; las condiciones referentes al mismo en términos del título de la clase, estatus y sueldo a percibir en el nuevo puesto; así como la fecha en que surtirá efecto. En esos casos el salario se ajustará al sueldo básico de la clase de puesto al cual sea descendido. En caso de que el empleado haya ocupado antes el puesto al cual es descendido le corresponderá el último sueldo que percibía en dicho puesto, de ser este mayor al sueldo básico del puesto al momento del descenso.

5. Los empleados descendidos deberán cumplir con los requisitos mínimos del puesto que van a ocupar.

6. Cuando el empleado no acepte el descenso por razón de eliminación de su puesto, podrá impugnar la determinación dentro de los diez (10) días laborables siguientes a la fecha de la notificación de la determinación mediante el procedimiento pactado con la Unidad Apropiada para la resolución de quejas y agravios. El empleado no unionado podrá impugnar la determinación dentro de los diez (10) días laborables siguientes a la fecha de la notificación de la determinación ante el Comité de Impugnaciones. La solicitud de impugnación deberá hacerse por escrito a través del portal electrónico del Departamento, por correo certificado, o personalmente ante la Oficina del Comité de Impugnaciones y deberá incluir los fundamentos y cualquier evidencia que la sustente. El término para impugnar la determinación será improrrogable. En cualquier caso, la impugnación no tendrá el efecto de detener la acción de la autoridad nominadora.

Artículo VI. Traslados del Personal No Docente.
Sección 6.1. Objetivos de los Traslados

Los traslados podrán realizarse con los siguientes objetivos:

A. Ubicar empleados en puestos en los que deriven una mayor satisfacción en su trabajo y para promover la productividad en el Departamento.

B. Atender necesidades del servicio y conveniencias del sistema de educación pública y para aliviar o resolver conflictos que entorpezcan la realización de labores en el Departamento tales como:

1. Conflictos por diferencias entre compañeros de trabajo, o miembros de la comunidad escolar

2. situaciones que aconsejen un cambio en el ambiente o en las circunstancias de trabajo de un empleado;

3. por recomendación de un médico;

4. por situación de peligrosidad en el área de trabajo para los empleados relacionados a una situación de maltrato, u Orden de Protección o Asecho u otras circunstancias similares.

C. Por necesidad y conveniencia del servicio en situaciones como las siguientes:

1. Falta de matrícula en una escuela;

2. Eliminación de programas o cambios en la estructura del Departamento;

3. La necesidad de empleados para atender funciones o programas del Departamento o de ofrecer igualdad de oportunidad de servicios educativos.

4. Debido a los conocimientos, experiencias, destrezas o calificaciones especiales de los empleados.

Sección 6.2. Normas para los Traslados

A. El personal con status permanente y probatorio podrá solicitar un trasladado si lo solicita conforme a las normas y los procedimientos que establecerá el Secretario al efecto mediante comunicación oficial.

B. Los traslados no podrán utilizarse como medida disciplinaria, ni efectuarse caprichosa o arbitrariamente.

C. Los traslados no podrán ser onerosos para el empleado, ni afectar su retribución.

D. Los traslados se notificarán a través del correo electrónico o el portal electrónico del Departamento, con no menos de quince (15) días laborables de antelación a la fecha en que será efectivo, expresando brevemente las razones que lo justifican. No obstante, en situaciones de emergencia o en circunstancias imprevistas, podrá hacerse excepción a esta norma.

E. Cuando el empleado no esté de acuerdo con el traslado, podrá impugnar la determinación mediante el procedimiento pactado con la Unidad Apropiada para la resolución de quejas y agravios. El empleado no unionado podrá impugnar la determinación dentro de los diez (10) días laborables siguientes a la fecha de la notificación de la determinación ante el Comité de Impugnaciones. La solicitud de impugnación deberá hacerse por escrito a través del portal electrónico del Departamento, por correo certificado, o personalmente ante la Oficina del Comité de Impugnaciones y deberá incluir los fundamentos y cualquier evidencia que la sustente. El término para impugnar la determinación será improrrogable. En cualquier caso, la impugnación no tendrá el efecto de detener la acción de la autoridad nominadora.

Sección 6.3. Destaques y Designaciones Administrativas.

A Destaque: Se autoriza la asignación temporal de un funcionario o empleado de una agencia de la Rama Ejecutiva o Municipio y viceversa, para brindar servicios mutuos en alguna de dichas jurisdicciones. El funcionario o empleado destacado continuará ocupando el mismo puesto y conservará todos sus derechos como funcionario o empleado de dicha agencia. El destaque es una acción administrativa que permite la maximización en la utilización de los recursos humanos de una manera costo efectiva y en atención al Principio de Mérito. Bajo circunstancias excepcionales, es permisible el uso de este mecanismo entre funcionarios y empleados de la Rama Ejecutiva y demás Ramas del gobierno, siempre que se restituya la retribución pagada al funcionario en destaque por la Rama que lo utiliza, conforme a las directrices que a esos efectos emita la Oficina de Gerencia y Presupuesto. El destaque podría ser utilizado por el término de un (1) año, el cual podrá ser prorrogable de existir la necesidad. No obstante lo anterior y en circunstancias excepcionales, el Gobernador de Puerto Rico o su representante autorizado podrá discrecionalmente, por vía de excepción, autorizar la utilización de este mecanismo entre funcionarios y empleados de la Rama Ejecutiva y demás Ramas de Gobierno cuyas asignaciones presupuestarias para el pago del salario de los referidos funcionarios o empleados públicos provenga del Fondo General del Gobierno de Puerto Rico, sin la necesidad de la restitución antes dispuesta. En caso de que el funcionario destacado sea empleado de una corporación pública o entidad gubernamental cuya nómina proviene de sus propios fondos y es destacado a realizar sus funciones en una Rama de Gobierno o agencia cuya partida de nómina se sufrague del Fondo General del Gobierno de Puerto Rico, así como en aquellos casos en que el Gobernador determine su autorización redundará en beneficio para el Gobierno de Puerto Rico éste podrá autorizar el destaque del funcionario o empleado sin la necesidad de que se realice dicha restitución.

B. Designación Administrativa: es la designación formal y temporal que hace una autoridad nominadora a un empleado para que brinde servicios de igual naturaleza o similar, en otra dependencia de la misma agencia.

C. El Secretario o funcionario que este designe, podrá efectuar una asignación administrativa especial por las siguientes razones:

1. Para atender situaciones especiales que surjan en alguna área del Departamento.

2. Para adiestrar el personal al que se destaque, en otras áreas del Departamento.

3. Cuando medien situaciones que el Secretario estime que se deben atender con urgencia.

4. Cuando la Comisión Estatal de Elecciones haga un reclamo al efecto amparada en las disposiciones pertinentes de la Ley Núm. 78 de 1ro de junio de 2011.

D. El Secretario podrá destacar a empleados del Departamento en otras agencias del Gobierno, cuando considere que las experiencias que adquirirá el empleado en el lugar del destaque, redundarán en beneficio para el Departamento.

E. Si una Agencia o Rama de Gobierno solicita el destaque de un empleado del Departamento, el Secretario podrá autorizar o denegar el mismo luego de evaluar las implicaciones del mismo en el funcionamiento del Departamento.

F. Las asignaciones especiales administrativas no serán utilizadas como medidas disciplinarias.

Artículo VII. Adiestramiento

Sección 7.1. Objetivos

A. Con el propósito de alcanzar los más altos niveles de excelencia, eficiencia y productividad profesional del empleado en el servicio público, el Departamento coordinará cursos, talleres, seminarios de capacitación, adiestramientos, entre otros, siempre que estos redunden en beneficio de los servicios que presta dicho empleado al Departamento, sujeto a la necesidad y disponibilidad de fondos. El Departamento establecerá y divulgará a los empleados la disponibilidad de programas de adiestramiento compulsorio para el personal, así como las guías y requisitos mínimos de cursos de desarrollo profesional y horas de educación continua que deberán cumplir.

B. El Departamento establecerá un sistema de registro de cumplimiento con las horas de adiestramiento para consideraciones de ascensos, evaluaciones, entre otros propósitos.

Artículo VIII. Retención en el Servicio.

Sección 8.1. Seguridad en el Empleo

El objetivo primordial de la retención del servicio es que sean los empleados más aptos los que sirvan al Sistema. Los empleados de carrera con estatus permanente retendrán sus puestos siempre que satisfagan los objetivos, criterios de calidad, productividad, eficiencia, orden, y disciplina, conforme a las métricas, evaluaciones, estándares y criterios establecidos en la Ley Orgánica del Departamento y otras leyes aplicables, así como en los reglamentos y directrices promulgados a esos efectos, en atención a las necesidades del Sistema.

Sección 8.2. Evaluación de Empleados

A. El Departamento, mediante reglamento, creará e implantará un sistema de evaluación de desempeño, productividad, ejecutorias y cumplimiento eficaz con los criterios establecidos, utilizando métricas cuantificables para los empleados. Los supervisores designados vendrán obligados a evaluar a los empleados utilizando el sistema de evaluación sobre desempeño establecido por el Departamento.

B. La prestación de servicios por parte de los empleados y funcionarios del Departamento, no se circunscribe únicamente a la observancia y acatamiento de los deberes y obligaciones requeridos por su puesto, en las leyes y reglamentos. Requieren, además, que la ejecución de sus funciones produzca resultados de excelencia que promuevan un sistema de alta calidad. Los objetivos del sistema de evaluación son los siguientes:

1. Medir la productividad del empleado para asegurar un servicio de calidad en el Sistema y el efecto que su servicio tiene en los resultados de aprovechamiento y clasificación de escuelas.

2. Asegurar que sus labores se enfocan en las prioridades estratégicas del Departamento y la forma en que deben efectuar su trabajo, para que produzca resultados de alto rendimiento.

3. Reconocer y estimular la labor de excelencia de los empleados.

4. Determinar la ubicación de los empleados para la mejor utilización de sus conocimientos, destrezas, habilidades y capacidades, según las necesidades del Sistema.

5. Identificar necesidades de adiestramiento, desarrollo y capacitación del profesional, para su correspondiente atención.

C. Al establecer los sistemas de evaluación, se observará lo siguiente:

1. Se ofrecerá adiestramiento a los supervisores y orientación a los supervisados sobre los sistemas de evaluación que se establezcan.

2. Cada supervisor considerará, conjuntamente con el empleado, el resultado de las evaluaciones.

3. Se establecerán mecanismos internos de revisión que aseguren la mayor objetividad en el proceso de evaluación de los empleados.

4. Se establecerá la periodicidad de las evaluaciones.

5. Se establecerán criterios de productividad y eficiencia para evaluar a los empleados, conforme a las funciones de los puestos y los resultados de su desempeño.

Artículo IX. Separaciones del Servicio del Personal No Docente.

Se podrá separar del servicio a empleados en cualquiera de las siguientes situaciones:

Sección 9.1. Cesantía

Se podrán decretar cesantías de empleados por la eliminación de puestos por falta de trabajo, fondos o como resultado de avances o cambios tecnológicos. La SARH establecerá un Plan de Cesantías el cual deberá disponer que se notificará al empleado sobre la cesantía en un término no menor de treinta (30) días con antelación a su fecha de vigencia. En dicha notificación oficial se le informará, entre otros aspectos, sus derechos como cesanteados.

Sección 9.2. Separación por incapacidad

A. Podrá separarse de su puesto al empleado que se determine que está incapacitado física o mentalmente para desempeñar los deberes esenciales de su puesto. Cuando el Secretario tenga razones fundadas para creer que un empleado del Departamento sufre de incapacidad física o mental, le ordenará a éste que se someta a un examen médico, con un médico de la confianza profesional del Departamento. Mientras tanto, podrá relevar al docente de sus deberes, mediante notificación a esos efectos. Si del dictamen médico resultare que el empleado está física o mentalmente incapacitado para desempeñar las funciones esenciales de su puesto, el Secretario(a) ordenará su separación o cualquier otra medida que estime necesaria para el bienestar y mejor funcionamiento del Sistema.

B. Los siguientes elementos podrán constituir, entre otros, razones para considerar que un empleado esté física o mentalmente incapacitado para desempeñar los deberes de su puesto:

1. baja notable en la productividad;

2. ausentismo marcado por razón de enfermedad;

3. patrón irracional en la conducta del empleado.

Sección 9.3. Separación por accidente de trabajo

La separación por accidente de trabajo procederá cuando el empleado esté inhabilitado por accidente del trabajo y en tratamiento médico en la Corporación del Fondo del Seguro del Estado por un período mayor de doce (12) meses desde la fecha del accidente, o si durante el periodo de doce meses a partir del accidente, el empleado no requiere que se le reponga en su empleo dentro del término de (15) quince días, contados a partir de la fecha en que fuere dado de alta o fuere autorizado a trabajar con derecho a tratamiento, conforme al Artículo 5(a) de la Ley Núm. 45 del 18 de abril de 1935, según enmendada, Ley de Compensaciones por Accidentes del Trabajo.

Sección 9.4. Separación de empleados con status transitorio

Los empleados con status transitorio podrán ser separados de sus puestos por justa causa en cualquier momento, siguiendo el debido proceso de ley.

Sección 9.5. Separación durante el período probatorio

Se podrá separar de su puesto a cualquier empleado de carrera durante el periodo probatorio cuando se determine que sus servicios, hábitos o actitudes no justifican concederle status permanente. Si la separación estuviera fundada en la transgresión de normas de conducta, se podrá proceder a su separación del servicio mediante el procedimiento de destitución, a través de los procesos disciplinarios y cumpliendo con el debido proceso de ley.

Sección 9.6. Separación por incumplimiento de la obligación de rendir planillas

Se podrá separar de su puesto a un empleado cuando se determine que este incumplió con su obligación de rendir la planilla de contribución sobre ingresos ante el Departamento de Hacienda en una o más ocasiones, conforme a las disposiciones de la "Ley de Contribución sobre Ingreso vigente", siguiendo el debido proceso de ley.

Sección 9.7. Separación de Empleados Convictos

El Departamento separará del servicio a cualquier empleado o funcionario que resultase convicto de un delito grave o de cualquier delito que implique depravación o infracción de sus deberes oficiales, a tenor con el Artículo 208 del Código Político del 1902, con el consecuente efecto de la separación inmediata del puesto.

Sección 9.8. Renuncia

Cualquier empleado podrá renunciar a su puesto libremente mediante notificación escrita al Secretario o su representante designado. Esta comunicación se hará con no menos de quince (15) días calendarios de antelación a su último día de trabajo, excepto que el Secretario, o su representante designado, podrá aceptar la renuncia presentada en un plazo menor. Si el empleado ha sido referido a un procedimiento disciplinario o existe contra éste una querella cuya investigación esté en curso, se entenderá su renuncia está denegada automáticamente, excepto que medie una comunicación del Secretario aceptando la misma. De lo contrario, el procedimiento se realizará de forma ordinaria. El Secretario deberá, notificar al empleado si le acepta la misma o si le es rechazada por existir razones que justifiquen se investigue la conducta del empleado.

Una vez aceptada la renuncia, la misma no podrá ser retirada.

Sección 9.9. Separación por Jubilación o Programas de Retiro

A. El personal docente del Departamento que se acoja al beneficio de jubilación u otro programa de retiro ofrecido por el Gobierno de Puerto Rico, deberá notificarlo con anticipación.

B. El personal del Departamento que se acoja al beneficio de jubilación u otro programa de retiro ofrecido por el Gobierno de Puerto Rico debe asegurarse de tener al día sus balances y someter toda la información necesaria a la SARH o a la División de Recursos Humanos de la ORE, según corresponda.

C. Una vez aceptada la jubilación, la misma no podrá ser retirada, salvo que el fundamento para retirar la misma sea una certificación del Sistema de Retiros que establezca un error en el cómputo de tiempo trabajado, en cuyo caso, podrá modificar la fecha de jubilación.

D. El Secretario podrá establecer mediante comunicación oficial las guías y normas para el trámite de jubilación de los empleados.

Sección 9.10. Reconsideración

Si el empleado no estuviere conforme con la separación efectuada, podrá solicitar la reconsideración de la determinación mediante el procedimiento pactado con la Unidad Apropiada para la resolución de quejas y agravios. En el caso de empleados no unionados, podrán solicitar reconsideración ante el Comité de Impugnaciones en el término de diez (10) días contados a partir de la fecha de la notificación de la determinación. La solicitud de reconsideración deberá hacerse por escrito a través del portal electrónico del Departamento, por correo certificado, o personalmente ante la Oficina del Comité de Impugnaciones y deberá incluir los fundamentos y cualquier evidencia que la sustente. Del empleado no quedar satisfecho con la determinación podrá presentar apelación ante la Oficina de Apelaciones del Sistema de Educación (OASE) dentro de los treinta (30) días de haberle sido notificada; siendo dicho término fatal y jurisdiccional. En cualquier caso, la impugnación no tendrá el efecto de detener la acción de la autoridad nominadora.

Sección 9.11. Obligaciones al Cesar como Empleado

A. En todo caso en que un empleado cese en sus funciones por cualquier razón, deberá:

1. Devolver todos aquellos documentos en su posesión que pertenezcan al Departamento.

2. Devolver al Departamento toda la propiedad que esté bajo su custodia, al igual que los trabajos que pudieren estar bajo su responsabilidad, análisis y estudio.

3. Saldar o hacer los arreglos correspondientes en relación con cualquier deuda líquida y exigible que tenga pendiente con el Departamento o con el Gobierno de Puerto Rico, conforme en derecho.

4. Asegurar haber actualizado los sistemas de información y base de datos, según aplique.

5. Asegurarse de transferir, según le sea aplicable, todos los reportes, calificaciones de estudiantes e información pertinente, antes de cesar sus funciones.

6. Proveer un informe de rendición de labores y estatus de asuntos trabajados pendientes o en proceso completar.

B. El Departamento descontará de cualquier partida, ya sea de vacaciones, bono o salario, que el empleado tenga a su favor, cualquier cantidad certificada por el Departamento de Hacienda que el empleado adeude al Estado. Los empleados realizarán las gestiones necesarias para el pago de las deudas que no puedan ser cubiertas con las partidas remanentes.

C. El supervisor inmediato certificará el cumplimiento del empleado con sus obligaciones, lo cual dará base para comenzar a tramitar la solicitud de renuncia o jubilación del empleado. El cumplimiento por las obligaciones aquí establecidas es compulsorio podrá el inicio de los trámite de jubilación o renuncia. El incumplimiento puede dar base a que el Departamento se reserve el derecho de comentar una acción disciplinaria en contra del empleado.

Artículo X. Reinstalaciones.
Sección 10.1. Disposiciones Generales

A. La reinstalación es el derecho de un empleado que tenga o hubiese tenido status permanente, a ser reinstalado en el puesto permanente que ocupaba o a uno similar, por una de las siguientes circunstancias:

1. Por orden emitida por un Tribunal o foro apelativo competente mediante el cual se deja sin efecto la destitución, separación o suspensión de un empleado. También tendrá derecho a reinstalación cuando se cumple el término de una suspensión determinada.

2. Cuando un empleado con estatus permanente en el servicio de carrera pasa al servicio de confianza, luego de expirado el término de su nombramiento o cuando el Departamento no requiera de sus servicios; salvo que su remoción del puesto de servicio de confianza se haya efectuado mediante formulación de cargos.

3. Cuando un empleado en uso de licencia concedida por el Departamento, solicita que se le reinstale a su puesto.

4. Cuando un empleado que haya dejado su puesto para ingresar en el servicio activo con las Fuerzas Armadas solicita que se le reinstale a su puesto.

5. Cuando así lo disponga alguna ley del Congreso de los Estados Unidos o de Puerto Rico.

En todos los casos será responsabilidad del empleado notificar a su supervisor con treinta (30) días de anticipación, su interés de reinstalarse en el puesto, salvo que una orden judicial disponga un término menor. Igualmente, será responsabilidad del supervisor notificar inmediatamente a la SARH o a la División de Recursos Humanos de la ORE, según aplique, para la acción pertinente.

B. Los empleados reinstalados mantendrán el estatus y sueldo correspondiente al puesto que ocupaban y, además, tendrán derecho a los beneficios en términos de clasificación y sueldo que se hayan extendido al puesto de carrera que ocupaba.

Artículo XI. Reingresos
Sección 11.1. Disposiciones Generales

A. Significa la reintegración o el retorno al servicio, mediante certificación, de cualquier empleado regular de carrera, después de haberse separado del servicio por cualquiera de las siguientes causas:

1. incapacidad que ha cesado

2. cesantía por eliminación de puestos

B. Disposiciones que regirán los reingresos:

1. Los empleados regulares que sean cesanteados por eliminación de puestos o por incapacidad (al recuperarse de la misma), podrán solicitar el reingreso dentro de los cinco (5) años a partir de la fecha de su separación.

2. Las personas que soliciten reingreso luego de una determinación de incapacidad, deberán presentar evidencia fehaciente del cese de su incapacidad en su solicitud de reingreso.

3. La Agencia notificará al empleado por escrito la acción tomada en el caso de su solicitud de reingreso.

4. Los nombres de las personas con derecho a reingreso serán incluidos en el Registro de Elegibles que estuviere vigente, correspondiente a la clase de puesto que ocupaban con carácter regular, y se les otorgará 5 puntos adicionales en la adjudicación de puntuación para figurar en el Registro.

5. El caso der seleccionado en reingreso para el puesto, en empleado devengará el mismo salario que tenía al momento de la separación.

Sección 11.2. Rechazo de Solicitudes de Reingreso

Se podrá rechazar una solicitud de reingreso cuando la misma se someta después de haber expirado el término establecido, cuando el candidato no provea la información y los documentos requeridos o por alguna razón que le haga inelegible para el reingreso al servicio público.

Al rechazar una solicitud de reingreso, el Secretario o el representante designado por éste, le notificará al empleado la causa o las causas en que se fundamente su determinación. El empleado podrá solicitar una reconsideración de la decisión ante la SARH, dentro de los diez (10) días laborables siguientes a la fecha de la notificación, explicando los fundamentos para su solicitud. De no quedar satisfecho con la determinación, podrá presentar apelación ante la Oficina de Apelaciones del Sistema de Educación (OASE) dentro de los treinta (30) días de haberle sido notificada la determinación; siendo dicho término fatal y jurisdiccional. En cualquier caso, la impugnación no tendrá el efecto de detener la acción de la autoridad nominadora.

Sección 11.3. Período Probatorio en Casos de Reingresos

Las personas que reingresen al servicio público estarán sujetas al periodo probatorio correspondiente. Sin embargo, el Secretario o su representante designado podrá conferirle status permanente a esos empleados, si el reingreso ocurre dentro del término de un (1) año a partir de la fecha de la separación del servicio.

CAPITULO IV: BENEFICIOS MARGINALES PARA PERSONAL DOCENTE Y NO DOCENTE

Artículo I: Norma General

Los beneficios marginales representan un ingreso adicional para el empleado, seguridad y mejores condiciones de empleo. Se concederán según lo dispuesto por las leyes vigentes al momento en que se otorguen. Constituye parte complementaria de este artículo los beneficios marginales establecidos por diferentes leyes especiales que apliquen. No obstante, al presente, y hasta que otra cosa se disponga por ley, serán los siguientes.

Artículo II. Bonificaciones

Los empleados tendrán derecho a recibir, por concepto del bono de navidad, la cantidad establecida en las leyes vigentes, en cada año en que hayan prestado servicios al Gobierno de Puerto Rico durante por lo menos seis (6) meses y según la disponibilidad de fondos. De conformidad con las disposiciones de la Ley Núm. 85-2018 y la disponibilidad fiscal, el Secretario podrá otorgar incentivos o bonificaciones para la retención de los maestros mejor cualificados y de mayor rendimiento en las áreas de difícil reclutamiento, así como otros incentivos o bonificaciones que se establezcan por ley.

Artículo III. Días Feriados

A. Conforme al Artículo 2.05 de la Ley Núm. 26-2017, todo funcionario o empleado público del Gobierno de Puerto Rico tendrá derecho sólo a los días feriados declarados como tales por el Gobernador(a) de Puerto Rico o por ley. Estos días feriados serán los únicos válidos y ninguno otro contenido en regulación, convenio, acuerdo o uso y costumbre será concedido mientras duren las disposiciones dispuestas por la Ley Núm. 26. El Departamento, por tanto, está impedido de conceder cualquier otro día feriado distinto a los establecidos en la Ley. Al presente, y hasta que otra cosa se disponga por ley, los días que se enumeran a continuación serán los días feriados que disfrutarán todos los empleados públicos:

1. Día de Año Nuevo, que se celebrará el 1 de enero.

2. Día de Reyes, que se celebrará el 6 de enero.

3. Natalicio de Martin Luther King, Jr., que se celebrará el tercer lunes de enero.

4. Día de George Washington, Día de los Presidentes y el Día de los Próceres Puertorriqueños: Eugenio María de Hostos, José de Diego, Luis Muñoz Rivera, José Celso Barbosa, Ramón Emeterio Betances, Román Baldorioty de Castro, Luis Muñoz Marín, Ernesto Ramos Antonini y Luis A. Ferré, que se celebrará el tercer lunes de febrero.

5. Día de la Ciudadanía Americana, que se celebrará el 2 de marzo.

6. Día de Abolición de la Esclavitud, que se celebrará el 22 de marzo.

7. Viernes Santo, cuya celebración es en fechas movibles.

8. Día de la Conmemoración de los Héroes Caídos en Guerra (Memorial Day) que se celebrará el último lunes de mayo.

9. Día de la Independencia de los Estados Unidos, que se celebrará el 4 de julio.

10. Día del Trabajo, que se celebrará el primer lunes de septiembre.

11. Día de la Raza (Descubrimiento de América), que se celebrará el segundo lunes de octubre.

12. Día del Veterano, que se celebrará el día 11 de noviembre.

13. Día de la Cultura Puertorriqueña y el Descubrimiento de Puerto Rico, que se celebrará el 19 de noviembre.

14. Día de Acción de Gracias, que se celebrará el cuarto jueves de noviembre.

15. Día de Navidad, que se celebrará el 25 de diciembre.

Artículo IV. Licencias

Sección 4.1. Normas Generales

A. Todas las licencias deberán solicitarse y procesarse a través de la plataforma provista a esos fines en el portal electrónico del Departamento o a través de los formularios correspondientes.

B. Las licencias cuya concesión sea discrecional y esté sujeta a la evaluación de circunstancias particulares, tales como licencias sin sueldo, licencias deportivas, cualquier solicitud de extensión de licencia, así como todas las licencias de los empleados que se reporten directamente al Nivel Central, serán evaluadas y aprobadas por el Secretario, o el personal que este designe.

C. El empleado no podrá comenzar a disfrutar la licencia solicitada hasta que la misma no haya sido aprobada oficialmente por el Departamento. Se entenderá que el empleado que se ausente sin previa autorización incurrirá en ausencia no autorizada o en abandono de trabajo.

D. Las licencias aquí mencionadas serán las únicas válidas y ninguna otra licencia contenida en regulación, convenio o uso y costumbre será concedida mientras duren las disposiciones de la Ley Núm. 26-2018.

E. A efectos de computar licencias con sueldo, con excepción de la licencia de maternidad, los días de descanso y días feriados no se tomarán en consideración.

F. Los días que se suspendan los servicios públicos por orden del Gobernador se contarán como días libres para el personal que esté en servicio activo, pero no para el personal en disfrute de licencias.

G. El personal docente y no docente cubiertos por este Reglamento acumularán licencia por enfermedad y de vacaciones durante el tiempo que disfruten de cualquier tipo de licencia con sueldo, siempre que se reporten a sus puestos al concluir las mismas. El crédito por la licencia acumulada se hará efectivo cuando el empleado regrese a su trabajo.

H. El Secretario Auxiliar de Recursos Humanos velará porque en la administración del sistema de licencias, éstas no se otorguen para propósitos diferentes a los que las justifican.

I. El Secretario podrá imponer sanciones disciplinarias a empleados que utilicen indebidamente las licencias que se les concedieran.

J. Empleados con nombramientos de duración fija, no podrán disfrutar de licencias por periodos que excedan el término de sus nombramientos.

K. Los días feriados serán considerados para el cómputo de licencias de los empleados que cobran por mes escolar.

L. Las licencias no se utilizarán para propósitos diferentes a los cuales fueron concedidas.

M. Los empleados tienen derecho a disfrutar el exceso de la licencia de vacaciones acumuladas previo a su renuncia, pero cuando no puedan hacerlo por necesidades claras e inaplazables del servicio, se les pagará el importe monetario del balance al descubierto, siempre y cuando no excedan las cantidades establecidas por disposición de ley y este reglamento.

N. Los maestros con status transitorio provisional y transitorio elegible, que vencen sus contratos al finalizar el año escolar, tienen derecho a la transferencia de la licencia por enfermedad de un año a otro, de no producirse una interrupción de más de diez (10) meses en sus servicios. Disponiéndose que el balance no podrá excederse de los límites establecidos por ley. Posterior a los diez meses perderán la licencia acumulada. El maestro que cese en su empleo por renuncia, no tendrá derecho a la transferencia de dichos balances.

O. A los empleados que se les conceda licencia sin sueldo para trabajar en otras agencias o en los municipios se les podrá transferir los balances acumulados por vacaciones y enfermedad.

Sección 4.2. Licencia de vacaciones

A. Personal docente con funciones de enseñanza y de apoyo a la docencia en las escuelas y el especialista en tecnología educativa:

1. El Personal docente con funciones de enseñanza y de apoyo a la docencia a la docencia acumulará cuanto (4) días de vacaciones por cada mes de servicio.

2. La licencia de vacaciones del personal docente con funciones de enseñanza y de apoyo a la docencia se disfrutará, a tenor con las necesidades del Sistema, en armonía con el calendario escolar en el que se desempeñan y fuera del periodo destinado al curso escolar regular que comprenderá diez (10) meses.

3. El personal que no hubiese laborado los diez (10) meses completos del año escolar tendrán derecho a disfrutar la parte proporcional de la licencia que correspondiera al periodo trabajado.

B. Personal docente directivo, administrativo y de supervisón y personal no docente.

1. A partir del 20 de diciembre de 2019 todo el personal directivo, administrativo y de supervisión y para el personal no docente acumulará dos y medio (2½) días de vacaciones por cada mes de servicio, hasta un máximo de sesenta (60) días al finalizar cada año natural.

2. La licencia por vacaciones del personal docente directivo, administrativo y de supervisión y para el personal no docente, se comenzará a acumular una vez el empleado cumpla los tres (3) meses en el empleo y será retroactiva a la fecha de comienzo del empleo.

3. Los empleados a jornada regular reducida o a jornada parcial acumularán licencia de vacaciones de forma proporcional al número de horas en que presten servicios regularmente.

4. Como norma general, la licencia de vacaciones deberá ser disfrutada durante el año natural en que fue acumulada. Cada unidad de trabajo formulará un plan de vacaciones, por cada año natural, en coordinación con los supervisores y los empleados, que establezca el período dentro del cual cada empleado disfrutará de sus vacaciones, en la forma más compatible con las necesidades del servicio. Dicho plan deberá establecerse no más tarde del 31 de diciembre de cada año para que entre en vigor el primero de enero de cada año siguiente. Será responsabilidad de todos los empleados dar cumplimiento estricto al referido plan. Sólo podrá hacerse excepción por necesidad clara e inaplazable del servicio, debidamente certificada.

5. En caso de que los empleados no puedan disfrutar de licencia de vacaciones durante determinado año natural por necesidades del servicio, evidenciada de forma escrita y a requerimiento de su respectivo supervisor, el Departamento realizará los ajustes necesarios para que el empleado disfrute de por lo menos, el exceso de licencia acumulada sobre el límite de

sesenta (60) días, en la fecha más próxima posible dentro del término de los primeros tres (3) meses del siguiente año natural, en la forma y manera que garanticen la normalidad en el funcionamiento del Sistema.

6. El Departamento vendrá obligado a proveer oportunidad para el disfrute de la licencia de vacaciones acumulada, previo al trámite de cualquier separación que constituya una desvinculación total y absoluta del servicio y al trámite de un cambio para pasar a prestar servicios en otra agencia o instrumentalidad pública.

7. El Departamento podrá conceder licencia de vacaciones en exceso de los treinta (30) días, hasta un máximo de sesenta (60) días, en cualquier año natural, a aquellos empleados que tengan licencia acumuladas. Al conceder dicha licencia, se tomarán en consideración las necesidades del servicio y otros factores tales como los siguientes:

a. la utilización de dicha licencia para actividades de mejoramiento personal del empleado, tales como viajes, estudios, etc.;

b. enfermedad prolongada del empleado después de haber agotado el balance de licencia de enfermedad;

c. problemas personales del empleado que requieran su atención personal;

d. si ha existido cancelación del disfrute de licencia por necesidades del servicio y a requerimiento del Departamento;

e. total de licencia acumulado que tiene el empleado.

8. Por circunstancias especiales, se podrá anticipar licencia de vacaciones a los empleados regulares que hayan prestado servicios al Gobierno de Puerto Rico por más de un (1) año, cuando se tenga la certeza de que el empleado se reintegrará al servicio. La licencia de vacaciones así anticipada no excederá de quince (15) días laborables. La concesión de licencia de vacaciones anticipada requerirá en todo caso aprobación previa y por escrito del Secretario o el personal que este designe. Todo empleado a quien se le hubiere anticipado licencia de vacaciones y se separe del servicio, voluntaria o involuntariamente, antes de prestar servicios por el período necesario requerido para acumular la totalidad de la licencia que le fue anticipada, vendrá obligado a reembolsar al Departamento cualquier suma de dinero que le haya sido pagada por concepto de tal licencia anticipada.

9. Uno o más empleados públicos podrán ceder, excepcionalmente, a otro empleado público que trabaje en el Departamento, días acumulados de vacaciones o enfermedad, hasta un máximo de cinco (5) días, según lo dispuesto en la Ley Núm. 44-1996, según enmendada, conocida como "Ley de Cesión de Licencia por Vacaciones", cuando:

a. El empleado cesionario haya trabajado continuamente, el mínimo de un (1) año, con cualquier entidad gubernamental;

b. El empleado cesionario no haya incurrido en un patrón de ausencias injustificadas, faltando a las normas de la entidad gubernamental;

c. El empleado cesionario hubiere agotado la totalidad de las licencias a que tiene derecho, como consecuencia de una emergencia, salvo el caso que el empleado cesionario sea un empleado docente adscrito al Departamento de Educación, quien deberá haber agotado solamente la totalidad de las licencias por enfermedad a que tiene derecho como consecuencia de una emergencia;

d. El empleado cesionario o su representante evidencie, fehacientemente, la emergencia y la necesidad de ausentarse por días en exceso a las licencias ya agotadas;

e. El empleado cedente haya acumulado un mínimo de quince (15) días de licencias por vacaciones o cuando haya acumulado un balance mínimo de doce (12) días de licencias por enfermedad en exceso de la cantidad de días de licencia a cederse;

f. El empleado cedente halla sometido por escrito una autorización accediendo a la cesión, especificando el nombre del cesionario así como la cantidad de días que se le descontarán de sus balances de vacaciones o enfermedad;

g. El empleado cesionario o su representante acepte, por escrito, la cesión propuesta.

h. Cualquier empleado, sea unionado o no unionado, que se desvincule del Departamento, renuncie o se jubile, tendrá derecho al pago de una liquidación final de los días que tenga disponibles, sólo en cuanto al balance de su licencia de vacaciones al momento del cese de servicios, lo cual nunca podrá ser mayor de sesenta (60) días. El empleado podrá autorizar para que se destine dicho balance o exceso preexistente a la aprobación de la Ley 26-2017, a su Sistema de Retiro para que cotice como tiempo trabajado.

Sección 4.3. Licencia por enfermedad

A. A partir del 20 de diciembre de 2019, todo empleado tendrá derecho a acumular por enfermedad a razón de un día y medio (1½) por cada mes de servicio.

B. Los empleados a jornada regular reducida o a jornada parcial acumularán licencia por enfermedad en forma proporcional al número de horas que presten servicios regularmente.

C. La licencia por enfermedad se utilizará cuando el empleado se encuentre enfermo, incapacitado o expuesto a una enfermedad contagiosa que requiera su ausencia del trabajo para la protección de su salud o la de otras personas.

D. Todo empleado podrá disponer de hasta un máximo de cinco (5) días al año de los días acumulados por enfermedad, siempre y cuando mantenga un balance mínimo de doce (12) días, para solicitar una licencia especial con el fin de utilizar la misma en:

1. El cuidado y atención por razón de enfermedad de sus hijos.

2. Enfermedad o gestiones de personas de edad avanzada o con impedimentos dentro del núcleo familiar, entiéndase cuarto grado de consanguinidad, segundo de afinidad, personas que vivan bajo el mismo techo o personas sobre las que se tenga custodia o tutela legal.

a. "Persona de edad avanzada" significará toda aquella persona que tenga sesenta (60) años o más;

b. "Personas con impedimentos" significará toda persona que tiene un impedimento físico, mental o sensorial que limita sustancialmente una o más actividades esenciales de su vida.

3. Las gestiones a realizarse deberán ser cónsonas con el propósito de la licencia de enfermedad; es decir, al cuidado y la atención relacionada a la salud de las personas aquí comprendidas.

4. Primera comparecencia de toda parte peticionaria, víctima o querellante en procedimientos administrativos o judiciales ante todo Departamento, Agencia, Corporación o Instrumentalidad Pública del Gobierno de Puerto Rico, en casos de peticiones de pensiones alimentarias, violencia doméstica, hostigamiento sexual en el empleo o discrimen por razón de género. El empleado presentará evidencia expedida por la autoridad competente acreditativa de tal comparecencia.

E. La licencia por enfermedad se podrá acumular hasta un máximo de noventa (90) días laborables al finalizar cualquier año natural. La licencia por enfermedad se comenzará a acumular una vez cumplan los tres (3) meses en el empleo y será retroactiva a la fecha de comienzo del empleo.

F. El Departamento viene obligado a realizar los ajustes necesarios para que el empleado disfrute de la totalidad de la licencia por enfermedad que tenga acumulada durante cualquier año natural en el momento en que la necesite. El empleado podrá hacer uso de toda la licencia por enfermedad que tenga acumulada durante cualquier año natural.

G. Cuando un empleado se ausente del trabajo por enfermedad por más de tres (3) días, presentará un certificado médico:

1. De que estaba realmente enfermo, expuesto a una enfermedad contagiosa o impedido para trabajar durante el periodo de ausencia.

2. Sobre la enfermedad de sus hijos o hijas.

3. Sobre la enfermedad de personas de edad avanzada o con impedimentos dentro del núcleo familiar, entiéndase cuarto grado de consanguinidad, segundo de afinidad, o personas que vivan bajo el mismo techo o personas sobre las que se tenga custodia o tutela legal.

4. Además del certificado médico, se podrá corroborar la inhabilidad del empleado para asistir al trabajo por razones de enfermedad, por cualquier otro medio apropiado. Lo anterior no se aplicará o interpretará de forma que se vulnere la Ley (ADA) ni la Ley de Licencia Familiar y Médica de 1993, (LLFM).

H. En los casos en que el supervisor inmediato lo juzgue necesario, podrá requerirle al empleado, como medida de comprobación, un certificado médico, aunque se trate de ausencias de menos de tres (3) días.

I. En casos de enfermedad en que el empleado no tenga licencia por enfermedad acumulada, se le podrá anticipar un máximo de dieciocho (18) días laborables a cualquier empleado regular que hubiere prestado servicios al Gobierno de Puerto Rico por un periodo no menor de un (1) año, cuando exista certeza razonable de que éste se reintegrará al servicio. Cualquier empleado a quien se le hubiera anticipado la licencia por enfermedad y se separe del servicio, voluntaria o involuntariamente, antes de haber prestado servicios por el periodo necesario requerido para acumular la totalidad de la licencia que le fue anticipada, vendrá obligado a reembolsar al Gobierno de Puerto Rico cualquier suma de dinero que quedare al descubierto que le haya sido pagada por concepto de dicha licencia.

J. En casos de enfermedad prolongada, una vez agotada la licencia por enfermedad, los empleados podrán hacer uso de toda licencia de vacaciones que tuvieren acumulada, previa autorización del supervisor inmediato. Si el empleado agotase ambas licencias y continuare enfermo, se le podrá conceder licencia sin sueldo. En caso de necesitar cesión de días, tendrá disponible dicho recurso según dispuesto por ley o reglamentación vigente.

K. Ningún empleado que se desvincule del Departamento, renuncie o se jubile tendrá derecho a que se le liquide la licencia por enfermedad.

L. Uno o más empleados públicos podrán ceder, excepcionalmente, a otro empleado público que trabaje en el Departamento, días acumulados de vacaciones o enfermedad, hasta un máximo de cinco (5) días, según lo dispuesto en la Ley Núm. 44-1996, según enmendada, conocida como "Ley de Cesión de Licencia por Vacaciones", cuando:

1. El empleado cesionario haya trabajado continuamente, el mínimo de un (1) año, con cualquier entidad gubernamental.

2. El empleado cesionario no haya incurrido en un patrón de ausencias injustificadas, faltando a las normas de la entidad gubernamental.

3. El empleado cesionario hubiere agotado la totalidad de las licencias a que tiene derecho, como consecuencia de una emergencia, salvo en el caso que el empleado cesionario sea un empleado docente adscrito al Departamento de Educación, quien deberá haber agotado solamente la totalidad de la licencia por enfermedad a que tiene derecho como consecuencia de una emergencia.

4. El empleado cesionario o su representante evidencie, fehacientemente, la emergencia y la necesidad de ausentarse por días en exceso a las licencias ya agotadas.

5. El empleado cedente haya acumulado un mínimo de quince (15) días de licencias por vacaciones en exceso de la cantidad de días de licencia a cederse.

6. El empleado cedente halla sometido por escrito una autorización accediendo a la cesión, especificando el nombre del cesionario así como la cantidad de días que se le descontarán de sus balances de vacaciones o enfermedad;

7. El empleado cesionario o su representante acepte, por escrito, la cesión propuesta.

Sección 4.4. Licencia Especial para Empleados con Enfermedades Graves de Carácter Catastrófico

A. Se establece una Licencia Especial para aquellos empleados que sufran una de las Enfermedades Graves de Carácter Catastrófico enumeradas por la Cubierta Especial de la Administración de Seguros de Salud de Puerto Rico y cualquier otra reglamentación aplicable, de conformidad con la Ley Núm. 28-2018, conocida como la "Ley de Licencia Especial para Empleados con Enfermedades Graves de Carácter Catastrófico".

B. Los empleados podrán disfrutar de una Licencia Especial con paga de hasta un máximo de seis (6) días laborables anuales adicionales a los que tienen derecho por ley.

C. El uso y disfrute de esta Licencia Especial está sujeto a los siguientes términos:

1. No se podrán considerar los días utilizados por esta Licencia Especial para emitir evaluaciones desfavorables al empleado o tomar acciones perniciosas en contra de éste como ejemplo, pero sin limitarse, a

reducciones de jornada laboral, reclasificación de puestos o cambios de turnos.

2. Todo empleado deberá haber agotado su licencia por enfermedad para poder utilizar esta Licencia Especial y ningún patrono podrá obligar a un empleado a disfrutar esta Licencia Especial sin antes haber agotado su licencia por enfermedad.

3. Para poder disfrutar la Licencia Especial, el empleado debe al menos trabajar para el Departamento por un periodo de doce (12) meses y trabajar por lo menos un promedio de ciento treinta (130) horas al mes en dicho periodo.

4. Los seis (6) días anuales concedidos bajo esta licencia podrán ser utilizados en cada año natural y no podrán ser acumulables ni transferibles al siguiente año natural.

5. En caso de que el empleado renuncie o sea separado de su empleo, esta licencia no estará sujeta a una liquidación monetaria a favor del empleado.

6. El uso de la Licencia Especial se considerará tiempo trabajado para fines de la acumulación de todos los beneficios como empleado.

7. El Departamento, a solicitud del empleado, permitirá el uso de los seis (6) días anuales establecidos como parte de esta Licencia Especial, a través de horario fraccionado, flexible o intermitente.

8. El Departamento podrá requerirle al empleado una certificación médica, del profesional de la salud quien ofrezca el tratamiento médico por las Enfermedades Graves de Carácter Catastrófico, en la que certifique que está diagnosticado con alguna de las Enfermedades Graves de Carácter Catastrófico enumeradas en la Cubierta Especial de la Administración de Seguros de Salud y que continúa recibiendo tratamiento médico para dicha enfermedad.

9. El requerimiento de información médica establecido en el inciso anterior, deberá cumplir con toda la protección al derecho de la intimidad y a los principios de confidencialidad establecidos en el "Health Insurance Portability and Accountability Act", también conocida como Ley HIPPA, pero sin limitarse a ésta.

Sección 4.5. Licencia de maternidad

A. La licencia de maternidad comprenderá el periodo de descanso prenatal y post-partum al cual tiene derecho toda empleada embarazada. Igualmente, comprenderá el periodo al cual tiene derecho una empleada que adopte un menor, de conformidad con la legislación aplicable.

B. Toda empleada en estado grávido tendrá derecho a un periodo de descanso de cuatro (4) semanas antes del alumbramiento y cuatro (4) semanas después. Disponiéndose que la empleada podrá disfrutar consecutivamente de cuatro (4) semanas adicionales para la atención y el cuido del menor.

C. Alumbramiento significará el acto mediante el cual la criatura concebida es expelida del cuerpo materno por vía natural, o extraída legalmente de éste mediante procedimientos quirúrgicos-obstétricos. Comprenderá asimismo, cualquier alumbramiento prematuro, el malparto o aborto involuntario, inclusive en este último caso, aquellos inducidos legalmente por facultativos médicos, que sufriere la madre en cualquier momento durante el embarazo.

D. La empleada podrá optar por tomar hasta sólo una (1) semana de descanso prenatal y extender hasta siete (7) semanas de descanso post-partum a que tiene derecho o hasta once (11) semanas, de incluirse las cuatro (4) semanas adicionales para el cuido y atención del menor. En estos casos, la empleada deberá someter al supervisor inmediato una certificación médica acreditativa de que está en condiciones de prestar servicios hasta una semana antes del alumbramiento.

E. Durante el periodo de la licencia de maternidad la empleada devengará la totalidad de su sueldo.

F. En el caso de una empleada con estatus transitorio, la licencia de maternidad no excederá del periodo de nombramiento.

G. De producirse el alumbramiento antes de transcurrir las cuatro (4) semanas de haber comenzado la empleada embarazada a disfrutar de su descanso prenatal, o sin que hubiere comenzado a disfrutar éste, la empleada podrá optar por extender el descanso posterior al parto por un periodo de tiempo equivalente al que dejó de disfrutar de descanso prenatal.

1. La empleada podrá solicitar que se le reintegre a su trabajo antes de expirar el periodo de descanso post-partum, siempre y cuando presente a la agencia certificación médica acreditativa de que está en condiciones de ejercer sus funciones. En este caso se entenderá que la empleada renuncia al balance correspondiente de licencia de maternidad sin disfrutar al que tendría derecho.

2. Cuando se estime erróneamente la fecha probable del alumbramiento y la mujer haya disfrutado de las cuatro (4) semanas de descanso prenatal, sin sobrevenirle el alumbramiento, tendrá derecho a que se extienda el periodo de descanso prenatal, a sueldo completo, hasta que sobrevenga el parto. En este caso, la empleada conservará su derecho a disfrutar de las cuatro (4) semanas de descanso posterior al parto a partir de la fecha del

alumbramiento y las cuatro (4) semanas adicionales para el cuido y atención del menor.

3. En casos de parto prematuro, la empleada tendrá derecho a disfrutar de las ocho (8) semanas de licencia de maternidad a partir de la fecha del parto prematuro y las cuatro (4) semanas adicionales para el cuido y atención del menor.

4. La empleada que sufra un aborto podrá reclamar hasta un máximo de cuatro (4) semanas de licencia de maternidad. Sin embargo, para ser acreedora a tales beneficios, el aborto debe ser de tal naturaleza que le produzca los mismos efectos fisiológicos que regularmente surgen como consecuencia del parto, de acuerdo al dictamen y certificación del médico que la atiende durante el aborto.

5. En el caso que a la empleada le sobrevenga alguna complicación posterior al parto (post-partum) que le impida regresar al trabajo al terminar el disfrute del periodo de descanso post-partum y las cuatro (4) semanas adicionales para el cuido y la atención del menor, la agencia deberá concederle licencia por enfermedad.

En estos casos se requerirá certificación médica indicativa de la condición de la empleada y del tiempo que se estime durará dicha condición. De ésta no tener licencia por enfermedad acumulada, se le concederá licencia de vacaciones. En el caso de que no tenga acumulada la licencia por enfermedad o de vacaciones, se le podrá conceder licencia sin sueldo por el término que recomiende su médico.

6. La empleada que adopte a un menor de edad preescolar, entiéndase un menor de cinco (5) años o menos, que no esté matriculado en una institución escolar, a tenor con la legislación y procedimientos legales vigentes en Puerto Rico o cualquier jurisdicción de los Estados Unidos, tendrá derecho a los mismos beneficios de licencia de maternidad a sueldo completo de que goza la empleada que tiene un alumbramiento. En el caso que adopte a un menor de seis (6) años en adelante, tendrá derecho a la licencia de maternidad a sueldo completo por el término de quince (15) días. Esta licencia comenzará a contar a partir de la fecha en que se reciba al menor en el núcleo familiar, lo cual deberá acreditarse por escrito.

7. La licencia de maternidad no se concederá a empleadas que estén en disfrute de cualquier otro tipo de licencia, con o sin sueldo. Se exceptúa de esta disposición a las empleadas a quienes se les haya autorizado licencia de vacaciones o licencias por enfermedad y a las empleadas que estén en licencia sin sueldo por efecto de complicaciones previas al alumbramiento.

8. La empleada embarazada o que adopte un menor tiene la obligación de notificar con anticipación a la agencia sobre sus planes para el disfrute de su licencia de maternidad y sus planes de reintegrarse al trabajo.

9. El Departamento podrá autorizar el pago por adelantado de los sueldos correspondientes al periodo de licencia de maternidad, siempre que la empleada lo solicite con anticipación correspondiente. De la empleada reintegrarse al trabajo antes de expirar el período de descanso posterior al parto, vendrá obligada a efectuar el reembolso del balance correspondiente a la licencia de maternidad no disfrutada.

10. En caso de muerte del recién nacido previo a finalizar el periodo de licencia de maternidad, la empleada tendrá derecho a reclamar exclusivamente aquella parte del periodo post-partum que complete las primeras ocho (8) semanas de licencia de maternidad no utilizada. Disponiéndose que el beneficio de las cuatro (4) semanas adicionales para el cuido del menor, cesará a la fecha de ocurrencia del fallecimiento del (de la) niño(a). En estos casos, la empleada podrá acogerse a cualquier otra licencia a la cual tenga derecho.

11. La empleada podrá solicitar que se le reintegre a su trabajo antes de expirar el periodo de descanso post-partum, siempre y cuando presente al Departamento certificación médica acreditativa de que está en condiciones de ejercer sus funciones. En este caso se entenderá que la empleada renuncia al balance correspondiente de la licencia de maternidad sin disfrutar al que tendría derecho.

Sección 4.6. Licencia de paternidad

A. La licencia por paternidad comprenderá el periodo de quince (15) días laborables a partir de la fecha del nacimiento del hijo o hija.

B. Al reclamar este derecho, el empleado certificará que está legalmente casado o que cohabita con la madre del menor, y que no ha incurrido en violencia doméstica. Dicha certificación se realizará mediante la presentación del formulario requerido por la agencia a tales fines, el cual contendrá además, la firma de la madre del menor.

C. El empleado solicitará la licencia por paternidad y a la mayor brevedad posible someterá el certificado de nacimiento.

D. Durante el periodo de la licencia por paternidad, el empleado devengará la totalidad de su sueldo.

E. En el caso de un empleado con estatus transitorio, la licencia por paternidad no excederá del periodo de nombramiento.

F. La licencia por paternidad no se concederá a empleados que estén en disfrute de cualquier otro tipo de licencia, con o sin sueldo. Se exceptúa de esta disposición a los empleados a quienes se les haya autorizado licencia de vacaciones o licencia por enfermedad.

G. El empleado que, junto a su cónyuge o persona con quien cohabita, adopte a un menor de edad a tenor con la legislación y procedimientos legales vigentes en Puerto Rico o cualquier jurisdicción de los Estados Unidos, tendrá derecho a una licencia de paternidad que comprenderá el periodo de quince (15) días, a contar a partir de la fecha en que reciba al menor en el núcleo familiar, lo cual debe acreditarse por escrito. Al reclamar este derecho, el empleado certificará que está legalmente casado, en los casos en que aplique, y que no ha incurrido en violencia doméstica, delito de naturaleza sexual y maltrato de menores. Dicha certificación se realizará mediante la presentación del formulario requerido por el Departamento a tales fines, el cual contendrá, además, la firma de su cónyuge.

H. Aquel empleado que, individualmente adopte a un menor de edad preescolar, entiéndase un menor de cinco (5) años o menos que no esté matriculado en una institución escolar, a tenor con la legislación y procedimientos legales vigentes en Puerto Rico o cualquier jurisdicción de los Estados Unidos, tendrá derecho a una licencia de paternidad que comprenderá el periodo de ocho (8) semanas, a contar a partir de la fecha en que se reciba al menor en el núcleo familiar, lo cual debe acreditarse por escrito. En el caso que adopte a un menor de seis (6) años en adelante, tendrá derecho a la licencia de paternidad a sueldo completo por el término de quince (15) días.

I. Al reclamar este derecho el empleado certificará que no ha incurrido en violencia doméstica, ni delito de naturaleza sexual, ni maltrato de menores. Los sub incisos (E), (F) y (G) del presente inciso serán de igual aplicación en los casos en que el empleado solicite los beneficios de la licencia establecida en los párrafos anteriores.

J. El empleado podrá solicitar que se le reintegre a su trabajo antes de expirar el periodo de licencia de paternidad a la que tiene derecho. En este caso, se entenderá que el empleado renuncia al balance correspondiente de licencia de paternidad sin disfrutar al que tendría derecho.

Sección 4.7. Licencia especial con paga para la lactancia

A. Se concederá tiempo a las madres lactantes para que después de disfrutar su licencia de maternidad tengan oportunidad para lactar a sus criaturas, durante una (1) hora dentro de cada jornada de tiempo completo, que podrá ser distribuida en dos (2) periodos de treinta (30) minutos cada uno o en tres (3) periodos de veinte (20) minutos, para acudir al lugar en donde se encuentra la criatura a lactarla, en aquellos casos en que la empresa o el patrono tenga un centro de cuido en sus facilidades o para extraerse la leche materna en el lugar habilitado a estos efectos en su taller de trabajo. Dichos lugares deberán garantizar a la madre lactante privacidad, seguridad e higiene. El lugar debe contar con tomas de energía eléctrica y ventilación. Si la empleada está trabajando una jornada de tiempo parcial y la jornada diaria sobrepasa las cuatro (4) horas, el periodo concedido será de treinta (30) minutos por cada periodo de cuatro (4) horas consecutivas de trabajo.

B. Dentro del taller de trabajo, el periodo de lactancia tendrá una duración máxima de doce (12) meses, contados a partir de la reincorporación de la empleada a sus funciones.

C. Las empleadas que deseen hacer uso de este beneficio deberán presentar al supervisor una certificación médica, durante el periodo correspondiente al cuarto (4to.) y octavo (8vo.) mes de edad del infante, donde se acredite y certifique que está lactando a su bebé. Dicha certificación deberá presentarse no más tarde de cinco (5) días antes de cada periodo. Disponiéndose que se designará un área o espacio físico que garantice a la madre lactante privacidad, seguridad e higiene, sin que ello conlleve la creación o construcción de estructuras físicas u organizacionales, supeditado a la disponibilidad de recursos del Departamento.

Sección 4.8. Licencias sin sueldo

A. En el caso en que a un empleado se le conceda una licencia sin sueldo, no será menester que este agote la licencia de vacaciones que tenga acumulada antes de comenzar a utilizar la licencia sin sueldo.

B. En el caso que cese la causa por la cual se concedió la licencia, el empleado deberá reintegrarse inmediatamente a su empleo o notificar a su supervisor sobre las razones por las que no está disponible, o su decisión de no reintegrarse al empleo que ocupaba.

C. Se podrán conceder licencias sin sueldo a empleados de carrera con estatus regular:

1. que estén sufriendo de una enfermedad prolongada y hubiese agotado las licencias por enfermedad y vacaciones.

2. para completar estudios que redunden en el mejoramiento del conocimiento y destrezas requeridas al empleado para el mejor desempeño de sus funciones, así como para su crecimiento en el servicio público.

3. para prestar servicios en otras agencias del Gobierno de Puerto Rico o entidad privada.

4. para prestar servicios por el término máximo de dos (2) años a Entidades Educativas Certificadas que operen una Escuela Pública Alianza, de

conformidad con una Carta Constitutiva, según los términos establecidos en la Ley 85-2018.

5. para proteger el estatus o los derechos a que pueden ser acreedores en casos de:

    a. Una reclamación de incapacidad ante el Sistema de Retiro del Gobierno de Puerto Rico u otra entidad, y el empleado hubiere agotado su licencia por enfermedad y de vacaciones.

    b. Haber sufrido el empleado un accidente de trabajo y estar bajo tratamiento médico con la Corporación del Fondo del Seguro del Estado o pendiente de cualquier determinación final respecto a su accidente, y éste hubiere agotado su licencia por enfermedad y licencia de vacaciones.

6. que lo soliciten luego del nacimiento de un(a) hijo(a). Disponiéndose que ese tipo de licencia sin paga podrá concederse por un periodo de tiempo que no excederá de seis (6) meses, a partir de que ésta sea autorizada.

7. que pasen a prestar servicios como empleado de confianza en la Oficina del Gobernador o en la Asamblea Legislativa, mientras estuviese prestando dichos servicios.

8. que han sido electos en las elecciones generales o sean seleccionados para cubrir las vacantes de un cargo público electivo en la Rama Ejecutiva o Legislativa, incluyendo los cargos de Comisionado Residente en los Estados Unidos y Alcalde, mientras estuviere prestando dichos servicios.

D. Una licencia sin sueldo podrá concederse por un periodo no mayor de un (1) año, excepto que podrá prorrogarse a discreción del Secretario, cuando exista una expectativa razonable de que el empleado se reintegrará a su trabajo.

E. El Secretario podrá cancelar una licencia sin sueldo en cualquier momento, de determinarse que la misma no cumple con el propósito para el cual se concedió. En este caso se deberá notificar al empleado con cinco (5) días de anticipación la cancelación y los fundamentos de la misma.

F. El empleado en licencia sin sueldo le notificará al Departamento cualquier cambio en la situación que motivó la concesión de la misma, dentro de los cinco (5) días siguientes a la ocurrencia del cambio o su decisión de no reintegrarse al trabajo y dar por terminada su licencia.

G. No se concederán de forma automática licencias sin sueldo a un empleado del Departamento, para ocupar otro puesto en el Departamento. El Departamento evaluará la viabilidad de la concesión, a la luz de las necesidades del servicio y particularmente, las necesidades educativas de los estudiantes.

H. La concesión de una licencia sin sueldo no libera al empleado de cumplir compromisos de trabajo. En el caso de maestros del salón de clase, el empleado dejará preparadas las lecciones con instrucciones específicas para los estudiantes y en los demás casos, los empleados adelantarán sus tareas a fin de que su ausencia no ocasione inconvenientes.

Sección 4.9. Licencias especiales

Se concederán a los empleados las siguientes licencias especiales por causa justificada, con o sin paga, según fuera el caso. Disponiéndose que las referidas licencias se regirán por las leyes especiales que las otorgan.

A. Licencia para servir como testigo – No se podrá descontar del salario o de la licencia de vacaciones o por enfermedad, los días y horas que un empleado debidamente citado por el Ministerio Fiscal o por un tribunal, emplee en comparecer como testigo en un caso criminal.

B. Licencia para servicio de jurado - Todo empleado que sea citado a comparecer como jurado tendrá derecho a disfrutar de una licencia con paga y a recibir compensación por el Departamento, por alimentación y millaje, como si se tratara de una gestión oficial de tal empleado o funcionario.

C. Fines judiciales - Todo empleado citado oficialmente para comparecer ante cualquier Tribunal de Justicia, Fiscalía, organismo administrativo, gubernamental o agencias de gobierno, tendrá derecho a disfrutar de licencia con paga, por el tiempo que estuviese ausente de su trabajo con motivo de tales citaciones.

D. Licencia para donar sangre – Se concede una licencia con paga, por un periodo de cuatro (4) horas al año para acudir a donar sangre.

E. Licencia para asistir a la escuela de sus hijos(as) – Todo empleado tendrá derecho a cuatro (4) horas laborables, sin reducción de paga ni de sus balances de licencias, durante el comienzo de cada semestre escolar y cuatro (4) horas laborables al final de cada semestre escolar para comparecer a las instituciones educativas donde cursan estudios sus hijos y conocer sobre el aprovechamiento escolar de éstos. No obstante a lo anterior, todo empleado cuyos hijos se encuentren registrados en el Programa de Educación Especial del Departamento tendrá hasta diez (10) horas por semestre para que puedan acudir a realizar gestiones relacionadas con sus hijos.

F. Licencia deportiva sin sueldo – Se concede una licencia deportiva sin sueldo para todo empleado que esté debidamente seleccionado y certificado por la Junta para el Desarrollo del Atleta Puertorriqueño de Alto Rendimiento a Tiempo Completo (la Junta), como atleta en entrenamiento y entrenador para juegos Olímpicos, Paralímpicos, Panamericanos, Centroamericanos y Campeonatos Regionales o Mundiales. Esta licencia tendrá una duración de hasta un (1) año con derecho a renovación siempre y cuando tenga la aprobación de la Junta y le sea notificado al patrono en o antes de treinta (30) días de su vencimiento. Mediante esta licencia los atletas y entrenadores elegibles podrán ausentarse de sus empleos sin pérdida de tiempo y se les garantizará el empleo sin que se le afecten los beneficios y derechos adquiridos durante el periodo en que estuviera participando en dichos entrenamientos y/o competencias. Durante el periodo de la licencia la Junta será responsable de los salarios de los participantes. Por lo tanto, la Junta hará llegar al Departamento aquella cantidad correspondiente a las deducciones legales que hasta ese momento se le hacía al empleado, de manera que el Departamento pueda continuar cubriendo los pagos correspondientes a dichas aportaciones.

G. Licencia deportiva especial - Se establece una licencia especial para todo empleado que esté debidamente certificado por el Comité Olímpico de Puerto Rico como deportista para representar a Puerto Rico en Juegos Olímpicos, Juegos Paralímpicos, Juegos Panamericanos, Centroamericanos o en campeonatos regionales o mundiales. La licencia deportiva especial tendrá una duración acumulativa que no será mayor de treinta (30) días laborables por año natural.

H. Licencia para renovar la licencia de conducir – todo empleado podrá utilizar hasta dos (2) horas de su jornada de trabajo, sin cargo a licencia alguna y con paga, para renovar su licencia de conducir.

I. Licencia voluntaria de servicios de emergencia – Todo empleado que sea un voluntario certificado en servicios de desastres de la Cruz Roja Americana, podrá ausentarse de su trabajo con una licencia con paga por un período que no exceda treinta (30) días calendario en un período de doce (12) meses para participar en funciones especializadas de servicios de desastre de la Cruz Roja Americana.

1. La licencia se otorgará siempre y cuando los servicios del funcionario sean solicitados por la Cruz Roja Americana y luego de la aprobación del supervisor. La Cruz Roja Americana expedirá al empleado una certificación de los servicios prestados y el tiempo de duración de esa prestación. Esa certificación la presentará el empleado al supervisor.

J. Licencia militar - Todo empleado que pertenezca a la Guardia Nacional de Puerto Rico o a las Reservas Organizadas de las Fuerzas Armadas de los Estados Unidos tendrá derecho a que se le conceda hasta un máximo de treinta (30) días de licencia con sueldo cada año cuando estuvieren prestando servicio militar, como parte de entrenamiento o para que asista a los campamentos y ejercicios que le sean requeridos. Todo funcionario y empleado del Gobierno de Puerto Rico o sus subdivisiones políticas, agencias y corporaciones públicas, que sea miembro de las Fuerzas Militares de Puerto Rico y que sea llamado por el Gobernador de Puerto Rico al Servicio Militar Activo Estatal por cualquier situación de emergencia, desastre natural o situaciones provocadas por el hombre, tendrá derecho a licencia militar con paga durante el primer mes de cada periodo de activación. De extenderse el periodo de activación por un término mayor de treinta (30) días se concederá licencia militar sin paga por todo el periodo en que permanezca activo. Así también conservará, durante el periodo de activación, todos los beneficios marginales que habían sido concedidos por el patrono y que estuviere disfrutando al momento de la activación. Estos beneficios se retendrán bajo los mismos términos y condiciones existentes, previas a dicha activación.

K. Licencia para vacunar a sus hijos - Se concede hasta un máximo de dos (2) horas a todo empleado que así lo solicite, para vacunar a sus hijos en una institución gubernamental o privada, cada vez que sea necesaria la vacunación, según se indica en la tarjeta de inmunización del hijo. El empleado debe presentar una certificación del lugar, fecha y hora en que sus hijos fueron vacunados, con el fin de justificar el tiempo utilizado, según se establece para este tipo de licencia. De lo contrario, el tiempo utilizado se cargará a tiempo compensatorio, licencia de vacaciones o se descontará del sueldo.

L. *Federal and Medical Leave Act* (en adelante "FMLA" por sus siglas en inglés) - Nada de lo dispuesto en este Reglamento afectará los derechos otorgados por el FMLA a los empleados del Departamento que por ley federal estén cobijados por sus disposiciones en la actualidad.

Artículo V. Expedientes de Personal

Sección 5.1. Custodia de los expedientes

A. La SARH será responsable de la conservación y mantenimiento de todos los Expedientes de Empleados bajo su custodia. Los empleados serán responsables de informar a la SARH sobre cualquier cambio que se le deba hacer a su expediente de personal.

B. En cada unidad de trabajo existirá un Expediente Administrativo Interno de cada uno de sus empleados que será preparado y custodiado por los supervisores del área.

Sección 5.2. Clasificación de los Expedientes

Los Expedientes de los Empleados se clasificarán como activos e inactivos. Se considerarán expedientes activos los correspondientes a empleados que se mantengan vinculados al servicio e inactivos los de los empleados que se hubieran desvinculado del servicio.

Sección 5.3. Contenido de los expedientes

A. A todo empleado al que se le extienda un nombramiento se le creará un expediente de personal que contendrá su historial completo desde la fecha de su ingreso al Sistema, hasta el momento de su separación definitiva. La SARH determinará la información específica y documentación que formará parte del expediente, incluyendo, pero sin limitarse a:

1. Copia autenticada del certificado de nacimiento.

2. Juramento de Fidelidad y toma de posesión del cargo.

3. Evaluaciones del empleado

4. Informes de cambios en cuanto a estatus, sueldo, clasificación, etc.

5. Certificaciones de servicios prestados al Gobierno.

6. Cartas de reconocimiento por altas ejecutorias, excelencia en el servicio o mejoras administrativas.

7. Certificaciones de adiestramientos y educación continua.

8. Comunicaciones sobre ascensos, traslados y descensos.

9. Récords de accidentes por causas ocupacionales.

10. Documentos que reflejen acciones disciplinarias, así como decisiones de foros apelativos.

11. Certificado de antecedentes penales de la Policía de Puerto Rico.

12. Cartas de enmiendas a documentos que formen parte del expediente.

13. Evidencia de ausencias y tardanzas.

14. Evidencia preparación académica.

15. Certificado regular del puesto al que fue nombrado, si aplica.

16. Notificación de nombramiento.

17. Documentos incluidos en la solicitud de ingreso.

18. Toda transacción de recursos humanos efectuada.

B. El Expediente Administrativo Interno de cada unidad de trabajo, contendrá información básica de los empleados, así como el registro de toda incidencia relacionada a los procedimientos disciplinarios.

Sección 5.4. Examen de los Expedientes

A. Cada uno de los expedientes de personal tendrá carácter confidencial y podrá ser accedido o examinado únicamente con fines oficiales o cuando el empleado lo autorice o lo ordene un Tribunal competente.

B. Los empleados tendrán derecho a examinar su expediente en presencia del custodio de los mismos o su representante. Para ello deberá someter la solicitud correspondiente con por lo menos cinco (5) días laborables de antelación ante la SARH o la División de Recursos Humanos de cada ORE, según corresponda. En caso de que no pudiera asistir personalmente al examen del expediente, el empleado podrá designar por escrito un representante.

C. Los empleados podrán obtener un reporte de lo que comprende su expediente o copia de los documentos contenidos en sus expedientes físicos mediante el pago del costo de reproducción, más cualesquiera otros derechos que por ley se exigieran. Las solicitudes de copia se harán por escrito con no menos de quince (15) días laborables de antelación.

D. Los Expedientes Administrativos Internos también tendrán carácter confidencial y podrán ser accedidos o examinados únicamente con fines oficiales o cuando el empleado lo autorice o lo ordene un Tribunal competente.

Sección 5.5. Conservación y Disposición de los Expedientes

A. La SARH o la División de Recursos Humanos de la ORE, según corresponda, conservarán, mantendrán y custodiarán todos los expedientes de empleados activos e inactivos. La disposición de los expedientes de los empleados se hará conforme a las siguientes normas:

1. En el caso de empleados que se separen del servicio por cualquier causa, se retendrán y conservarán sus expedientes inactivos. La disposición final se hará conforme a las normas del Reglamento para la Administración del Programa de Conservación y Disposición de Documentos Públicos en la Rama Ejecutiva.

2. En el caso de que un empleado que se haya separado del servicio y se reintegre a un puesto en el Departamento, se reactivará el expediente y se incorporarán los documentos subsiguientes que correspondan a la reanudación y continuación de sus servicios, a fin de que todo el historial del empleado en el servicio público se conserve en un solo expediente. Si otra agencia solicita el expediente del empleado por razón de que éste se haya reintegrado al servicio, se le remitirá copia fiel y exacta certificada del expediente del empleado a dicha agencia en un período no mayor de treinta (30) días a partir de la fecha de la solicitud.

3. Si el empleado separado solicitara una pensión de un Sistema de Retiro del Gobierno de Puerto Rico, tal sistema podrá solicitar el expediente del ex-empleado y el Departamento le remitirá copia del mismo en un período no mayor de treinta (30) días a partir de la fecha de la solicitud.

B. El Departamento promoverá la digitalización de todos los expedientes de personal del Departamento y la creación de expedientes electrónicos de empleados.

CAPITULO IV: OTRAS DISPOSICIONES RELATIVAS A LA ADMINISTRACIÓN DE PERSONAL

Artículo I. Retribución

El aspecto retributivo del personal del Departamento se regirá por las disposiciones contenidas en las leyes especiales sobre la materia y el Plan de Clasificación y Retribución del Departamento.

Artículo II. Diferenciales

A. Es una compensación temporera especial, adicional y separada del sueldo regular del empleado, que se concede para mitigar circunstancias que de otro modo pudrían considerarse onerosas para el empleado. Los diferenciales se podrán conceder:

1. **Condiciones Extraordinarias-** Las condiciones extraordinarias son aquellas que requieren mayor esfuerzo, conocimiento especializado o destrezas para el empleado. El diferencial por estas funciones debe representar un ahorro, debido a que remplaza la necesidad de reclutar un empleado adicional para realizar estas funciones o tareas adicionales.

2. **Interinato-** situación de trabajo temporero en la que el empleado desempeña todas las funciones esenciales de puesto superior al que ocupa en propiedad. En este caso, serán requisito las siguientes condiciones: haber desempeñado las funciones sin interrupción por treinta (30) días o rnás; haber sido designado oficialmente a ejercer las funciones interinas por el director del departamento u oficina y cumplir los requisitos de preparación académica y experiencia del puesto cuyas funciones desempeña interinamente. El empleado interino podrá ser relevado del interinato en cualquier momento que así lo determine el director de departamento u oficina. En tales circunstancias el empleado regresará a su puesto anterior y recibirá el sueldo que devengaba antes del interinato, excepto cuando el empleado haya desempeñado funciones interinas de supervisión por doce (12) meses o más. En este caso, se le concederá un aumento salarial equivalente a un tipo retributivo el su puesto, siempre que la situación fiscal así lo permita.

B. Ningún diferencial concedido podrá ser considerado como parte integrar del sueldo regular del empleado para fines del cómputo para la liquidación de licencias, ni para el cómputo de la pensión de retiro.

Artículo III. Recesos

El Gobernador de Puerto Rico o el Secretario dispondrá, mediante comunicación oficial, los recesos académicos o administrativos que entienda necesarios para la mejor operación del calendario escolar y de la Agencia, en atención a las disposiciones de ley aplicables en cuanto a los descuentos a las licencias correspondientes.

Artículo IV. Prohibición de Nepotismo

A. No se efectuarán nombramientos a puestos transitorios o regulares en una escuela a personas dentro del cuarto grado de consanguinidad o segundo grado de afinidad con el Director de Escuela o con miembros del consejo escolar de dicha escuela, excepto que medie la dispensa correspondiente de la Oficina de Ética Gubernamental. Esta disposición no aplicará a aquellos maestros reclutados por estricto orden del Registro de Turnos.

B. No se efectuarán nombramientos para el puesto de Director de Escuela o de otro personal de la ORE, de personas dentro del cuarto grado de consanguinidad o segundo grado de afinidad con el Superintendente Regional que corresponda, excepto que medie la dispensa correspondiente de la Oficina de Ética Gubernamental. En los casos que medie una dispensa, el Superintendente de la ORE que corresponda, deberá inhibirse del proceso de reclutamiento.

Artículo V. Prohibición Durante Período Eleccionario.

A. A los fines de asegurar la fiel aplicación del Principio de Mérito en el servicio público durante el período pre y post eleccionarios, las Autoridades Nominadoras de las agencias, instrumentalidades y corporaciones públicas del Gobierno de Puerto Rico se abstendrán de efectuar transacciones de personal que incluya las áreas esenciales al Principio de Mérito, tales como nombramientos, ascensos, descensos, traslados; tampoco podrán efectuar cambios o acciones de retribución, ni cambios de categoría de puestos, ni se utilizará la movilidad de empleado durante la veda electoral. Disponiéndose que durante dicho período tampoco pueda tramitarse ni registrarse en los expedientes de personal cambios o acciones de personal de ninguna índole con efectivo retroactivo. Se exceptúan de la veda los cambios corno resultado de la determinación del período probatorio y la imposición de medidas disciplinarias. El incumplimiento de esta disposición conllevará la nulidad de la transacción efectuada. Esta prohibición comprenderá el período de dos (2) meses antes y dos (2) meses después de la celebración de las Elecciones Generales de Puerto Rico. Previa aprobación de la oficina, se podrá hacer excepción de esta prohibición por necesidades urgentes e inaplazables del servicio debidamene evidenciado y certificado conforme a las normas que sobre este particular emita la Oficina. Para efecto de este Artículo, necesidad urgente e inaplazable se entiende como aquellas acciones esenciales o indispensables que son menester efectuar en forma apremiante para cumplir con las funciones de la agencia, instrumentalidad o corporación pública. No incluye aquellas acciones que resulten meramente convenientes o ventajosas, cuya solución puede aplazarse hasta que se realice el trámite ordinario.

Artículo VI. Oficina de Apelaciones del Sistema de Educación

Las determinaciones finales sobre asuntos de personal serán revisadas, a solicitud de parte, en la Oficina de Apelaciones del Sistema de Educación, la cual tendrá jurisdicción primaria para atenderlas.

CAPÍTULO V: DISPOSICIONES FINALES

Artículo I. Definiciones

A. Para propósitos de este Reglamento, los siguientes términos utilizados tendrán el significado que se indica a continuación, a menos que de su contexto se desprenda otro distinto:

1. Acción Disciplinaria: Sanción recomendada por el supervisor inmediato del empleado e impuesta por el Secretario. La sanción impuesta formará parte del expediente de personal del empleado. Las sanciones a aplicarse consistirán en amonestaciones escritas, suspensión de empleo, suspensión de empleo y sueldo o destitución.

2. Agencia: Significará el conjunto de funciones, cargos y puestos que constituyen toda la jurisdicción de una autoridad nominadora, independientemente de que se le denomine "departamento", "corporación pública", "oficina", "comisión", "junta" o de cualquier otra forma.

3. Áreas Esenciales al Principio de Mérito: Se refiere a las siguientes áreas de clasificación de puestos; reclutamiento y selección de personal; ascensos, descensos, traslados, adiestramientos; y retención en el servicio.

4. Ascensos: Constituye el cambio de un empleado de un puesto de una clase a un puesto de otra clase con funciones y salario básico superior.

5. Antigüedad: Periodo de tiempo ininterrumpido de labor que realiza un empleado que comienza a computarse desde el día en que es efectiva la permanencia en la categoría o clase en el servicio de carrera.

6. Autoridad Nominadora: Secretario del Departamento de Educación Pública.

7. Categoría o Categorías de los Puestos: Clasificación de trabajo establecida sobre la base de preparación académica y especialidad, y las funciones de ser realizadas.

8. Certificación de elegibles: nombres de los candidatos que estén en turno de certificación dentro del Registro de Turnos. Estos candidatos van a ser referidos para entrevista con la autoridad nominadora donde exista la vacante.

9. Cesantía: Separación del servicio impuesta a un empleado debido a la eliminación de su puesto por falta de trabajo, fondos o como resultado de avances o cambios tecnológicos; o a la determinación de que está física o mentalmente incapacitado para desempeñar los deberes de su puesto.

10. Clase: Grupo de puestos cuyos deberes, autoridad y responsabilidad sean de tal modo semejante que puedan razonablemente denominarse con el mismo título, exigirle a su incumbente los mismos requisitos y aplicársele la misma escala retributiva bajo las mismas condiciones de trabajo.

11. Comité de Impugnaciones: Funcionarios designados por el Secretario para atender en primera instancia las reclamaciones de los empleados sobre las transacciones de personal del Departamento.

12. Condiciones Extraordinarias: Situación de trabajo temporera que requiere mayor esfuerzo o riesgo para el empleado, mientras lleva a cabo las funciones de su puesto.

13. Convenio Colectivo: Acuerdo firmado entre el Departamento de Educación y el sindicato representante de la Unidad Apropiada.

14. Convocatoria: Publicación que anuncia los puestos vacantes vigentes o aplicables por determinado periodo en el Departamento. Contiene los requisitos mínimos, el tipo de examen y el resto de la información necesaria para divulgar o anunciar la oportunidad para ocupar el puesto.

15. Convocatoria Externa: Publicación electrónica que anuncia al público en general los puestos vacantes vigentes o aplicables por determinado periodo.

16. Convocatoria Interna: Publicación electrónica que anuncia los puestos vacantes vigentes o aplicables por determinado periodo para ser ocupados por personal interno de la Rama Ejecutiva.

17. Departamento: Departamento de Educación de Puerto Rico.

18. Descensos: Cambio de un empleado de un puesto en una clase a un puesto en otra clase con funciones y salario básico de un nivel inferior.

19. Designación Administrativa: Es la designación forma y temporal que hace una autoridad nominadora a un empleado para que brinde servicios de igual naturaleza o similar, en otra dependencia de la misma agencia.

20. Destaque: La asignación temporal autorizada de un funcionario e empleado de una agencia de la Rama Ejecutiva o municipio y viceversa, para brindar servicios mutuos en alguna de dichas jurisdicciones.

21. Destitución: Separación total y absoluta del servicio impuesto a un empleado como medida disciplinaria por justa causa.

22. Diferencial: Compensación especial y adicional, separada del sueldo base, que se podrá conceder cuando existan condiciones extraordinarias no permanentes o cuando un empleado se desempeñe interinamente en las funciones propias de un puesto con funciones de nivel superior, siempre que la situación fiscal lo permita. Ningún diferencial concedido podrá ser considerado como parte del salario base regular del empleado para fines del cómputo para la liquidación de licencias, ni para el cómputo de la pensión de retiro.

23. Docente Transitorio elegible: Empleado nombrado por un término fijo en un puesto para el cual posee certificado regular de maestro para la categoría correspondiente al puesto que ocupa.

24. Docente Transitorio provisional: Empleado docente nombrado por un término fijo en un puesto para el cual no posee certificado regular de maestro para la categoría correspondiente al puesto que ocupa.

25. Empleado Permanente: Empleado en el servicio de carrera que ha completado satisfactoriamente el período de prueba que establece su clasificación o la ley que regula la permanencia del puesto.

26. Empleado Probatorio: Empleado que está en período de adiestramiento y prueba, sujeto a evaluaciones periódicas en el desempeño de sus deberes. Durante dicho período el empleado no adquiere ningún derecho propietario sobre el puesto.

27. Elegibles: Persona cualificada para nombramiento en el servicio público.

28. Enfermedades Graves de Carácter Catastrófico: Aquella enfermedad enumerada en la Cubierta Especial de la Administración de Seguros de Salud de Puerto Rico ("ASES"), según esta sea enumerada, de tiempo en tiempo, la cual actualmente incluye las siguientes enfermedades graves: (1) Síndrome de Inmunodeficiencia Adquirida (SIDA); (2) Tuberculosis; (3) Lepra; (4) Lupus; (5) Fibrosis Quística; (6) Cáncer; (7) Hemofilia; (8) Anemia Aplástica; (9) Artritis Reumatoide; (10) Autismo; (11) Post Trasplante de Órganos; (12) Esclerodermia; (13) Esclerosis Múltiple; (14) Esclerosis Lateral Amiotrófica (ALS); y (15) Enfermedad Renal Crónica en los niveles 3,4 y 5.

29. Examen: Prueba escrita, oral, física, de ejecución, evaluaciones de experiencia y preparación, entre otros criterios objetivos, el conjunto de los cuales determinará la elegibilidad de un candidato para un puesto.

30. Expediente de Empleado: Conjunto de documentos bajo la custodia de la Secretaría Auxiliar de Recursos Humanos del Nivel Central que contiene el historial completo de cada empleado desde la fecha de su ingreso al Sistema, hasta el momento de su separación definitiva.

31. Expediente Administrativo Interno: Conjunto de documentos bajo la custodia del supervisor de una unidad de trabajo que contiene información básica de los empleados de dicha unidad, así como aquellos documentos relacionados con las medidas correctivas impuestas.

32. Gobierno: Gobierno de Puerto Rico y sus agencias como se definen en este Reglamento.

33. Interinato: Son los servicios temporeros que rinde un empleado de carrera o confianza en un puesto cuya clasificación es superior a la del puesto para el cual tiene nombramiento oficial, en virtud de una designación escrita de parte de la autoridad nominadora o su representante autorizado y en cumplimiento con las demás condiciones aplicables.

34. Jornada de Trabajo: Periodo de tiempo diario y semanal que trabajan los empleados.

35. Maestro: Personal que realiza labor de carácter docente y que posee el certificado de maestro que le autoriza a trabajar como tal.

36. Medida Correctiva: Exhortación verbal o advertencia escrita que hace el supervisor al empleado, cuando este incurre o reincide en alguna infracción a las normas de conducta establecidas.

37. Necesidades del Servicio: Abarca tanto situaciones imperiosas e inevitables en que la libertad de acción es casi ninguna y no existe otro curso de acción, como aquellas medidas útiles y aconsejables para el mejor funcionamiento del Sistema.

38. Nombramiento: Designación oficial de una persona para realizar determinadas funciones.

39. Normas de Reclutamiento: Determinaciones en cuanto a requisitos mínimos y el tipo de examen requerido para el ingreso a una categoría o clase de puesto.

40. OATRH: Oficina de Administración y Transformación de los Recursos Humanos del Gobierno de Puerto Rico.

41. Oficina de Apelaciones del Sistema de Educación (OASE): Oficina compuesta por jueces administrativos contratados por el Departamento con

jurisdicción primaria para atender apelaciones sobre determinaciones finales de asuntos de personal efectuadas por el Departamento. Eso incluirá revisión de las determinaciones en las siguientes áreas del principio del mérito, retribución, reingreso e imposición de acciones disciplinarias que conlleven destitución, suspensión de empleo o sueldo o amonestación formal.

42. Oficina Regional Educativa (ORE): Unidad funcional del Departamento bajo la dirección de un Superintendente Regional, a cargo de ejecutar labores académicas y administrativas sobre las escuelas comprendidas en su región.

43. Persona con Impedimento: significará toda persona con un impedimento de naturaleza motora, mental o sensorial, que le obstaculice o limite sustancialmente una o más de las actividades principales de la vida; que tiene historial de algún impedimento o es considerada una persona con tal impedimento.

44. Personal Docente: Los maestros, directores de escuelas, bibliotecarios, orientadores, facilitadores docentes, trabajadores sociales, y otro personal con funciones directivas, administrativas y de supervisión en el Sistema de Educación Pública, que posean certificados docentes expedidos conforme a la ley.

45. Personal docente con funciones de enseñanza: Incluye a maestros de salones de clases y maestros especiales.

46. Personal docente con funciones de apoyo a la docencia: Incluye al personal docente con funciones de ayuda al estudiante, tales como trabajadores sociales, orientadores, consejeros y bibliotecarios.

47. Plan de Clasificación o de Valoración de Puestos: El sistema mediante el cual se estudia, analiza y ordena en forma sistemática, los diferentes puestos que integran la organización del Departamento formando clases y series de clases.

48. Plan de Retribución: Sistema de escalas salariales establecidas mediante reglamento para retribuir los servicios de carrera y de confianza en el servicio público.

49. Principio de Mérito: Significa que todos los empleados públicos serán reclutados, seleccionados, adiestrados, ascendidos, trasladados, descendidos, y retenidos en consideración a su capacidad y desempeño de las funciones inherentes al puesto y sin discrimen por razón de raza, color, nacimiento, sexo, edad, orientación sexual, identidad de género, origen, condición social, ni por sus ideales políticos, religiosos, condición de

veterano, por ser víctima o ser percibida como víctima de violencia doméstica, agresión sexual, acecho, impedimento físico o mental.

50. Proyectos Especiales del Secretario: Iniciativas educativas del Secretario para atender áreas de mejoramiento y las cuales se llevarán a cabo por un predeterminado espacio de tiempo y en aquellas regiones educativas o escuelas que el Secretario estime puedan ser aprovechadas por los estudiantes.

51. Puesto: Conjunto de deberes y responsabilidades asignadas o delegadas por la autoridad nominadora, que requieren el empleo de una persona durante la jornada completa de trabajo o durante una jornada parcial.

52. Reasignación: El cambio de un empleado docente con status de probatorio o permanente de una categoría a otra categoría de puesto distinta, para la cual posee certificado regular.

53. Reclasificación: La acción de clasificar un puesto que había sido clasificado o valorado previamente. La reclasificación puede ser a un nivel superior, igual o inferior.

54. Registro de Turnos: Listado continúa de docentes que han cualificado a ser consideradas para un nombramiento en una categoría determinada.

55. Registro de Elegibles: Significa una lista de nombres que han cualificado para ser consideradas para nombramiento de una vacante en una categoría o clase.

56. Reglamento: Reglamento de Personal Docente y No Docente del Departamento de Educación.

57. Reingreso: Reintegración o el retorno al servicio, mediante certificación, de cualquier empleado regular de carrera, después de haberse separado del servicio por una incapacidad, o por una cesantía por eliminación de puesto o falta de fondos.

58. Renuncia: Separación total, absoluta y voluntaria de un empleado de su puesto.

59. Residencia: Se entenderá por municipio de residencia donde la persona posee un domicilio legal, habita permanentemente, tiene establecido su hogar y tiene la intención de permanecer en él al momento de completar el formulario de solicitud de empleo de personal docente y no docente.

60. Secretario: Secretario o Secretaria del Departamento de Educación de Puerto Rico.

61. Separación: Desvinculación total de empleo en el Departamento de Educación.

62. Sistema: Sistema de Educación Pública de Puerto Rico.

63. Supervisor: Aquella persona que tiene a su cargo dirigir las labores de los empleados en una unidad de trabajo. Entre sus facultades están el imponer medidas correctivas, hacer recomendaciones de acciones disciplinarias y hacer recomendaciones que afecten el estatus de los empleados. El supervisor será responsable del desempeño y cumplimento de los empleados bajo su supervisión.

64. Traslado: Significa el cambio de un empleado de una unidad de trabajo a otra en la misma clase o categoría de puesto.

65. Veterano: toda persona que haya servido, honorablemente, en las Fuerzas Armadas de los Estados Unidos de América, entiéndanse el Ejército, Marina de Guerra, Fuerza Aérea, Cuerpo de Infantería de Marina y la Guardia Costanera de los Estados Unidos, así como en el Cuerpo de Oficiales del Servicio de Salud Pública de los Estados Unidos, y en sus entidades sucesoras en derecho, y que tenga la condición de veterano, de acuerdo con las leyes federales vigentes. Incluirá las personas cuyo servicio en los cuerpos de reserva de las Fuerzas Armadas o la Guardia Nacional cumpla con los requisitos dispuestos por dichas leyes.

Artículo II. Cláusula de Separabilidad

Si cualquier inciso, sección, artículo o parte del presente Reglamento fuese declarado inconstitucional o nulo por un tribunal, tal declaración no afectará o invalidará las restantes disposiciones de este Reglamento, sino que su efecto se limitará a la parte específica declarada inconstitucional o nula.

Artículo III. Cláusula de Salvedad

Los artículos del presente Reglamento no derogarán ningún beneficio o derecho extendido a los miembros de la Unidad Apropiada por virtud del Convenio Colectivo con el Departamento, salvo aquellos que hayan sido dejados sin efecto por alguna ley.

Los beneficios dispuestos en este Reglamento que no estén contenidos en el Convenio Colectivo y que sean superiores se les extenderán a los miembros de la Unidad Apropiada.

Artículo IV. Derogación

Por la presente quedan derogados: el Reglamento de Personal Docente del Departamento de Educación, Número 6743, así como sus enmiendas, Reglamentos Núm. 7292 y Núm. 8037; el Reglamento de Personal No Docente del Departamento de Educación, Número 6625; así como cualquier otra norma, regla o reglamento que esté en conflicto con las disposiciones de este Reglamento.

Artículo V. Vigencia

Este Reglamento será efectivo inmediatamente después de haber sido aprobado y de su radicación en el Departamento de Estado y Biblioteca Legislativa, conforme a la ley Núm. 38-2017.

En San Juan, Puerto Rico hoy 15 de junio de 2020.

[Firma Omitida]
Eligio Hernández Pérez, Ed. D
Secretario
Departamento de Educación

Reg. 7217 Reglamento para la Clasificación de los Programas de Preparación de Maestros en Puerto Rico.
Radicado: 9 de septiembre de 2006

ESTADO LIBRE ASOCIADO DE PUERTO RICO
DEPARTAMENTO DE EDUCACIÓN
SAN JUAN, PUERTO RICO

Conforme a Los Requisitos del Programa de Título 11, Secciones 207 y 208 de la Ley Federal de Educación Superior.

Sección 1 - Introducción

Sección 1.1 - Declaración de principios y metas.

Es responsabilidad del Gobierno del Estado Libre Asociado de Puerto Rico garantizar una educación para todos los estudiantes, que les permita desarrollar sus talentos y aptitudes, que los capaciten para convertirse en personas productivas e independientes, dedicadas de por vida a aprender, en ciudadanos respetuosos de la ley que aprecien la naturaleza y estén dispuestos a servir al bienestar de la sociedad.

Las escuelas deben estar firmemente instaladas en nuestro tiempo, convirtiéndose en auténticos centros de enseñanza que correspondan a las necesidades y capacidades de los estudiantes y mantengan lazos íntimos con su comunidad. Dada la diversidad de estudiantes, se hace necesario variar las opciones de materias escolares y ofrecer alternativas creativas en horarios regulares y extendidos.

Cambiar la educación en esta dirección no es tarea fácil. Requiere maestros y administradores de valor, visión y energía. Hace falta, por ende, promover la excelencia en los programas de preparación de maestros. Se espera que la clasificación y los estándares y procedimientos para la evaluación de los programas de preparación de maestros promuevan, con tal objetivo en mente, un esfuerzo colaborativo entre el Departamento de Educación de Puerto Rico y las universidades que fortalezca la calidad de los maestros en las escuelas del país.

Sección 1.2 - Autoridad estatutaria

Este Reglamento se ha adoptado a los fines de cumplir con lo dispuesto por las Secciones 207 y 208, del Título 11 de la Ley federal de Educación Superior y de conformidad con la autoridad investida en el Departamento de Educación por la Ley Núm. 149 del 15 de julio de 1999, según enmendada, conocida como Ley Orgánica para el Departamento de Educación, la Ley Núm. 94 del 21 de junio de 1955, según enmendada, sobre "Certificación de Maestros", la Ley Núm. 170 del 12 de agosto de 1988, según enmendada, conocida como Ley de Procedimiento Administrativo Uniforme del Estado Libre Asociado de Puerto Rico.

Sección 1.3 -Aplicabilidad

El Reglamento es aplicable a todas las unidades de programas de preparación de maestros que ofrecen cursos académicos de estudio **a nivel subgraduado** en cualquiera de las instituciones de educación superior autorizadas legalmente para operar en Puerto Rico.

Sección 1.4 - Enmiendas y revisiones

Este Reglamento se revisará periódicamente. Cuando se requieran enmiendas, éstas se realizarán de conformidad con las disposiciones aplicables de la Ley de Procedimiento Administrativo Uniforme del Estado Libre Asociado de Puerto Rico (Ley Núm. 170 de agosto de 1988, según enmendada).

Sección 1.5 -Definiciones

Los siguientes términos tendrán el significado indicado a continuación, a menos que el contexto indique claramente un significado diferente. Las palabras, términos, frases y otras expresiones usadas en este reglamento para establecer los estándares y los procedimientos para evaluar el desempeño de los programas de preparación de maestros en las instituciones de educación superior en Puerto Rico que no hayan sido definidas de manera expresa en esta sección han de tener el significado usual que se les da en la comunidad académica, a menos que el contexto indique claramente un significado diferente.

1.5.1 *Año académico* -los doce meses comprendidos entre el 1 de julio y el 30 de junio (un año fiscal).

1.5.2 *Asistencia técnica* - asistencia provista a los programas de preparación de maestros que cualifiquen para recibirla, con el propósito de abordar las áreas que requieran corrección o mejoramiento según éstas hayan sido identificadas en la evaluación a los programas. Puede incluir, pero sin limitarse a ellas, actividades tales como entrenamiento, seminarios y talleres de formación para miembros de la facultad y para administradores.

1.5.3 *Candidato a maestro* - persona que ha cumplido con todos los requisitos académicos de un programa de preparación para maestros.

1.5.4 *Certificación de maestro profesional* - licencia o certificado que otorga el Departamento de Educación de Puerto Rico conforme a las disposiciones de la Ley Núm. 94 del 21 de junio de 1955, según enmendada y el *Reglamento de Certificación de Personal Docente de Puerto Rico*.

1.5.5 *College Board: Oficina para Puerto Rico y América Latina (CBOPRAL)*- la entidad que a la fecha de aprobación de este reglamento está contratada por el Departamento de Educación de Puerto Rico para desarrollar y administrar los exámenes de certificación de maestros requeridos para la certificación/licenciatura de maestros para escuelas públicas y privadas en Puerto Rico de conformidad con la legislación y la reglamentación vigente.

1.5.6 *Consejo de Educación Superior de Puerto Rico (CESPR)* - agencia gubernamental creada mediante la Ley Núm. 17 del 16 de junio de 1993, con facultades para expedir licencias para operar y acreditaciones a instituciones y programas de educación superior en Puerto Rico.

1.5.7 *Departamento de Educación de Puerto Rico (DEPR)* – agencia gubernamental a cargo del sistema escolar público en Puerto Rico y de otorgar la certificación/licenciatura a los maestros en Puerto Rico.

1.5.8 *Entidad examinadora* - organismo contratado por el Departamento de Educación de Puerto Rico para desarrollar y administrar los exámenes de certificación de maestros que se requieren para la certificación/licenciatura de maestros para escuelas públicas y privadas en Puerto Rico de conformidad con la legislación y la reglamentación vigente.

1.5.9 *Estudiantes no tradicionales* - adultos que regresan a la escuela a tiempo completo o parcial mientras mantienen responsabilidades tales como empleo, familia y otras responsabilidades de la vida adulta.

1.5.10 *Estudiantes transferidos* - estudiantes que cambian de una institución de educación superior a otra.

1.5.11 *Examen (o exámenes) de certificación de maestros* - medidas estructuradas para evaluar las calificaciones de futuros maestros aprobadas por el DEPR para la certificación o licenciatura de maestros. A la fecha de aprobación de este reglamento, los exámenes se conocen como *Pruebas para la Certificación de Maestros (PCMAS)*.

1.5.12 *Experiencias clínicas* - experiencias en las que los candidatos pueden observar y practicar soluciones a problemas y tener la oportunidad de relacionar los principios y las teorías con la práctica real bajo la dirección y supervisión de miembros cualificados de la facultad académica, de base escolar y clínica.

1.5.13 *GPA* (General Point Average)- el promedio general se computa dividiendo el número de puntos de calidad por el número de horas-crédito intentadas.

1.5.14. *Institución de educación superior* - cualquier persona natural o jurídica que opere en Puerto Rico una institución educativa, sea pública o privada, o esté compuesta de una o más unidades institucionales, y cuyos requisitos de admisión sean un certificado o diploma de escuela secundaria, o un equivalente del mismo, y cuya oferta académica conduzca por lo menos a un grado asociado, o que de alguna manera declare, prometa, anuncie o exprese la intención de conferir grados, diplomas, certificados, títulos u otros reconocimientos académicos de educación superior.

Para efectos de la Sección 10(a) de la Ley federal de Educación Superior, "institución de educación superior" significa una institución educativa, en cualquier Estado, que:

1. admita como estudiantes regulares solamente a personas con certificado de graduación de una escuela que provea educación secundaria o el equivalente reconocido de tal certificado;

2. esté legalmente autorizada, en tal Estado, para proveer un programa de educación más allá de la educación secundaria;

3. provea un programa educativo por el cual la institución otorgue el grado de bachillerato o provea, por lo menos, un programa de dos (2) años que sea aceptable para recibir crédito pleno hacia tal grado;

4. sea una institución pública u otra institución sin fines de lucro; y

5. esté acreditada por una agencia o asociación acreditadora reconocida nacionalmente; o de no estar acreditada, que se le haya otorgado estatus de preacreditación por una agencia o asociación que haya sido reconocida por el Secretario para el otorgamiento de estatus de preacreditación, y que el Secretario haya determinado que existe una seguridad satisfactoria de que la institución cumplirá con los estándares de acreditación de una agencia o asociación acreditadora dentro de un tiempo razonable.

La Sección 10(b) de esta ley federal define instituciones adicionales que se incluyen.

Para propósitos de ley federal, aparte del Título IV, el término institución de educación superior incluye también:

1. cualquier escuela que provea, por lo menos, un programa de entrenamiento de un (1) año para preparar estudiantes para empleo remunerado en una ocupación reconocida y que satisfaga lo que se estipula en los párrafos 1, 2, 4 y 5 de la subsección (a), y;

2. a una institución educativa pública o privada sin fines de lucro, en cualquier Estado, que en lugar de los requisitos de la sección (a)1 admita como estudiantes regulares a personas cuya edad sea mayor que la edad de asistencia compulsoria en el Estado en el que se encuentra la escuela.

1.5.15 *Modelo (benchmark)* - una descripción o ejemplo del desempeño para candidatos o instituciones que sirve de estándar de comparación para evaluar o enjuiciar la calidad.

1.5.16 *Programa de preparación de maestros o programa aprobado de educación de maestros*- programa universitario, de nivel subgraduado, ofrecido por una institución de educación superior con licencia del Consejo de Educación Superior de Puerto Rico, que cuando se completa indica que el matriculado ha cumplido con todos los requisitos educativos y/o de entrenamiento académico requeridos para obtener la certificación o licenciatura inicial para enseñar en las escuelas elementales o secundarias de Puerto Rico.

1.5.17 *Tasas de aprobación* - se refiere a las tasas de aprobación en las pruebas o exámenes para la certificación de maestro que se ofrecen en Puerto Rico, incluyendo las siguientes: *"single assessment pass rafe", "statewide pass rate ", "aggregate pass rate ", "summary pass rate"* y *"composite summary rate".* Ver definiciones en el Manual de Procedimientos del DEPR y en el *Reference and Reporting Guide for Preparing State and Institutional Reports on the Quality of Teacher Preparation"* - *Title 11, Higher Education Act* (1-13-2000)-NCES 2000-89.

1.5.18 *Unidad de educación profesional o unidad de programa o unidad de programa de preparación de maestros* - un campus, unidad de un campus, colegio, facultad, departamento o centro de una institución de educación superior con licencia para operar en Puerto Rico en el cual se ofrecen cursos académicos de estudio de nivel subgraduado de un programa de preparación de maestros.

Sección 2 -Estándares y criterios para la evaluación

La unidad del programa de preparación de maestros en cada institución de educación superior autorizada para operar en Puerto Rico deberá demostrar que cumple con los siguientes estándares y sus correspondientes criterios según son definidos en las subsecciones 2.1 a la 2.8:

l. Garantiza que los estudiantes que aspiran a la certificación de maestro profesional poseen el conocimiento, las destrezas y las competencias definidas como apropiadas para su área de responsabilidad.

2. Tiene programas de preparación de maestros de alta calidad derivados de un marco conceptual basado en el conocimiento, articulado, compartido, coherente, consistente con la unidad y/o misión institucional y que está bajo evaluación continua.

3. Garantiza que las expenenclas clínicas estén bien planificadas, sean de alta calidad, estén integradas a lo largo de la secuencia del programa y que estén bajo evaluación constante.

4. Tiene e implementa planes para reclutar, admitir y retener a la población estudiantil que demuestre potencial para el éxito profesional en las escuelas.

5. Planea reclutar, emplear y retener miembros de la facultad que demuestren calificaciones profesionales e instrucción de alta calidad y promueve el desarrollo profesional continuo.

6. La Junta Directiva y los administradores principales de la institución adoptan e implementan políticas y procedimientos dirigidos a apoyar el/los programas para la preparación de maestros.

7. La unidad del programa y la comunidad profesional de educación colaboran para mejorar la calidad de la educación en las escuelas.

8. Tiene suficientes instalaciones físicas, equipo y recursos presupuestarios para cumplir su misión y ofrecer programas de calidad.

Sección 2.1- Estudiantes que aspiran a la certificación de maestro

La unidad del programa de preparación de maestros se asegura de que los estudiantes que aspiran a la certificación profesional posean el conocimiento, destrezas y competencias definidas como apropiadas para su área de responsabilidad.

Sección 2.1.1 – [Indicadores]

El estudiante que aspira a la certificación de maestro demuestra dominio de los conceptos, y las estructuras centrales de la disciplina o disciplinas dentro del contexto de una sociedad global, posee destrezas de investigación y crea experiencias de aprendizaje que hacen que estos aspectos de la asignatura tengan pertinencia para el desarrollo de sus estudiantes.

Indicadores: El estudiante que aspira a la certificación de maestro: a) demuestra competencia en la materia o materias aplicables al área o áreas de certificación; b) presenta el tema o temas de múltiples maneras; c) utiliza el conocimiento previo de los estudiantes; d) familiariza a los estudiantes con los métodos de investigación usados en el tema o temas bajo estudio; e) promueve un aprendizaje interdisciplinario.

Sección 2.1.2 – [Indicadores]

El estudiante que aspira a la certificación de maestro reconoce el modo en que los estudiantes aprenden y se desarrollan, y provee oportunidades de aprendizaje que promueven el desarrollo intelectual, social y personal de todos los alumnos.

Indicadores: El estudiante que aspira a la certificación de maestro: a) identifica y satisface las necesidades de los estudiantes de acuerdo con las etapas de crecimiento y desarrollo b) fortalece con nuevas ideas el conocimiento previo; c) promueve la responsabilidad del estudiante; d) reconoce las aplicaciones e implicaciones de las teorías de aprendizaje.

Sección 2.1.3 – [Indicadores]

El estudiante que aspira a la certificación de maestro reconoce cómo difieren los estudiantes en sus acercamientos al aprendizaje y crea oportunidades de enseñanza que se adaptan a unos y otros.

Indicadores: El estudiante que aspira a la certificación de maestro a) identifica la experiencia previa, los estilos de aprendizaje, las fortalezas y las necesidades; b) diseña e implementa instrucción individualizada basada en la experiencia previa, los estilos de aprendizaje, las fortalezas y las necesidades; c) estima cuándo y cómo conseguir servicios especializados para satisfacer las necesidades de los estudiantes; d) conecta la instrucción a las experiencias previas, y a la familia, cultura y comunidad del estudiante.

Sección 2.1.4 – [Indicadores]

El estudiante que aspira a la certificación de maestro reconoce la importancia de la planificación y el desarrollo del currículo a largo plazo y desarrolla, implementa y evalúa el currículo sobre la base de los estándares de desempeño del estudiante, del distrito y del estado.

Indicadores: El estudiante que aspira a la certificación de maestro: a) planifica actividades de aprendizaje que son apropiadas para las metas curriculares, son relevantes para los estudiantes y se basan en principios de instrucción efectiva (e.g., alienta la exploración y la solución de problemas, desarrollando nuevas destrezas a partir de las previamente adquiridas); b) diseña lecciones y actividades que reconocen las necesidades individuales de estudiantes diversos y las variaciones en los estilos de aprendizaje y en el desempeño; c) evalúa planes con respecto a las metas a corto y largo plazo y las ajusta para satisfacer las necesidades del estudiante y para potenciar el aprendizaje.

Sección 2.1.5- [Indicadores]

El estudiante que aspira a la certificación de maestro utiliza una variedad de estrategias instruccionales para desarrollar en los estudiantes destrezas de pensamiento crítico y la solución de problemas.

Indicadores: El estudiante que aspira a la certificación de maestro: a) selecciona estrategias, materiales y tecnologías variadas de instrucción para lograr los objetivos de la enseñanza y para satisfacer las necesidades de los estudiantes; b) involucra a los estudiantes en el aprendizaje activo que promueve el desarrollo del pensamiento crítico, la solución de problemas y las capacidades de rendimiento.

Sección 2.1.6- [Indicadores]

El estudiante que aspira a la certificación de maestro usa la motivación y el comportamiento individual y grupal para crear un ambiente de aprendizaje que aliente la interacción social positiva, el involucramiento activo en el aprendizaje y la automotivación.

Indicadores: El estudiante que aspira a la certificación de maestro: a) reconoce las aplicaciones e implicaciones de las teorías de motivación y las técnicas de modificación de conducta; b) administra efectivamente el tiempo, el espacio, las transiciones y las actividades; e) involucra a los estudiantes en la toma de decisiones.

Sección 2.1.7 – [Indicadores]

El estudiante que aspira a la certificación de maestro modela técnicas efectivas de comunicación verbal, no verbal y de medios para promover la investigación, colaboración e interacción de apoyo activo en el salón de clase.

Indicadores: El estudiante que aspira a la certificación de maestro: a) modela destrezas efectivas de comunicación verbal y no verbal; b) demuestra sensibilidad hacia las diferencias de cultura, género, intelecto y habilidad física y en las respuestas a las inquietudes de los estudiantes; e) apoya y estimula la expresión del estudiante al hablar, escribir, escuchar y mediante otros medios; d) usa una variedad de herramientas como medios de comunicación.

Sección 2.1.8 – [Indicadores]

El estudiante que aspira a la certificación de maestro utiliza las estrategias de evaluación formal e informal para evaluar y fomenta el desarrollo intelectual, social y físico del estudiante.

Indicadores: El estudiante que aspira a la certificación de maestro:

a) emplea una variedad de técnicas de evaluación formales e informales, de observación para desarrollar y monitorear el aprendizaje, para evaluar el progreso y desempeño del estudiante y para modificar las estrategias de instrucción de aprendizaje;

b) utiliza estrategias de evaluación para involucrar a los estudiantes en las actividades de autoevaluación, para ayudarlos a hacerse conscientes de su comportamiento, sus fortalezas y necesidades y su progreso en el aprendizaje, y para alentarlos a trazarse metas para el aprendizaje;

c) evalúa el efecto de las actividades del salón de clases tanto sobre el individuo como sobre el grupo, recopilando información a través de la observación de la interacción, el cuestionamiento y el análisis del trabajo del estudiante en clase;

d) lleva un récord del trabajo y rendimiento del estudiante, y es capaz de comunicar, con conocimiento y responsabilidad, lo relacionado a su progreso individual, fundamentado en indicadores apropiados, y es capaz de comunicarlo al estudiante, a los padres y a otros colegas.

Sección 2.1.9 – [Indicadores]

El estudiante que aspira a la certificación de maestro demuestra una práctica reflexiva que evalúa continuamente los efectos que sobre los demás tienen sus decisiones y acciones. Éste busca activamente oportunidades para crecer profesionalmente y utiliza la evaluación y el crecimiento profesional para generar más aprendizaje para más estudiantes.

Indicadores: El estudiante que aspira a la certificación de maestro:

a) aplica una variedad de estrategias de autoevaluación y de solución de problemas para reflexionar sobre las prácticas, las influencias que éstas tienen sobre el crecimiento y aprendizaje de los estudiantes, y para reflexionar sobre las complejas interacciones entre ellas;

b) usa recursos disponibles para el desarrollo profesional;

e) practica los estándares de ética profesional;

Sección 2.1.10 – [Indicadores]

El estudiante que aspira a la certificación de maestro fomenta las relaciones entre colegas, padres y socios educativos de la comunidad para apoyar el aprendizaje y el bienestar del estudiante.

Indicadores: El estudiante que aspira a la certificación de maestro:

a) participa en actividades diseñadas para propiciar en la escuela un ambiente de aprendizaje productivo;

b) conversa con los estudiantes y los escucha, es sensible, responde a señales de peligro y busca ayuda apropiada, cuando sea necesario, para resolver los problemas de los estudiantes;

c) busca la oportunidad para desarrollar relaciones con los padres o tutores de los estudiantes, y busca acuerdos cooperativos para apoyar el aprendizaje y el bienestar del estudiante;

d) identifica y usa personal apropiado de la escuela y recursos de la comunidad para ayudar a los estudiantes a desarrollar todo su potencial.

Sección 2.2 - Currículo e instrucción:

La unidad tiene programas de preparación de maestros de alta calidad que están derivados de un marco conceptual basado en el conocimiento, articulado, compartido, coherente, consistente con la unidad y/o misión institucional, y que se evalúa continuamente.

Sección 2.2.1 – [Indicadores]

El marco conceptual está escrito, está bien articulado y lo comparten la facultad de los programas de preparación de maestros, los candidatos y los demás miembros de la comunidad profesional.

Indicadores:

a) el marco conceptual está definido e incluye los conocimientos (área cognitiva), destrezas (área psicomotora) y actitudes (área afectiva) que el programa de preparación de maestros aspira a desarrollar en sus estudiantes. El marco conceptual incluye una filosofía y propósitos que son cónsonos con la filosofía, metas y objetivos de la institución;

b) el programa presenta una secuencla curricular asociada con las concentraciones, los cursos y las experiencias de campo/clínicas;

c) el marco conceptual tiene un plan y procesos de avalúo (assessment) que incluyen los criterios para la evaluación del programa, presenta los resultados esperados para el programa y es utilizado para el mejoramiento de éste;

d) el marco conceptual refleja perspectivas multiculturales y globales;

e) el marco conceptual y los fundamentos de conocimiento que sostienen cada uno de los programas de educación profesional descansan sobre la base de la investigación contemporánea establecida, la sabiduría de la práctica y las políticas y prácticas de educación emergentes a través de referencias actualizadas en los prontuarios de los cursos.

Sección 2.2.2 – [Indicadores]

Existe coherencia entre el marco conceptual y los resultados, los cursos, las experiencias de campo, la instrucción y la evaluación de los estudiantes.

Indicadores:

a) Existe alineación entre las metas institucionales, las metas, los objetivos y las competencias del programa de preparación de maestros y los cursos del currículo.

b) Los resultados del plan de avalúo (assessment) son utilizados.

Sección 2.2.3 – [Indicadores]

La unidad se ocupa de hacer evaluaciones regulares y sistemáticas de, pero sin limitarse a, la información obtenida a través de la evaluación de los estudiantes y la recolección de datos de estudiantes, egresados recientes y otros miembros de la comunidad profesional y utiliza estos resultados para promover los logros de los estudiantes a través de la modificación y el mejoramiento del marco conceptual y los programas.

Indicadores:

a) Las evaluaciones incluyen, sin limitarse a, las evaluaciones de los niveles de satisfacción de egresados, patronos y estudiantes.

b) Los resultados son utilizados en la revisión del marco conceptual y la revisión curricular.

Sección 2.3 - Experiencias clínicas

La unidad del programa de preparación de maestros se asegura de que las experiencias clínicas estén bien planificadas, sean de alta calidad, estén integradas a lo largo de la secuencia del programa y se evalúen continuamente.

Sección 2.3.1 – [Programas de Preparación]

Los programas de preparación de maestros incluyen experiencias clínicas en las que los estudiantes pueden observar y presentar soluciones a problemas del quehacer educativo bajo la dirección y supervisión de miembros calificados de la facultad académica, escolar y clínica.

Sección 2.3.2 – [Experiencias Clínicas]

Los programas seleccionan experiencias clínicas, incluyendo enseñanza a los estudiantes y/o internados proveyendo oportunidades para que los estudiantes relacionen los principios y las teorías con la práctica real. Las experiencias clínicas:

• son variadas y proveen estudio y práctica en comunidades que incluyen estudiantes de distintas edades, trasfondos culturales diversos y poblaciones excepcionales;

• incluyen información que proviene de diversas fuentes próximas al trabajo del estudiante, tales como miembros de la facultad de educación superior, miembros de la facultad de la escuela, miembros de la facultad clínica, administradores, estudiantes y colegas;

• alientan la reflexión de los candidatos en torno a los deberes y responsabilidades que conlleva el rol profesional para el que se preparan.

Sección 2.3.3 – [Programas de Preparación]

La unidad de los programas de preparación de maestros provee lugares para modelar experiencias clínicas de calidad en las que los candidatos puedan desarrollar el conocimiento necesario y efectuar el desempeño requerido.

Sección 2.3.4 – [Programas para más Grado o Nivel]

A los estudiantes del programa que busquen recertificación o licencia para más de un grado o nivel de desarrollo se les asignarán experiencias clínicas para tales niveles.

Sección 2.3.5 – [Indicadores]

Las experiencias clínicas culminantes (enseñanza a estudiantes, práctica o internado) deberán darse en el nivel y área de certificación y licencia solicitado por el estudiante, y con un maestro/mentor que esté certificado en el área apropiada.

Indicadores:

a) Las expenenclas clínicas culminantes deben de proveer oportunidades para incrementar la responsabilidad en la planificación y la instrucción, y la comunicación con el profesional o profesionales que supervisan, incluyendo la reflexión sobre la enseñanza, el aprendizaje y los comportamientos.

b) Cuando sea posible, el profesional escolar supervisor será seleccionado en colaboración entre el programa de preparación de maestros y el administrador del lugar.

Sección 2.4 – Reclutamiento, admisión y retención de estudiantes

La unidad del programa de preparación de maestros tiene e implementa planes para reclutar, admitir y retener una población de estudiantes que demuestren potencial para alcanzar el éxito profesional en las escuelas.

Sección 2.4.1 – Credenciales o cualidades de los solicitantes.

Se usa un sistema abarcador para evaluar las credenciales de los estudiantes que solicitan admisión al programa de preparación de maestros.

Indicadores:

a) Los criterios para admisión a los programas de preparación de maestros incluyen una evaluación completa de la competencia académica, información biográfica y evidencia de la terminación exitosa de cursos de universidad o colegio, si aplica.

b) La unidad tiene una política de admisión para estudiantes transferidos y para estudiantes no tradicionales.

c) La unidad da seguimiento a las decisiones sobre admisiones para asegurarse de que los criterios de admisión publicados se apliquen equitativamente.

Sección 2.4.2 – Seguimiento y consejería del progreso de los estudiantes.

La unidad da seguimiento y evalúa sistemáticamente el progreso de los estudiantes en pos de las metas del programa y se asegura de que reciban consejería académica y profesional · apropiada desde la admisión y a lo largo de la realización de sus programas de educación profesional. El programa incluye oportunidades de desarrollo múltiples y diversas para el crecimiento profesional.

Indicadores:

a) La unidad tiene y utiliza modelos para determinar si los estudiantes poseen el conocimiento y las destrezas requeridas para avanzar al siguiente nivel del programa, asegurando que aquellos que no sean capaces de demostrar competencia en algún punto tengan las oportunidades apropiadas en relación a sus necesidades individuales de aprendizaje para aumentar su nivel de competencia.

b) El progreso de los estudiantes en las diferentes etapas de los programas se monitorea a través de auténticas evaluaciones, objetivas y documentadas, basadas en el desempeño, usando procedimientos sistemáticos y líneas temporales, y a los estudiantes se les orienta y aconseja en tomo a su progreso.

c) La evaluación del progreso de los estudiantes está basada en múltiples fuentes de datos, que incluyen el promedio general (GP A), observaciones, recomendaciones de la facultad, competencia demostrada en el trabajo académico y profesional (e.g., portafolios, evaluaciones de desempeño, monografías conceptuales y de investigación), y recomendaciones por parte de profesionales destinados a ese fin en las escuelas.

d) La información recopilada en la evaluación se usa sistemáticamente para ayudar a los estudiantes que no están progresando satisfactoriamente.

e) Los criterios de evaluación son consistentes con el marco o marcos conceptuales de los programas y consistentes con los estándares para maestros del Departamento de Educación de Puerto Rico. Éstos se usan para determinar la elegibilidad de los candidatos a maestro para la enseñanza y otros puestos profesionales.

f) A través de publicaciones y de consejería por parte de los miembros de la facultad, se les provee a los candidatos información sobre las políticas y requisitos, incluyendo evaluación de los requisitos, y las estrategias remediativas que hacen falta para completar sus programas de educación profesional, la disponibilidad de servicios de consejería social y psicológica y de oportunidades de trabajo.

g) La institución lleva a cabo encuestas sistemáticas entre sus estudiantes y egresados de educación profesional con el propósito de recopilar datos pertinentes a la efectividad de su consejería. Estos datos se convierten en la base para mejorar esos servicios.

Sección 2.4.3 - Garantizar el apoyo a los egresados.

La unidad se asegura de que los egresados reciban apoyo del programa de preparación de maestros durante, por lo menos, sus primeros dos (2) años de servicio profesional.

Indicadores:

a) La institución provee seguimiento y un sistema de rastreo para todos los profesionales de la educación que están ejerciendo en su primer y segundo año.

b) Los planes para apoyar a los nuevos profesionales de la educación se desarrollan e implementan de manera cooperativa por parte de las instituciones, los profesionales novicios, los maestros mentores (cuando sea apropiado) y los distritos escolares.

Sección 2.4.4 - Satisfacer las necesidades de la profesión.

La unidad se asegura de que el programa continúe satisfaciendo las necesidades de los profesionales principiantes y de aquéllos que los emplean.

Indicadores:

a) La unidad busca y utiliza datos e información provenientes de sus egresados para mejorar el programa de preparación de maestros.

b) La unidad busca y utiliza datos e información provenientes de los patronos para mejorar el programa de preparación de maestros.

Sección 2.5 - Facultad

La unidad del programa planifica el reclutamiento, empleo y retención de miembros de la facultad del programa de preparación de maestros que demuestren cualificaciones profesionales e instrucción de alta calidad y promueve el desarrollo profesional continuo.

Sección 2.5.1 - Cualificaciones y credenciales de los miembros de la facultad.

La unidad se asegura de que la facultad del programa de preparación de maestros esté cualificada para sus tareas y de que se involucre activamente en la comunidad profesional.

Indicadores:

a) Los miembros de la facultad del programa de preparación de maestros (tanto a tiempo completo como a tiempo parcial) han logrado recibir un título avanzado y han demostrado competencia en cada uno de los campos de especialización que enseñan.

b) Los miembros de la facultad que supervisan o les enseñan a los estudiantes del programa de preparación de maestros adelantan el desarrollo profesional de éstos a través de la participación de los estudiantes en las escuelas, en experiencias periódicas con los estudiantes en los grados que van desde el jardín de infancia (kindergarten) hasta el duodécimo.

c) Los miembros de la facultad del programa de preparación de maestros sirven de modelo y reflejan la mejor práctica en la instrucción, incluyendo el uso de la tecnología.

Sección 2.5.2 - Reclutamiento y retención de miembros de la facultad.

La unidad planifica el reclutamiento, contratación y retención de la facultad del programa de preparación de maestros.

Indicadores:

a) La unidad ha establecido metas y estrategias para reclutar, contratar y retener a los miembros de la facultad consistentes con la visión y misión institucionales.

b) La unidad evalúa anualmente sus logros en lo relacionado con sus metas para reclutar, contratar y retener miembros de la facultad de acuerdo con sus políticas institucionales.

c) Si la unidad determina que sus metas de reclutamiento y capacidad de retención no se estuvieran logrando, tiene un plan sistemático y bien articulado con recursos adecuados para alcanzar sus metas.

Sección 2.5.3 - Deberes de la facultad del programa de preparación de maestros.

La unidad se asegura de que las políticas y deberes permiten que los miembros de la facultad del programa de preparación de maestros se involucren efectivamente en la enseñanza, la actividad académica y el servicio.

Indicadores:

a) Las políticas y carga de trabajo se ajustan a la participación de los miembros de la facultad en las áreas de enseñanza, actividad académica, servicio, desarrollo de currículo, consejería, administración, trabajo de comités institucionales y otras responsabilidades de servicio.

b) Las cargas de trabajo de los miembros de la facultad, incluyendo la supervisión de la enseñanza, la labor adicional y la enseñanza fuera del campus están limitadas, con el propósito de permitir a los miembros de la facultad el desarrollarse efectivamente en la actividad académica y el servicio.

c) La unidad se asegura de que el reclutamiento de miembros de la facultad, adjunta o a tiempo parcial sea una medida extraordinaria, y de que se base en su habilidad para hacer contribuciones significativas a los programas.

Sección 2.5.4 - Desarrollo profesional de la facultad.

La institución apoya y promueve el desarrollo profesional de la facultad del programa de preparación de maestros y tiene e implementar un plan escrito sistemático completo para tales experiencias.

Indicadores:

a) La institución tiene vigentes políticas, recursos y prácticas que apoyan y garantizan que los miembros de la facultad estén creciendo profesionalmente a través del estudio avanzado, la investigación académica y la participación en actividades relacionadas con sus tareas pedagógicas.

b) Los miembros de la facultad se involucran activamente en asociaciones profesionales locales, estatales, nacionales e internacionales relacionadas con su área o áreas de especialización y deberes.

c) A los miembros de la facultad se les evalúa regularmente en términos de sus contribuciones a la enseñanza, la actividad académica, la investigación y el servicio.

d) Las evaluaciones se utilizan sistemáticamente para mejorar la enseñanza, la actividad académica y el servicio de la facultad de educación superior dentro de la unidad.

Sección 2.5.5 - Calidad de la instrucción.

La enseñanza dentro del programa de preparación de maestros y en las unidades académicas que lo nutren es de alta calidad, es consistente con el marco o los marcos conceptuales y refleja la investigación vigente y las mejores prácticas.

Indicadores:

a) Los miembros de la facultad del programa de preparación de maestros usan una variedad de estrategias de instrucción que reflejan un entendimiento de diferentes modelos y acercamientos a la enseñanza.

b) La instrucción alienta en el candidato el desarrollo de la reflexión, el pensamiento crítico, la solución de problemas y las disposiciones profesionales.

c) La enseñanza refleja el conocimiento sobre la diversidad y la excepcionalidad y las experiencias con éstas.

d) La instrucción se evalúa de manera continua y los resultados se usan para mejorar la enseñanza dentro de la unidad.

Sección 2.6- Gobierno

La Junta Directiva y los administradores principales de la institución han adoptado e implementado políticas y procedimientos de apoyo a los programas para la preparación de maestros profesionales.

Las juntas directivas y los administradores demostrarán un compromiso con la preparación del personal de educación, en función de la misión y metas de la institución, adoptando e implementando políticas y procedimientos de apoyo a los programas para la preparación de maestros profesionales.

Sección 2.6.1 – [Control]

El control de la institución reside en una junta de síndicos u otra junta así designada. La junta directiva establece la filosofía y la política institucional, las cuales promueven programas sólidos de educación. Se mantiene récord escrito de todas las decisiones que se toman en relación a las políticas.

Sección 2.6.2 – [Presiente o Persona Designada]

Un presidente, o una persona designada de alguna otra manera como oficial en jefe de administración, propicia la realización de las funciones administrativas que afectan los programas de educación profesional.

Sección 2.6.3 – [Unidad del Programa]

La unidad del programa de preparación de maestros está definida claramente dentro de la institución, opera como comunidad profesional y tiene la responsabilidad, autoridad y el personal para desarrollar, administrar, evaluar y revisar todos los programas de educación profesional.

Sección 2.7 - Colaboración de la comunidad

La unidad del programa y la comunidad de educación profesional colaboran para mejorar los programas para [(l preparación del personal de las escuelas y la calidad de la educación.

Sección 2.7.1 -Los miembros de la facultad que enseñan cursos de educación general, cursos en el área de contenido y/o cursos de estudio profesional colaboran unos con otros y con las escuelas públicas y los profesionales de las escuelas en relación al desarrollo, implementación y evaluación de los programas de educación profesional.

Sección 2.7.2 - Las experiencias clínicas y las experiencias de campo de otro tipo se preparan en colaboración.

Sección 2.7.3- El programa les da a los candidatos la oportunidad para desarrollar una identidad como educadores profesionales a través de actividades que pueden incluir, pero no se limitan a, el unirse a organizaciones de educación profesional y asistir a conferencias profesionales.

Sección 2.8 - Recursos

La unidad del programa de preparación de maestros tiene suficientes instalaciones físicas, equipo y recursos presupuestarios para llevar a cabo su misión y ofrecer programas de calidad.

Sección 2.8.1 - Recursos físicos y fiscales.

La unidad tiene las instalaciones físicas y recursos fiscales/presupuestarios adecuados para apoyar el desarrollo del programa de preparación de maestros.

Indicadores:

a) Las tendencias presupuestarias y la planificación del presupuesto futuro indican un sostenimiento adecuado de los programas que se ofrecen en educación profesional.

b) Los recursos se asignan a los programas de manera tal que permite a cada cual lograr los resultados que espera.

c) Las facilidades y el equipo son adecuados, funcionales y están bien mantenidos.

Sección 2.8.2 - Recursos para la enseñanza y la actividad académica.

La unidad tiene recursos adecuados para apoyar la enseñanza y la actividad académica por parte de los miembros de la facultad y de los candidatos.

Indicadores:

a) El apoyo del desarrollo profesional está al mismo nivel de otras unidades de la institución.

b) La facultad tiene una oficina adecuada y funcional, además de espacio para la instrucción y otros propósitos que les permite llevar a cabo su trabajo efectivamente.

c) La facultad y los estudiantes tienen el entrenamiento y el acceso a información electrónica relacionada con la educación, recursos de video, equipo de computadora, programas, tecnologías relacionadas y otros recursos similares.

d) Los recursos bibliotecarios proveen acceso, alcance, amplitud, actualidad y multiplicidad de perspectiva adecuados; éstos se revisan sistemáticamente para tomar decisiones sobre la adquisición de recursos adicionales.

e) Las colecciones de medios, de programas de computadora y de materiales son identificables, pertinentes, accesibles y se revisan sistemáticamente para la toma de decisiones sobre la adquisición de recursos adicionales.

f) Existe suficiente personal bibliotecario y técnico para sostener la biblioteca, la colección de materiales de instrucción y los servicios de medios y de computadora.

Sección 3 - Evaluación y clasificación del desempeño de los programas de preparación de maestros.

Sección 3.1 - Informes Institucionales Anuales; Clasificación de instituciones; Planes de Acción Correctiva; Informes de Progreso; Asistencia técnica

a) Las unidades de programas de preparación de maestros continuarán sometiendo al Secretario de Educación de Puerto Rico el Informe Institucional Anual que requiere la Sección 207(±) del Título 11 de la Ley federal de Educación Superior, que incluirá un perfil del programa de preparación de maestros con las tasas de aprobación en las pruebas de certificación de maestros requeridas por el Departamento de Educación de Puerto Rico, así como cualquier otra información que sea requerida por el Secretario de Educación de Puerto Rico. Las tasas de aprobación serán establecidas siguiendo las guías que promulgue el Departamento de Educación.

b) El Secretario de Educación de Puerto Rico clasificará a las unidades de programas de preparación de maestros en las siguientes categorías:

Clasificación	Puntuación
Ejemplar	100 - 95
Excelente	94.9 - 90
Satisfactorio	89.9 - 75
En riesgo	74.9 - 60
Bajo desempeño	59.9 - 0

c) Para la clasificación durante el período de transición dispuesto en la Sección 7, se utilizará el índice de aprobación total compuesto *(composite summary rate)* en las pruebas de certificación de maestros para los años 2000-01 al 2004-05. En lo sucesivo, la clasificación será determinada cada dos (2) años utilizando el índice de aprobación total compuesto (composite summary rate) en las pruebas de certificación de maestros para los cinco (5) años anteriores, el progreso demostrado en los informes de progreso sobre acciones correctivas y los informes de auto-estudio sometidos. El Secretario de Educación de Puerto Rico establecerá y notificará a los programas de preparación de maestros, antes de la clasificación, el peso relativo que se asignará a estos criterios en la determinación de los puntos para la clasificación.

d) Los programas clasificados como "En riesgo" o de "Bajo desempeño" deberán presentar al Secretario de Educación de Puerto Rico, dentro de un período no mayor de seis (6) meses luego de que se les notifique tal clasificación, planes de acciones correctivas, seguidos de informes anuales sobre el progreso alcanzado.

e) Los programas clasificados como "En riesgo" o de "Bajo desempeño serán elegibles para solicitar asistencia técnica provista por el DEPR en áreas identificadas en los planes de acciones correctivas. La asistencia estará disponible para estos programas durante un período de clasificación (dos años), y la continuidad de elegibilidad para esta asistencia estará sujeta a que demuestren una mejoría en las tasas de aprobación de los exámenes de certificación de maestros. Los programas que pierdan su elegibilidad para asistencia técnica o aquéllos que estén en otra clasificación pero interesen participar de las actividades diseñadas para proveer asistencia técnica, podrán solicitarla, asumiendo el costo de la misma.

f) Durante el período de transición dispuesto en la Sección 7, los programas cuyo índice acumulado de aprobación total sea de 74.9 puntos o menos podrán solicitar la asistencia técnica a la que se refiere la sección (e) anterior. Para ello se requerirá la presentación de un plan de acciones correctivas e informes de progreso.

Sección 3.2- Autoestudio; Planes de Mejoramiento; Seguimiento

a) A partir del año académico 2009-10, todas las unidades de programas de preparación de maestros en Puerto Rico someterán al Secretario de Educación de Puerto Rico un autoestudio basado en los estándares y criterios dispuestos en la Sección 2 para evaluar el desempeño de los programas de preparación de maestros en Puerto Rico. Los autoestudios subsiguientes deberán someterse cada cuatro (4) años.

b) Los programas que presentaron planes de acción correctiva conforme a lo dispuesto en la Sección 3.1 anterior, deberán incluir en el autoestudio el progreso sobre las acciones tomadas y/o en proceso y los resultados obtenidos.

c) Luego de un análisis de la información y de los resultados contenidos en los autoestudios se determinarán las acciones necesarias para el mejoramiento y/o para subsanar deficiencias de los programas, y se les podrá requerir la presentación de planes de mejoramiento e informes periódicos de progreso alcanzado.

Sección 3.3 - La designación de "Programa de Bajo Desempeño" y sus consecuencias

a) El Secretario notificará en el Informe Estatal Anual al Departamento de Educación de los Estados Unidos de América, comenzando con el informe que debe someter durante el mes de octubre de 2008, la clasificación obtenida por los programas, incluyendo la designación de programas de "Bajo Desempeño".

b) Los programas designados como de "Bajo Desempeño" serán considerados:

(1) inelegibles para cualquier tipo de asignación de fondos para actividades de desarrollo profesional a maestros otorgados por el Departamento de Educación de los Estados Unidos de América y el Departamento de Educación de Puerto Rico;

(2) inelegibles para aceptar o matricular a estudiantes que reciban ayuda bajo el Título IV de esta Ley federal en el programa de preparación de maestros de la institución;

(3) inelegibles para recibir fondos o matricular estudiantes que reciben ayudas económicas otorgadas por el Departamento de Educación de los Estados Unidos de América o el Departamento de Educación de Puerto Rico, para estudios graduados, certificación o recertificación de maestros.

Sección 4 - Procedimientos para la evaluación de los programas

Sección 4.1 - Comités de evaluación

a) El Secretario de Educación de Puerto Rico podrá designar un comité o comités de evaluación para que le asistan en las tareas de evaluar los programas de preparación de maestros, revisar los autoestudios y cualquier otra documentación que someta la unidad de programas de preparación de maestros, supervisar la implementación de los planes de mejoramiento, de acciones correctivas y los informes de seguimiento y cumplimiento requeridos.

b) Estos comités de evaluación estarán compuestos por personas de altas credenciales académicas y experiencia en el campo de la educación. El Secretario adoptará normas para la designación de los comités y para su funcionamiento.

c) Los comités serán coordinados por funcionarios designados por el Secretario de Educación de Puerto Rico.

Sección 4.2 - Deber de informar

Además de los requisitos de informar al Secretario de Educación de Puerto Rico sobre el cumplimento con los estándares y procedimientos dispuestos en este Reglamento, las unidades de programas de preparación de maestros tienen el constante deber de informar cualquier evento relacionado con estos estándares y sus criterios y que tenga un impacto significativo en su desempeño.

Los planes de acción correctiva y sus correspondientes informes de progreso, los autoestudios y sus informes de seguimiento, deben ser ampliamente divulgados en la institución a la que está adscrita la unidad del programa de preparación de maestros evaluada, de manera que se promueva la discusión crítica sobre el desempeño del programa.

Conforme se dispone en las Secciones 207 (f) (2) del Título 11 de la Ley de Educación Superior de los Estados Unidos de América, las unidades de programas de preparación de maestros tienen el deber de informar mediante publicaciones tales como catálogos y material promocional que se envíe a estudiantes, posibles estudiantes, orientadores escolares y posibles patronos de los egresados de sus programas, datos descriptivos del programa, sus tasas de aprobación en las pruebas de certificación de maestros, su estatus de licencia del CESPR y de acreditaciones obtenidas, y la clasificación alcanzada conforme a las disposiciones de este Reglamento.

Sección 4.3 - Revisión de determinaciones sobre clasificación

a) La clasificación asignada a los programas sobre la base de los criterios adoptados en este Reglamento será notificada por escrito al principal oficial ejecutivo de la institución en la que se encuentre ubicada la unidad de preparación de maestros, con copias para los administradores en jefe de la unidad de preparación de maestros (rectores y decanos).

b) Una institución de educación superior adversamente afectada por la designación final de "Bajo Desempeño" contemplada en la Sección 3.3 de este Reglamento, podrá solicitar al Secretario de Educación de Puerto Rico revisión administrativa, de conformidad con la Ley de Procedimiento Administrativo Uniforme del Estado Libre Asociado de Puerto Rico (Ley Núm. 170, de agosto de 1988, según enmendada), así como con las normas que para ello adopte el Secretario de Educación de Puerto Rico.

c) Toda comunicación que notifique una clasificación al programa, incluyendo la designación final de "Bajo Desempeño", así como los resultados del proceso de revisión administrativa se considerarán información pública. Quedan excluidos de esta provisión los informes de evaluación, así como la documentación sometida por la institución y la correspondencia cursada durante el proceso de evaluación.

Sección 5 - Derogaciones

Este Reglamento deroga cualquier reglamento, norma o guía anterior que estuviese vigente para clasificar los programas de preparación de maestros en las instituciones de educación superior en Puerto Rico a base del desempeño en las pruebas de certificación de maestros.

Sección 6 - Separabilidad

La declaración por un tribunal competente de que una disposición de este reglamento es inválida, nula o inconstitucional no afectará las demás disposiciones del mismo, las que preservarán toda su validez y efecto.

Sección 7 - Vigencia; período de transición

a) Este reglamento entrará en vigencia treinta (30) días después de su radicación en el Departamento de Estado, a tenor con las disposiciones de la Ley Núm. 170 del 12 de agosto de 1988, según enmendada, conocida como Ley de Procedimiento Administrativo Uniforme del Estado Libre Asociado de Puerto Rico.

b) A partir de su vigencia se proveerá un período de transición que se extenderá hasta el inicio del año académico 2008, durante el cual el Secretario de Educación de Puerto Rico realizará las gestiones administrativas necesarias para efectuar las actividades de evaluación para la clasificación establecidas en este Reglamento.

En San Juan, Puerto Rico, hoy 6 de septiembre de 2006

[Omitida la firma]
Rafael Aragunde Torres
Secretario de Educación

Reg. 8146 Reglamento de Certificación del Personal Docente de Puerto Rico.
Radicado: 25 de enero de 2012

GOBIERNO DE PUERTO RICO
DEPARTAMENTO DE EDUCACION

PREÁMBULO

Este Reglamento establece los requisitos de preparación académica, profesional, experiencias, concentraciones (nivel de bachillerato) y de especialidades (nivel graduado), que deberán reunir y acreditar, en cumplimiento con la Ley, los candidatos a ser certificados para ejercer en las distintas categorías de puestos de personal docente. Dichos requisitos son aplicables, tanto en las escuelas públicas y privadas de Puerto Rico, como en las instituciones postsecundarias del Departamento de Educación. Se establecen, además, los requisitos para obtener la renovación de certificados.

El Departamento de Educación (DE) redefinió los *Estándares Profesionales del Maestro en Puerto Rico (2008)* con el fin de apoyar el proceso de aprendizaje y crecimiento profesional de todo futuro maestro y de aquellos ya en servicio.

Este esfuerzo por lograr una educación de excelencia recoge las mejores aspiraciones del País sobre su clase magisterial. Los estándares sirven de guía y norma para los programas de preparación de maestros, ya que promoverán la reflexión en torno al contenido curricular que se ofrece y la preparación de los estudiantes, conforme a las más altas aspiraciones en este campo profesional.

Artículo I. Base Legal

Este Reglamento se adopta en virtud de las facultades que le confiere al Secretario de Educación: la Ley Núm. 94 de 21 de junio de 1955, según enmendada, sobre "Certificación de Maestros"; la Ley Núm. 149 de 15 de julio de 1999, según enmendada, conocida como "Ley Orgánica del Departamento de Educación"; la Ley Núm. 170 de 12 de agosto de 1988, según enmendada, conocida como "Ley de Procedimiento Administrativo Uniforme del Estado Libre Asociado de Puerto Rico" y la Ley Núm. 49 de 30 de junio de 1988, que regula el establecimiento y la operación de instituciones educativas privadas de nivel preescolar, elemental, secundario o postsecundario.

Artículo II. Título Y Aplicabilidad

Este documento se conocerá como Reglamento de Certificación del Personal Docente de Puerto Rico y establece las normas al personal docente que ejerce como maestro o profesor en los distintos programas académicos y ocupacionales, al personal de apoyo a la docencia y al personal docente administrativo de las escuelas públicas de la comunidad, las escuelas privadas y las instituciones que ofrecen el nivel postsecundario, conforme a las disposiciones de la Ley Núm. 49, supra.

Artículo III. Disposiciones Generales

A. Siempre que se aluda a un grado asociado, bachillerato, maestría, doctorado, concentración o especialidad obtenido en una institución de educación superior en Puerto Rico, se interpretará que la preparación académica a la cual se hace referencia fue obtenida de un programa académico autorizado por el Consejo de Educación de Puerto Rico (CEPR). Ésta es la agencia gubernamental con facultades para expedir licencias que permitan operar y acreditar a instituciones y programas de educación superior, creada mediante la Ley Núm. 17 de 16 de junio de 1993, según enmendada. Además, cuando se aluda a un certificado técnico, éste debe haber sido otorgado por un programa autorizado por el CEPR.

B. Cuando se aluda a un certificado técnico, grado asociado, bachillerato, maestría, doctorado, concentración o especialidad obtenido en una institución de educación en territorio de los Estados Unidos de Norteamérica, se interpretará que el mismo fue otorgado por una institución de educación superior o institución legalmente reconocida por la autoridad competente, para expedir títulos de educación superior, según se evidencie en los documentos oficiales entregados.

C. Cuando se aluda a un certificado técnico, grado asociado, bachillerato, maestría, doctorado, concentración o especialidad obtenido en una institución de educación fuera del territorio de los Estados Unidos de Norteamérica, el aspirante deberá tramitar una equivalencia de grado con los organismos pertinentes a esos fines.

D. Este Reglamento provee, en términos generales, tres rutas posibles para obtener una certificación regular de personal docente; a saber:

1. **Ruta Tradicional** - Vía para obtener un certificado regular de personal docente, habiendo completado un grado académico en educación y cumpliendo con los requisitos de certificación establecidos por este Reglamento en la categoría que el candidato desea ser certificado. Los requisitos generales y procesos para la solicitud, expedición y renovación de certificados de personal docente vía ruta tradicional se establecen en los

Artículos VII, VIII, IX, X, XI, XII, XIII, XIV, XV y XVI de este documento.

2. **Ruta de Recertificación** - Vía para obtener un certificado regular de personal docente, cuando el candidato ya posee un certificado regular de maestro y cumple con los requisitos de otra certificación, establecidos por este Reglamento en la categoría en que el candidato desea ser certificado. Se requiere la aprobación de un mínimo de dieciocho (18) créditos a nivel subgraduado, graduado o combinación de ambos, que incluya un curso o cursos de metodología de la enseñanza en la disciplina (concentración menor). Los cursos para la recertificación deben formar

parte de los programas académicos autorizados por el CEPR a la institución de educación superior. Los requisitos generales y procesos para la solicitud, expedición y renovación de certificados de personal docente vía ruta de recertificación, se establecen en los Artículos VII, VIII, IX, X y XI de este Reglamento. La ruta de recertificación no aplica a las categorías de Apoyo a la Docencia, Personal Docente Administrativo y Personal Docente del Nivel Postsecundario.

3. **Ruta Alterna** - Vía para obtener un certificado regular de personal docente, después de haber completado, por lo menos un bachillerato, que no es en educación, y cumpliendo con los requisitos de certificación establecidos por este Reglamento en la categoría en la cual se solicite.

Se requiere, entre otros criterios, la aprobación de un mínimo de veintiún (21) créditos del nivel subgraduado o de dieciocho (18) créditos del nivel graduado en la disciplina. En aquellos casos en los cuales se combinen cursos subgraduados y graduados, el aspirante deberá haber aprobado veintiún (21) créditos. Los cursos para la ruta alterna deben formar parte de los programas académicos autorizados por el CEPR a la institución de educación superior. Se excluyen los cursos básicos/educación general que la institución de educación superior ofrezca como parte de su oferta académica. Los requisitos generales y procesos para la solicitud, expedición y renovación de certificados de personal docente, vía ruta alterna, se establecen en los Artículos VII, VIII, IX, X y XI de este Reglamento. Las categorías de Apoyo a la Docencia, Personal Docente Administrativo y Personal Docente del Nivel Postsecundario pueden certificarse por la ruta alterna en aquellas categorías disponibles y para las cuales cumpla con los requisitos.

E. En determinados casos, podrá considerarse la utilización de los mismos créditos académicos para la obtención de más de un certificado (crédito dual) con excepción de los cursos básicos/educación general.

F. En los casos en los cuales el certificado se refiera a K-12, el certificado podrá ser considerado para ejercer en el nivel elemental o secundario, según la necesidad del servicio, las leyes y los reglamentos aplicables. Para estos casos, el aspirante deberá haber aprobado la metodología de la enseñanza en la disciplina a la cual aspira a certificarse a nivel K-12 ó a nivel K-6 (elemental) y 7-12 (secundario).

G. Los certificados de personal docente que estén vigentes en la fecha de aprobación de este Reglamento continuarán en vigor con toda validez, aún cuando haya cambiado la denominación de éste.

H. El Reglamento establece los requisitos mínimos, tanto para la ruta tradicional, de recertificación y alterna, los cuales no impiden que las instituciones de educación superior con programas de preparación de maestros tengan requisitos adicionales para sus estudiantes.

I. El Secretario de Educación podrá autorizar la renovación automática de certificados regulares vencidos, a su discreción.

J. El Secretario podrá reconocer como válidos los certificados expedidos por cualquier estado o territorio de los Estados Unidos de Norteamérica y extender certificados similares para ejercer en las escuelas públicas o privadas autorizadas para operar en Puerto Rico **(reciprocidad),** cuando se den las siguientes condiciones: que la especialidad o categoría del certificado presentado corresponda a una especialidad o categoría para la cual se expide un certificado en Puerto Rico, según se establece en este Reglamento; que el candidato presente los resultados que demuestren que

aprobó las Pruebas Certificación de Maestros que ofrece el estado o territorio de los Estados Unidos que le expidió el certificado regular de maestro; que el índice de especialidad (18 créditos) o concentración (21 créditos), así como el índice general estén conforme a lo establecido en el Artículo VII de este Reglamento; cualquier otra evidencia que el Departamento de Educación estime necesaria para este propósito.

Artículo IV. Implantación Del Reglamento

Se encomienda a la División de Certificaciones Docentes del Departamento de Educación de Puerto Rico la implantación de este Reglamento para la expedición y renovación de certificados del personal docente. Aquellos casos excepcionales que involucren candidatos, a quienes les aplica la definición de distinción especial, serán referidos por el Secretario al Comité de Certificaciones.

El Comité de Certificaciones, presidido por el Secretario o su representante, estará compuesto por miembros que serán designados por él, entre los cuales habrá representación de la División de Certificaciones Docentes.

Este conjunto de profesionales podrá considerar circunstancias comprobables adicionales a las que se contemplan en este Reglamento con el propósito de evaluar los candidatos referidos por el Secretario. Las funciones del Comité y la cantidad de miembros que lo componen serán definidos mediante carta circular a esos efectos.

Artículo V. Definiciones

Para efectos de este Reglamento, los siguientes términos y frases tendrán el significado que a continuación se expresa:

A. Año de Experiencia - Se considera como un (1) año de experiencia el período mínimo de ocho (8) meses de ejecución profesional promedio con un mínimo de setenta por ciento (70%) (satisfactorio) En el Sistema dentro de un año escolar. No se acreditarán los periodos de vacaciones o de licencias que haya disfrutado el empleado.

B. Asistencia Tecnológica - Servicios, equipo o productos adquiridos comercialmente, modificados o fabricados, que se usen para aumentar, mantener o mejorar las capacidades funcionales de una persona con impedimentos.

C. Certificado Regular de Profesor- Documento que autoriza al poseedor a ejercer como profesor en una institución de nivel postsecundario en las categorías descritas en el Artículo XIV de este Reglamento y cuya vigencia es por un término de seis (6) años.

D. Certificado Provisional - Documento que autoriza al poseedor a ejercer como maestro en la escuela pública por un periodo de un (1) año en el nivel y categoría que se especifica en el mismo, cuando la persona no cumple con los requisitos mínimos para obtener un certificado regular, en virtud de la Ley Núm. 94 de 21 de junio de 1955, según enmendada. De igual modo, el Secretario podrá expedir certificados provisionales por un término de tres (3) años a maestros que trabajen en escuelas privadas que posean licencia para operar, otorgada por un organismo reconocido al amparo de la Ley Núm. 94, supra. También se expedirá en aquellas categorías que no estén contenidas en este Reglamento, para las cuales pueda surgir la necesidad en un momento dado o para las áreas de difícil reclutamiento.

E. Certificado Regular de Director de Escuelas Montessori – Documento que autoriza al poseedor para ejercer como director ~en las escuelas que tengan implementado el Programa Montessori y cuya vigencia es por un término de seis (6) años.

F. Certificado Regular de Maestro - Documento que autoriza al poseedor para ejercer como maestro de la sala de clases en las categorías descritas en los Artículos VIII, IX, X y XI de este Reglamento y cuya vigencia es por un término de seis (6) años.

G. Certificado Regular de Maestro del Programa Montessori – Documento que autoriza al poseedor para ejercer como maestro de~ la sala de clases en los niveles preescolar, elemental, intermedio y superior en las escuelas que tengan implementado el Programa Montessori y cuya vigencia es por un término de seis (6) años.

H. Certificado Regular de Personal de Apoyo a la Docencia- Documento que autoriza al poseedor para ejercer en las categorías descritas en el Artículo XII de este Reglamento y cuya vigencia es por un término de seis (6) años.

I. Certificado Regular de Personal Docente Administrativo – Documento que autoriza al poseedor para ejercer en las categorías descritas en el Artículo XIII de este Reglamento y cuya vigencia es por un término de seis (6) años.

J. Certificado Vitalicio - Documento que autoriza al poseedor a ejercer de por vida en la categoría, nivel, especialidad o programa académico que se indica en el mismo. Se expedirá conforme a las especificaciones de la Ley Núm. 94 de 21 de junio de 1955, según enmendada.

K. Child Development Associate (COA) - Certificación vigente otorgada por *"The Council for Early Childhood Recognition",* en Washington D.C., a personas que han demostrado competencia a través de su participación en el programa en el campo de la educación de los niños, cuya edad está comprendida desde el nacimiento hasta los cinco (5) años.

L. Concentración - Conjunto de cursos a nivel subgraduado que se reconocen por tener elementos afines en su contenido programático, autorizado por el CEPR y que se evidencia por medio de la transcripción oficial de créditos o certificación de la institución de educación superior. La concentración consiste de un mínimo de veintiún (21) créditos.

M. Concentración Menor - Conjunto de cursos de un área académica en particular que permiten atender opciones de diversificación profesional y satisfacer los intereses particulares de los candidatos. Se requiere la aprobación de un mínimo de dieciocho (18) créditos a nivel subgraduado o graduado con cursos que formen parte de la oferta académica autorizada por el CEPR. El DE podrá combinar cursos subgraduados y graduados al momento de evaluar el expediente académico del aspirante.

N. Crédito - Unidad que indica el número de horas contacto entre el estudiante y el profesor universitario en cursos formales. Un (1) crédito universitario equivale a quince (15) horas-contacto.

O. Crédito Dual - Utilización de los mismos créditos académicos para la obtención de más de un certificado.

P. Departamento - Se refiere al Departamento de Educación de Puerto Rico (DE).

Q. Distinción Especial - Certificado Provisional Especial otorgado por el Secretario de Educación que autoriza a un profesional de reconocido mérito intelectual, artístico o deportivo a enseñar por un término de tres años en aquellas disciplinas en las que se faculte, cuando la persona no cumple con los requisitos mínimos para obtener un Certificado Regular de Maestro.

Además, se podrá considerar para esta Distinción Especial a candidatos que aún cuando no cumplen con los requisitos mínimos para obtener un Certificado Regular de Maestro, demuestren proficiencia en alguna disciplina particular como bilingüismo, idiomas extranjeros, entre otros.

Conlleva una evaluación del Comité de Certificaciones.

R. División de Certificaciones Docentes - Oficina, cuya función primordial es la expedición y renovación de certificados de personal docente, conforme a las disposiciones de este Reglamento.

S. Educación Bilingüe - Proceso de enseñanza-aprendizaje en el cual se desarrolla la habilidad de hablar, leer, escribir y entender con competencia un segundo idioma. En el contexto de Puerto Rico, la educación bilingüe utiliza los idiomas español e inglés.

T. Educación de Adultos - Programa de servicios académicos dirigidos a personas de dieciséis (16) años de edad o más, que están fuera de la escuela y desean iniciar o proseguir sus estudios.

U. Educación Especial - Programa de servicios educativos y relacionados diseñados especialmente para satisfacer las necesidades individuales de los estudiantes con impedimentos, según son definidos por la Ley para la Educación de Individuos con Discapacidades (IDEA, por sus siglas en inglés).

V. Educación Ocupacional - Programa de experiencias educativas encaminadas a preparar estudiantes con las destrezas ocupacionales, académicas básicas y de empleabilidad, que les permitan obtener, retener y progresar en posiciones productivas y de responsabilidad.

W. Educación para la Niñez Temprana - Programa de experiencias educativas enriquecedoras, encaminadas al desarrollo integral del aprendiz desde el nacimiento hasta los ocho (8) años de edad, aproximadamente.

Para el mismo se expiden certificados de maestro en las siguientes categorías:

1. Nivel Preescolar: Abarca la educación desde el nacimiento hasta los cuatro (4) años y once (11) meses de edad aproximadamente. En este nivel se incluyen los infantes y maternales. En el Programa de Educación Especial el nivel preescolar abarca la educación desde los tres (3) años hasta que se determine otra ubicación apropiada al desarrollo del niño.

2. Nivel Primario: Abarca la educación de kindergarten a tercer grado.

X. Experiencia Ocupacional - Experiencia constatable acumulativa de dos (2) años a jornada completa o de tres (3) años a jornada parcial en la industria, el comercio, la agricultura, la banca o entidades gubernamentales, privadas y del tercer sector, la cual será evaluada y aprobada por el Programa Ocupacional de acuerdo con las normas establecidas. El patrono certificará la experiencia ocupacional, que deberá corresponder a la certificación a la cual aspira.

Y. Equivalencia del Curso de Práctica Docente - Consiste en la experiencia satisfactoria adquirida como maestro de la sala de clases en una asignatura y nivel determinado durante un (1) año a jornada completa en el Sistema de Educación Pública, en escuelas privadas autorizadas por un organismo reconocido en Puerto Rico, Centros *Head Start* o en el sistema de educación acreditado de los Estados Unidos de Norteamérica.

Para obtenerlo, deberá poseer un certificado provisional en la categoría o especialidad para cada año escolar, en virtud de la Ley Núm. 94, supra.

El Departamento de Educación certificará la convalidación de esta equivalencia. En el caso de los Institutos Tecnológicos de Puerto Rico o de Programas Postsecundarios se podrá considerar dos (2) años de experiencia a jornada parcial en la categoría para la cual solicita el Certificado Regular de Profesor.

Z. Equivalencia del curso de Práctica Supervisada - Consiste en la experiencia satisfactoria adquirida como Director Escolar en un Programa determinado durante un (1) año a jornada completa en el Sistema de Educación Pública o en escuelas privadas autorizadas por un organismo reconocido en Puerto Rico. La experiencia adquirida en el DE será constatada únicamente mediante el documento oficial de nombramientos y cambios (DE-409). La experiencia adquirida en la escuela privada será constatada utilizando el documento oficial de Certificación de Experiencia y deberá poseer un certificado provisional en la categoría que solicita el certificado regular, en virtud de la Ley Núm. 94, supra. El DE certificará la convalidación de esta equivalencia.

AA. Escuela Especializada - Es aquella que ofrece un currículo dirigido hacia el desarrollo de las habilidades particulares de los estudiantes. También, se designan de esta manera las escuelas que cuentan con un currículo académico integrado a una especialidad. Se rigen por las disposiciones que establece la Carta Circular vigente que emite el DE sobre este particular.

BB. Escuela Privada - Institución educativa particular que ofrece el nivel preescolar, primario, elemental, secundario o postsecundario no universitario y posee autorización de un organismo reconocido por el Estado Libre Asociado de Puerto Rico o los Estados Unidos de Norteamérica.

CC. Escuela Pública - Institución educativa de nivel primario, elemental, secundario o postsecundario que pertenece al Departamento de Educación.

DD. Especialidad - Conjunto de cursos a nivel graduado que forman parte de un programa académico autorizado por el CEPR y que se reconoce por medio de la transcripción oficial de créditos o certificación de la institución de educación superior. Si el candidato no tiene el grado de maestría, se le requerirá la aprobación de un mínimo de dieciocho (18) créditos en la disciplina correspondiente, evidenciado por la transcripción oficial de créditos.

EE. Instituto Tecnológico de Puerto Rico - Institución de Educación Superior que ofrece programas académicos conducentes a, por lo menos, un grado asociado o que de algún modo declare o prometa la intención de otorgar grados académicos de educación superior y exige como requisito de admisión la certificación de graduación o diploma de escuela superior.

FF. Internado Ocupacional - Curso universitario que incluye un período de práctica en la industria, el comercio, la agricultura, la banca o entidades gubernamentales y privadas que conlleva la aprobación de créditos universitarios.

GG. Jornada Completa - Jornada de trabajo de treinta (30) horas semanales: seis (6) horas diarias durante cinco (5) días a la semana, que rinde el maestro regular del Sistema (K-12) en las escuelas con organización sencilla. En los casos del maestro regular del Sistema (K-12) que labora en las escuelas con organización alterna, se considerará como jornada completa cinco (5) horas diarias durante cinco (5) días a la semana.

HH. Ley - Se refiere a la Ley Núm. 94 de 21 de junio de 1955, según enmendada, que regula la certificación de los maestros en el Sistema de Educación Pública y las escuelas privadas en Puerto Rico.

II. Maestro - Definición que da la Ley Núm. 149 de 30 de junio de 1999, según enmendada, conocida como Ley Orgánica del Departamento de Educación Pública de Puerto Rico, al recurso principal del proceso educativo, cuya función primordial consiste en ayudar a los estudiantes a descubrir sus capacidades, a realizarlas y a desarrollar actitudes y formas de comportamiento que les permitan desenvolverse como miembros de la comunidad.

JJ. Nivel Elemental - Abarca la educación de los estudiantes desde kindergarten hasta sexto grado. Para este nivel se expiden certificados de maestro en las siguientes categorías:

1. Nivel Primario - Abarca la educación de los estudiantes desde kindergarten hasta tercer grado.

2. Nivel 4to a 6to- Abarca la educación de los estudiantes desde el grado cuarto a sexto.

KK. Nivel Secundario - Abarca la enseñanza desde el séptimo hasta el duodécimo grado.

LL. Nivel Postsecundario No Universitario - Abarca la enseñanza que se ofrece a los estudiantes graduados de escuela superior y conlleva la otorgación de un certificado de una institución reconocida por el Estado.

MM. Nivel Postsecundario Universitario- Abarca la enseñanza que se ofrece a los estudiantes graduados de escuela superior y conlleva la otorgación de un grado conferido por una institución de educación superior.

NN. Personal Docente - Los maestros, profesores, directores, maestros bibliotecarios, consejeros/orientadores, trabajadores sociales en las escuelas o instituciones postsecundarias y otro personal con funciones técnicas, administrativas y de supervisión en el Sistema, que posean certificados docentes expedidos conforme a la Ley Núm. 94, supra.

OO. Práctica Docente- Curso universitario que incluye experiencias clínicas en las cuales el estudiante-maestro asume responsabilidad de la enseñanza de una o más asignaturas a grupos de estudiantes de educación temprana, nivel elemental, nivel secundario o educación ocupacional. El curso de Práctica Docente es un requisito de certificación para la Ruta Tradicional y la Ruta Alterna.

PP. Práctica Supervisada - Curso universitario que incluye experiencias clínicas, en las cuales el candidato a certificarse asume tareas de apoyo docente-administrativas.

QQ. Profesor - Personal Docente, cuya función primordial consiste en apoyar a los estudiantes en el nivel postsecundario a descubrir sus capacidades y desarrollar las actitudes y las competencias que les permitan desenvolverse como miembros de la comunidad.

RR. Programa de Preparación de Maestros - Programa universitario, de nivel subgraduado o graduado, ofrecido por una institución de educación superior con licencia para operar, otorgada por el CEPR. Cuando se completa, indica que el matriculado ha cumplido con todos los requisitos académicos requeridos para obtener la certificación o licenciatura inicial para enseñar en las escuelas elementales o secundarias de Puerto Rico.

SS. Recertificación - Proceso por el cual un maestro, que posee uno o más certificados regulares de maestro en cualquier categoría,. obtiene una certificación en una categoría distinta, ya que cumple con todos los requisitos establecidos por el DE para otorgar el certificado que solicita. Se requiere la aprobación de un mínimo de dieciocho (18) créditos a nivel subgraduado, graduado o combinación de ambos que incluya curso(s) de metodología(s) de la enseñanza en la disciplina. La ruta de recertificación no aplica a las categorías de Apoyo a la Docencia, Personal Docente Administrativo y Personal Docente del Nivel Postsecundario. Los cursos deben formar parte de los programas académicos autorizados por el CEPR a la institución de educación superior. Se excluyen los cursos básicos/educación general que la institución de educación superior ofrezca como parte de su oferta académica.

TT. Reglamento - Se refiere al Reglamento de Certificación de Personal Docente de Puerto Rico (2011).

UU. Renovación- Proceso por el cual el personal docente solicita al DE que se le renueve el certificado que posee. Para la renovación de todos los Certificados Regulares se requiere de la aprobación de Actividades de Educación Continua. Las normas generales y procedimientos que regirán el total de unidades de educación continua (horas contacto) necesarias para renovar el Certificado Regular y los temas a considerarse serán en conformidad con la Carta Circular que apruebe el Secretario a esos efectos.

VV. Ruta Alterna - Vía para obtener un certificado regular de personal docente habiendo completado por lo menos un bachillerato, que no es en educación y cumpliendo con los requisitos de certificación establecidos por este Reglamento en la categoría en la cual se solicite. Se requiere la aprobación de un mínimo de veintiún (21) créditos del nivel subgraduado o de dieciocho (18) créditos del nivel graduado en la disciplina. En aquellos casos en los cuales se combinen cursos subgraduados y graduados, el aspirante deberá haber aprobado veintiún (21) créditos. Los cursos deben formar parte de los programas académicos autorizados por el CEPR a la institución de educación superior. Se excluyen los cursos básicos/educación general que la institución de educación superior ofrezca como parte de su oferta académica.

WW. Secretario- El Secretario del Departamento de Educación.

XX. Sistema - Se refiere tanto al conjunto de escuelas públicas de la comunidad como al conjunto de escuelas privadas autorizadas para operar en Puerto Rico por los organismos correspondientes.

YY. Unidades de Educación Continua - Horas contacto de capacitación profesional. Una unidad de educación continua equivale a diez (10) horas contacto. Las unidades de educación continua no constituyen créditos académicos, por lo cual no pueden utilizarse para evidenciar cumplimiento con los requisitos para emitir una certificación de personal docente.

Artículo VI. Certificaciones

Este Artículo desglosa las certificaciones que expide el Departamento de Educación a toda persona que cumpla con los requisitos estipulados para ejercer en las distintas categorías de puestos de personal docente, tanto en las escuelas públicas como privadas de Puerto Rico. Las certificaciones especifican el nivel, duración y categoría, según los siguientes criterios:

A Por Nivel
1. K-6
2. K-12
3. Preescolar (0 - 4)
4. Elemental
   a) Primario (K-3)
   b) 4-6
5. Secundario
6. Postsecundario

B. Por Categorías
1. Maestros de Programas Académicos
2. Maestros de Programas Ocupacionales
3. Maestros de Programas No Ocupacionales
4. Maestros de Programas Montessori
5. Personal de Apoyo a la Docencia
6. Personal Docente Administrativo
7. Personal Docente de Nivel Postsecundario
8. Personal Docente Administrativo en el Nivel Postsecundario
9. Personal de Apoyo a la Docencia en el Nivel Postsecundario

C. Por Duración
1. Provisional para escuelas públicas
2. Provisional para escuela privada específica
3. Regular
4. Vitalicio
5. Distinción Especial

Artículo VII. Requisitos Generales y Procesos para la Solicitud, Expedición, Renovación y Cancelación de Certificados para Personal Docente.

A. Requisitos Generales

Todo aspirante a certificarse para ejercer funciones de personal docente en Puerto Rico deberá reunir y acreditar los siguientes requisitos generales establecidos por ley y en este Reglamento:

1. Tener dieciocho (18) años de edad o más.

2. Tener la preparación académica y profesional requerida, así como otros requisitos, según se dispone más adelante en este Reglamento. Se exigirá un índice académico general y de especialidad, según se indica a continuación:

Año Escolar	Indice académico general y de concentración o especialidad (escala 0.00 - 4.00 puntos)
2011-2012 2012-2013	2.50 puntos
2013-2014 2014-2015 2015-2016	2.80 puntos
2016-2017 en adelante	3.00 puntos

3. Haber aprobado las Pruebas para la Certificación de Maestros (PCMAS), conforme a las normas establecidas mediante carta circular por el Secretario del Departamento de Educación.

4. Haber aprobado y evidenciado un curso sobre la Naturaleza del Niño Excepcional, que incluya los conceptos de Asistencia Tecnológica e Inclusión.

5. Haber aprobado y evidenciado un curso sobre la Integración de la Tecnología en la Educación, que incluya el tema de identificación de fuentes confiables de información y su adaptación al currículo.

6. Haber aprobado y evidenciado un curso de Historia de Puerto Rico.

7. Haber aprobado y evidenciado un curso de Historia de Estados Unidos.

8. Someter toda evidencia documental de tipo personal y profesional que se requiera para este propósito.

B. Procesos

1. Solicitud- Todo candidato que interese obtener un certificado regular de personal docente en las escuelas públicas y en las escuelas privadas autorizadas para operar en Puerto Rico deberá entregar los documentos que se desglosan en la tabla que sigue, según sea el caso:

Documentos	Inicial	Renovación	Recertificación
1. Formulario para solicitar el certificado correspondiente, disponible en el portal del Departamento de Educación o en las oficinas de Recursos Humanos de la Región.[1]	√	√	√
2. Copia del Certificado de Nacimiento, emitida por el Registro Demográfico o la entidad correspondiente, o pasaporte oficial o tarjeta de residencia vigente o documento de naturalización vigente emitido por el Servicio de Inmigración de los Estados Unidos de Norteamérica.	√		
3. Certificado de Antecedentes Penales negativo y vigente, expedido por la Policía de Puerto Rico. Este documento evidencia ausencia de violaciones a las leyes de orden público o a la moral en Puerto Rico u otro país de residencia. Si el candidato reside o ha residido en otra jurisdicción dentro de los cinco (5) años previos a la solicitud, deberá igualmente entregar el Certificado Negativo de Antecedentes Penales, expedido por la agencia facultada para ello en la jurisdicción de procedencia.	√	√	√
4. Certificado de Salud vigente en el formulario oficial que para tales fines provee el Departamento de Educación.	√	√	√
5. Certificación vigente de cumplimiento de pensión alimentaria de menores expedida por la Administración para el Sustento de Menores (ASUME].	√	√	√
6. Certificación oficial de grado conferido o de requisitos de grado, completado y transcripción de créditos	√		√

oficial que especifique concentración o especialidad, índice académico general y de concentración o especialidad. Esta certificación deberá estar firmada y sellada por el Registrador de la institución de educación superior que confiere el grado.[2] La certificación y la transcripción de créditos oficiales son un requisito para las rutas tradicional, de recertificación y alterna.			
7. Certificación oficial de los resultados de la Prueba para la Certificación de Maestros (PCMAS)[3] que evidencie aprobación, según las normas que establezca el Departamento de Educación.	√		√
8. Evidencia de ser ciudadano de los Estados Unidos de Norteamérica. Los ciudadanos extranjeros con residencia oficial en los Estados Unidos presentarán la tarjeta oficial de residencia, credencial expedida por el Servicio de Naturalización e Inmigración de los Estados Unidos de Norteamérica a los extranjeros considerados residentes legales del País, que los capacita para ocupar posiciones en el servicio público.	√		
9. Evidencia de haber aprobado las horas contacto de educación continua requeridas para renovar el Certificado Regular de Maestro,[4] de conformidad con la Carta Circular que apruebe el Secretario para esos fines.		√	
10. Presentar evidencia de certificación, licencia o colegiación vigente, según requerido por ley o reglamento, en aquellos casos, cuya práctica profesional esté regulada.	√	√	√
11. Cualquier otra evidencia que se requiera para este propósito.	√	√	√

1. El candidato solicitará la renovación del certificado de personal docente a partir de la fecha de vencimiento de éste.

2. Los candidatos que hayan estudiado en el extranjero presentarán documentos oficiales de equivalencia de grado expedidos por las autoridades competentes reconocidas para ello.

3 Según aplique.

4. Aquellos candidatos que posean más de un certificado regular, las horas de educación continua obtenidas serán válidas para la renovación de todos estos, siempre que no haya transcurrido un período mayor de seis (6) años a partir de las últimas horas aprobadas. Las mismas son de entera

responsabilidad del candidato. El Secretario establecerá, mediante Carta Circular, las normas y procedimientos relacionados a la implementación de esta disposición del Reglamento.

a. Consideraciones adicionales al solicitar:

1) Si el aspirante solicita un certificado que requiera experiencia docente y éste tiene experiencia de trabajo en escuelas privadas de Puerto Rico o en escuelas públicas y privadas de los Estados Unidos de Norteamérica entregará una certificación original detallada por año escolar que indique el día, mes y año de comienzo y terminación del empleo, expedida por las instituciones correspondientes. Esta certificación deberá contener una evaluación satisfactoria de su desempeño docente.

2) Estos documentos se entregarán personalmente en la Oficina de Recursos Humanos de la Región Educativa correspondiente o serán enviados por correo certificado con acuse de recibo a dicha Oficina.

2. Expedición - Se expedirá el certificado regular de personal docente solicitado, en conformidad con las siguientes disposiciones:

a. Sólo se tramitarán las solicitudes que estén completas, firmadas y con todos los documentos vigentes requeridos. Se sugiere guardar para su récord una copia del formulario de todos los documentos entregados.

b. La Oficina de Recursos Humanos de la Región Educativa entregará al solicitante un recibo oficial que evidencie los documentos y la fecha en la cual éstos fueron recibidos, una vez que un funcionario verifique que la solicitud está completa, firmada y con todos los documentos requeridos.

c. El DE mantendrá, para fines de auditorías, todos los documentos requeridos con la solicitud.

d. El DE evaluará la credencial de grado profesional obtenido por el candidato, mediante educación a distancia en conformidad con el estatus de acreditación de la institución de educación superior que otorga el grado con una de las agencias acreditadoras regionales de los Estados Unidos de Norteamérica.

e. Candidatos con grados conferidos en el extranjero serán evaluados individualmente y en sus méritos, una vez presenten los documentos oficiales de equivalencia de grado y cualquiera otra evidencia que el DE estime necesaria.

f. El Secretario de Educación puede reconocer como válidos los certificados expedidos por cualquier estado o territorio de los Estados Unidos de Norteamérica y extender certificados similares para ejercer en

las escuelas públicas y privadas autorizadas para operar en Puerto Rico, según se dispone en el Artículo III de este
Reglamento.

g. El DE enviará la certificación por correo o en casos meritorios se entregará personalmente. El solicitante debe asegurarse de incluir la dirección correcta en dónde desea recibir la certificación.

3. Cancelación - El Secretario podrá cancelar el certificado correspondiente al personal docente que haya incurrido en cualesquiera de las causas especificadas en la Ley Núm. 115 de 30 de junio de 1965, según enmendada, siguiendo los procedimientos establecidos.

4. Anulación - La División de Certificaciones Docentes podrá, por delegación expresa del Secretario de Educación, anular un certificado regular de personal docente que haya sido otorgado contrario a cualquier disposición del Reglamento o de ley.

Artículo VIII. Certificados para Maestros de Programas Académicos.

Para los diversos programas académicos, se presentan las especificaciones sobre la preparación académica y otros requisitos esenciales para obtener certificados regulares de maestro **(no aplican para la renovación de certificados).** Cabe señalar que para obtener un certificado regular de personal docente vía **Ruta Alterna,** se requerirá que el candidato haya completado por lo menos un bachillerato y cumpla con los requisitos de certificación establecidos por este Reglamento en la categoría en la cual se solicite. Los documentos que acompañarán la solicitud de un certificado regular de personal docente se desglosan en la tabla que aparece en el Artículo VII de este Reglamento. Para las categorías incluidas en este Artículo, los candidatos deberán aprobar las Pruebas para la Certificación de Maestros (PCMAS), como requisito para obtener la certificación solicitada, conforme a la Carta Circular aprobada por el Secretario, a esos efectos.

Véase Grafica en la próxima página.

Artículo VIII. Certificados para Maestros de Programas Académicos.

Certificado de Maestro	Ruta Tradicional	Ruta de Recertificación	Ruta Alterna	Requisitos particulares adicionales
	Bachillerato o Maestría en Educación con concentración o especialidad, que incluya Metodología de la Enseñanza en la disciplina y un curso de Práctica Docente en el área a certificarse o su equivalente en:	Certificado Regular de Maestro y una concentración menor, que incluya un curso de Metodología de la Enseñanza en el área de recertificación, en:	Poseer un grado de Bachillerato, Maestría o Doctorado y haber aprobado los siguientes requisitos:	
Educación Temprana: Nivel Preescolar	•Educación Temprana con especialidad en infantes, maternales o preescolar o; •Ecología Familiar, con concentración en Educación Preescolar	•Educación Preescolar (infantes, maternales o preescolar) o; •El credencial del Child Development Associate (CDA) vigente, más quince (15) créditos en Educación Preescolar (infantes, maternales o preescolar).	1. Una concentración o especialidad en cursos de Educación Preescolar (infantes, maternales o preescolar). 2. Quince (15) créditos básicos en educación que incluya los fundamentos filosóficos, sociológicos y psicológicos de la educación. 3. Un (1) curso de Práctica Docente en este nivel o su equivalente.	
Educación Temprana:	•Educación Temprana en el Nivel Primario (K-3)	•Educación Temprana en el Nivel Primario (K-	1. Una concentración o especialidad en educación	Las rutas: tradicional, de recertificación y alterna

Leyes y Reglas para los Maestros.

www.LexJuris.com

Nivel Elemental Primario (K-3)		3) o; •El credencial del *Child Development Associate* (CDA) vigente, más quince (15) créditos en Educación Primaria.	requieren que los cursos de metodología cubran las siguientes áreas académicas como parte de la concentra-ción o especialidad en K-3: Ciencias, Matemáticas, Estudios Sociales y Español.
		temprana - nivel elemental primario (K-3) que incluya cursos en Metodología de la Enseñanza en las áreas académicas. 2. Quince (15) créditos básicos en educación que incluya los fundamentos filosóficos, sociológicos y psicológicos de la educación. 3. Un (1) curso de Práctica Docente en el nivel elemental K-3 o su equivalente.	
Educación: Nivel Elemental (4° - 6°)	•Enseñanza de Nivel Elemental (4to 6to)	•Enseñanza de Nivel Elemental (4to a 6to)	Las rutas: tradicional, de recertificación y alterna requieren que los cursos de metodología cubran las siguientes áreas académicas como parte de la concentración o especialidad en 4-6: Ciencias, Matemáticas, Estudios Sociales y Español.
		1. Una concentración o especialidad en la enseñanza del nivel elemental 410 a 610 que incluya cursos en metodología de la Enseñanza en las áreas académicas. 2. Quince (15) créditos básicos en educación que incluya los fundamentos filosóficos, sociológicos y psicológicos de la educación. 3. Un (1) curso de Práctica Docente en el nivel elemental (4-6) o su equivalente.	
Inglés: Nivel Elemental (K-6°)	•Inglés Elemental (K-6°) o; •Enseñanza de Inglés	•Inglés Elemental (K-6°) o; •Enseñanza de Inglés	Las rutas: tradicional, de recertificación y alterna requieren la Prueba de
		1. Una concentración o especialidad en Inglés o Enseñanza del Inglés (TESOL)	

Leyes y Reglas para los Maestros. 265 www.LexJuris.com

		(TESOL)	que incluya nueve (9) créditos en inglés del nivel elemental (K-6) y tres (3) créditos de metodología de la Enseñanza en el área a certificarse. 2. Quince (15) créditos básicos en educación que incluya los fundamentos filosóficos, sociológicos y psicológicos de la educación. 3. Un (1) curso de Práctica Docente en Inglés elemental o su equivalente.	Proficiencia en Inglés, de acuerdo con las normas establecidas por el Departamento de Educación.
Educación Física (K-12)	•Educación Física	•Educación Física	1. Una concentración o especialidad en Educación Física que incluya la Metodología de la Enseñanza en el área a certificarse. 2. Quince (15) créditos básicos en educación que incluya los fundamentos filosóficos, sociológicos y psicológicos de la educación. 3. Un (1) curso de Práctica Docente en Educación Física o su equivalente.	Las rutas: tradicional, de recertificación y alterna requieren la aprobación de tres (3) créditos de Metodología de la Enseñanza de la Educación Física en el Nivel Elemental y tres (3) créditos de la Metodología de la Enseñanza de la Educación Física en el Nivel Secundario.
Idiomas Extranjeros (K-12)	•Idiomas Extranjeros	•Idiomas Extranjeros	1. Una concentración o especialidad en Idioma Extranjero que incluye un curso de Metodología de la	Las rutas: tradicional, de recertificación y alterna requieren la Prueba de Proficiencia en el idioma, de

			Enseñanza en el área a certificarse. 2. Quince (15) créditos básicos en educación que incluya los fundamentos filosóficos, sociológicos y psicológicos de la educación. 3. Un (1) curso de Práctica Docente en el área a certificarse o su equivalente.	acuerdo con las normas establecidas por el Departamento de Educación, cuando aplique. Este certificado se expedirá por idioma.
Educación Bilingüe (K-12)	•Educación Bilingüe	•Educación Bilingüe	1. Una concentración o especialidad en Educación Bilingüe, que incluya tres (3) créditos en aspectos socioculturales de la enseñanza bilingüe y la Metodología de la Enseñanza de la Educación Bilingüe K-12. 2. Quince (15) créditos básicos en educación, que incluya los fundamentos filosóficos, sociológicos y psicológicos de la educación. 3. Un (1) curso de Práctica Docente en educación bilingüe o su equivalente.	Las rutas: tradicional, de recertificación y alterna requieren demostrar competencia oral y escrita en inglés y español por medio de una entrevista y una prueba, de acuerdo con las normas establecidas por el Departamento de Educación.
Educación en Bellas Artes (K-12)	•Artes Visuales, Música General, Música General Instrumental, Música	•Artes Visuales, Música General, Música General Instrumental,	1. Una concentración o especialidad en Artes Visuales, Música General,	

Leyes y Reglas para los Maestros. 267 www.LexJuris.com

• Artes Visuales • Música General • Música General Instrumental • Música General Vocal • Danza: Movimiento y Expresión Corporal • Teatro • Ballet	General Vocal, Danza: Movimiento y Expresión Corporal, Teatro o Ballet	Música General Vocal, Danza: Movimiento y Expresión Corporal, Teatro o Ballet	Música General Instrumental, Música General Vocal, Danza: Movimiento y Expresión Corporal, Teatro o Ballet que incluya la Metodología de la Enseñanza en el área a certificarse (K-12). 2. Quince (15) créditos básicos en educación, que incluya los fundamentos filosóficos, sociológicos y psicológicos de la educación. 3. Un (1) curso de Práctica Docente en la especialidad o concentración a certificarse o su equivalente.
Educación en Salud Escolar (K-12)	•Salud Escolar	•Salud Escolar	1. Una concentración o especialidad en Salud Escolar que incluya la Metodología de la Enseñanza en el área a certificarse (K-12). 2. Quince (15) créditos en cursos básicos en educación, que incluya los fundamentos filosóficos, sociológicos y psicológicos de la educación. 3. Un (1) curso de Práctica Docente en Salud Escolar o su

			equivalente. Las rutas: tradicional, de recertificación y alterna en Inglés requieren la aprobación de una prueba de proficiencia en Inglés, de acuerdo con las normas establecidas por el Departamento de Educación.
Educación Secundaria	•Español, Inglés, Estudios Sociales, Historia, Biología, Física, Química, Ciencia General, Ciencias Ambientales, Ciencias Terrestres y Matemáticas.	•Español, Inglés, Estudios Sociales, Historia, Biología, Física, Química, Ciencia General, Ciencias Ambientales, Ciencias Terrestres y Matemáticas.	1. Una concentración o especialidad en la materia, que incluya la Metodología de la Enseñanza en el área a certificarse. 2. Quince (15) créditos en cursos básicos en educación, que incluya los fundamentos filosóficos, sociológicos y psicológicos de la educación. 3. Un (1) curso de Práctica Docente en la materia del nivel secundario, en el cual se va a certificar, *o* su equivalente.
Recurso en el Uso de la Computadora (K-12)	•Sistemas de Información, Computación Educativa, Tecnología Instruccional Educativa o Emergente	•Sistemas de Información, Computación Educativa, Tecnología Instruccional Educativa o Emergente	1. Una concentración *o* especialidad en Sistemas de Información, Computación Educativa, Tecnología Instruccional Emergente o Tecnología Educativa, que incluya la Metodología de la Enseñanza en el área a certificarse (K-12). 2. Quince (15) créditos en cursos básicos en educación, que incluya los fundamentos filosóficos, sociológicos y psicológicos de la educación.

Recurso de Producción de Radio y Televisión	No aplica	•Comunicación*	3. Un (1) curso de Práctica Docente en la especialidad o su equivalente.
			1. Una concentración o especialidad en Comunicación, que incluya la Metodología de la Enseñanza en el área a certificarse.
2. Un (1) curso de producción de radio.
3. Un (1) curso de producción de televisión.
4. Quince (15) créditos en cursos básicos en Educación, que incluya los fundamentos filosóficos, sociológicos y psicológicos de la educación.
5. Un (1) curso de Práctica Docente en la especialidad o su equivalente. | *La ruta de recertificación requiere como requisito adicional:

1. Un (1) curso de Producción de Radio.
2. Un (1) curso de Producción de Televisión. |
| **Bibliotecario** | No aplica | • Ver alternativa en columna de requisitos particulares adicionales | No aplica | 1. Certificado Regular de requisitos (se excluyen los Certificados de Apoyo a la Docencia).
2. Grado de Maestría en Bibliotecología o Ciencias Bibliotecarias y de la Información, que incluya un curso de Internado o experiencia clínica en la disciplina. |

| Educación de Adultos | No aplica | •Educación de Adultos o Andragogía o;
•Certificación en Andragogía con un mínimo de trescientas cincuenta (350) horas contacto, que incluya las siguientes áreas:
-Legislación y Conceptos Básicos de la Enseñanza de Adultos
-Métodos y Estrategias de la Enseñanza de Adultos
-Planificación e Implantación de Programas de Adultos. | No aplica |

Artículo IX. Certificados para Maestros del Programa de Educación Especial.

Autorizan al poseedor para ejercer como maestro en el Programa de Educación Especial en los niveles elemental, intermedio y superior. Las categorías incluidas en este Artículo deberán aprobar las Pruebas para la Certificación de Maestros (PCMAS), como requisito para obtener la certificación solicitada, conforme a la Carta Circular aprobada por el Secretario a esos efectos.

Certificado de Maestro	Ruta Tradicional	Ruta de Recertificación	Ruta Alterna	Requisitos particulars adicionales
	Bachillerato o Maestría	Certificado Regular de	Poseer un grado de	

Leyes y Reglas para los Maestros.

	en Educación con concentración o especialidad, que incluya la Metodología de la Enseñanza en la disciplina y un curso de Práctica Docente en el área a certificarse o su equivalente en:	Maestro de Educación Especial y una concentración menor, que incluya un curso de Metodología de la Enseñanza en el área de recertificación, en:	Bachillerato, Maestría o Doctorado y haber aprobado los siguientes requisitos:
Educación Especial (K-12)	•Educación Especial	•Educación Especial	1. Una concentración o especialidad en Educación Especial, que incluya el contenido de Asistencia tecnológica. 2. Seis (6) créditos en Metodología de Enseñanza de lectura en Educación Especial. 3. Tres (3) créditos en la Metodología de Enseñanza de matemáticas en Educación Especial. 4. Quince (15) créditos en cursos básicos en educación, que incluya los fundamentos filosóficos, sociológicos y psicológicos de la educación. 5. Curso de Práctica Docente en el área a certificarse o su equivalente.	Para la Ruta de Recertificación se podrá considerar cualquier certificado incluido en los Artículos VIII, X y XI de este Reglamento.

| Educación Especial: Impedimentos Visuales | • Educación Especial: Impedimentos Visuales | • Educación Especial: Impedimentos Visuales* | No Aplica | * La concentración menor tiene que incluir:

1. Tres (3) créditos en Implicaciones educativas/ funcionales de las cegueras y aspectos psicosociales del estudiante ciego y de baja visión.
2. Seis (6) créditos en metodología y currículo de enseñanza en Sistema Braille para la lectura, escritura y contracciones en idioma español, inglés (códigos con contracciones) y matemáticas (Nemeth Code), entre otros códigos con las tecnologías aplicables para la lectura y escritura.
3. Tres (3) créditos en orientación y movilidad.
4. Tres (3) créditos de metodología curricular y método de evaluación alterna con impedimentos visuales que incluya ábaco Cranmer, libros parlantes, entre otros. |
| Educación Especial: Educación al | • Educación Especial: Impedimentos Auditivos | • Educación Especial: Impedimentos Auditivos* | No Aplica | * La concentra-ción menor tiene que incluir: |

Estudiante Sordo y Sordo Parcial			1. Tres (3) créditos en cursos de metodología, currículo y materiales para la enseñanza del estudiante sordo y sordo parcial. 2. Tres (3) créditos de lenguaje de señas en el contexto de la cultura de los sordos. 3. Tres (3) créditos en métodos de enseñanza al estudiante sordo y sordo parcial y preparación de materiales. 4. Tres (3) créditos en desarrollo del lenguaje para estudiantes sordo y sordo parcial: teoría y práctica. 5. Un (1) curso en métodos de evaluación y evaluación alterna.
Educación Especial: Estudiante Sordo-Ciego	•Educación Especial: Educación al Estudiante Sordo-Ciego	•Educación Especial: Educación al Estudiante Sordo-Ciego*	No Aplica	* La concentra-ción menor tiene que incluir: 1. Tres (3) créditos en cursos de metodología curricular, métodos de evaluación y evaluación alterna, incluyendo la preparación de materiales para la enseñanza del estudiante sordo - ciego. 2. Tres (3) créditos en métodos y estrategias de comunicación con el estudiante sordo – ciego como

			lenguaje de señas, Sistema Tadoma (manos sobre manos), tableros de comunicación, sin excluir otros. 3. Tres (3) créditos en orientación y movilidad. 4. Seis (6) créditos de metodología y currículo de enseñaza en Sistema Braille para la lectura, escritura y contracciones en idioma español, inglés y matemáticas (Nemeth Code) y uso de ábaco Cranmer, entre otros códigos con las tecnologías aplicables para la lectura y escritura.
Educación Especial: Autismo	•Educación Especial: Autismo	•Educación Especial: Autismo*	No Aplica	* La concentración menor tiene que incluir: 1. Tres (3) créditos en los métodos de comunicación del estudiante con autismo. 2. Tres (3) créditos en aspectos sicosociales del estudiante con autismo. 3. Tres (3) créditos en cursos de metodología y currículo, incluyendo aspectos de evaluación y evaluación alterna para estudiantes con autismo. 4. Tres (3) créditos de manejo de

			la conducta del estudiante con autismo.
Educación Especial para la Educación Temprana	•Educación Especial para la Educación Temprana	•Educación Temprana*	No aplica * Para la ruta de recertifica-ción se podrá considerar la siguiente alternativa: 1. Certificado Regular de Maestro de Educación Temprana. 2. Concentra-ción menor en Educación Especial, que incluya un curso de la Metodología de la Enseñanza en el área de recertificación.
Educación Física Adaptada (K-12)	•Educación Física Adaptada	•Educación Física Adaptada*	No aplica * Para la ruta de recertificación se podrá considerar la siguiente alternativa: 1. Certificado Regular de Maestro de Educación Física. 2. Concentración menor en Educación Especial, que incluya un curso de Metodología de la Enseñanza en el área de recertificación.
Principios de Educación en Tecnología en Educación Especial (antes Artes	•Exploración Ocupacional en Educación Especial de Educación en Tecnología	•Educación en Tecnología*	No aplica * Para la ruta de recertificación se podrá considerar la siguiente alternativa: 1. Certificado Regular de

Leyes y Reglas para los Maestros.

Industriales en Educación Especial)			Maestro en Principios de Educación en Tecnología (antes Artes Industriales). 2. Concentración menor en Educación Especial, que incluya un curso de Metodología de la Enseñanza en el área de recertificación. *Nota:* si el candidato aprueba la Metodología de la Enseñanza en Educación Especial y la Metodología de la Enseñanza de Principios de Educación en Tecnología, se podrán convalidar por el curso de Metodología de Principios de Educación en Tecnología en Educación Especial.
Educación para la Familia y el Consumidor en Educación Especial (antes Economía Doméstica en Educación Especial)	•Exploración Ocupacional en Educación Especial de Educación del Individuo en Sociedad (antes Economía Doméstica en Educación Especial)	•Educación para la Familia y el Consumidor*	No Aplica	* Para la ruta de recertificación se podrá considerar la siguiente alternativa: 1. Certificado Regular de Maestro en Educación para la Familia y el Consumidor (antes Economía Doméstica). 2. Concentración menor en Educación Especial, que incluya un curso de Metodología de la

Leyes y Reglas para los Maestros.　　　277　　　www.LexJuris.com

			Enseñanza en el área de recertificación. ***Nota:*** si el candidato aprueba la Metodología de la Enseñanza en Educación Especial y la Metodología en Educación para la Familia y el Consumidor, se podrán convalidar por el curso de Metodología de Educación para la Familia y el Consumidor en Educación Especial. * Para la ruta de recertificación el maestro deberá completar la siguiente alternativa: 1. Certificado Regular de Maestro de Educación Comercial en Sistemas de Oficinas o Contabilidad. 2. Concentración menor en Educación Especial que incluya Integración de la Asistencia Tecnológica. 3. Tres (3) créditos en metodología de la enseñanza en el área de recertificación. ***Nota:*** Si el candidato aprueba la Metodología de la Enseñanza en
Educación Comercial en Educación Especial	No aplica	• Ver alternativa en columna de requisitos particulares adicionales*	No aplica

Leyes y Reglas para los Maestros. 278 www.LexJuris.com

Mercadeo en Educación Especial	No aplica	•Ver alternativa en columna de requisitos particulares adicionales*	No aplica	Educación Especial y la Metodología en Educación Comercial, se podrán convalidar por el curso de Metodología de Educación Comercial en Educación Especial. * Para la ruta de recertificación el maestro deberá completar la siguiente alternativa: 1. Certificado Regular de Maestro en Mercadeo. 2. Concentración menor en Educación Especial que incluya Integración de la Asistencia Tecnológica. 3. Tres (3) créditos en Metodología de la Enseñanza de Mercadeo en Educación Especial. *Nota:* Si el candidato aprueba la Metodología de la Enseñanza en Educación Especial y la Metodología en Educación en Mercadeo, se podrán convalidar por el curso de Metodología de Mercadeo en Educación Especial.
Educación Industrial en	No aplica	•Educación Industrial*	No aplica	* Un (1) curso de Internado Ocupacional y Certificación de

Educación Especial			Experiencia Ocupacional. Para la ruta de recertificación se podrá considerar la siguiente alternativa: 1. Certificado Regular de Maestro de Educación Industrial. 2. Concentración menor en Educación Especial, que incluya un curso de Metodología de la Enseñanza en el área de recertificación.

Artículo X. Certificados para Maestros de Programas Ocupacionales.

Estos certificados se expedirán por especialidades en los diferentes programas de Educación Ocupacional. Autorizan al poseedor para ejercer como maestro en programas ocupacionales a nivel elemental, intermedio, superior, postsecundario y de adultos. Los certificados en Artes Industriales y Economía Doméstica se denominan en este Reglamento como Maestro de Principios de Educación en Tecnología; Maestro en Educación para la Familia y el Consumidor y Maestro de Educación para la Familia y el Consumidor Ocupacional. Las categorías incluidas en este artículo deberán aprobar las Pruebas para la Certificación de Maestros (PCMAS), como requisito para obtener la certificación solicitada, conforme a la Carta Circular aprobada por el Secretario, a esos efectos.

Certificado de Maestro	Ruta Tradicional	Ruta de Recertificación	Ruta Alterna	Requisitos particulares Adicionales
	Bachillerato o Maestría en Educación con concentración o especialidad, que	Certificado Regular de Maestro y una concentración menor, que	Poseer un grado de Bachillerato, Maestría o Doctorado y haber aprobado	

	incluya Metodología de la enseñanza en la disciplina y un curso de Práctica Docente en el área a certificarse o su equivalente en:	incluya un curso de Metodología de la Enseñanza en el área de recertificación, en:	los siguientes requisitos:	
Principios de Educación en Tecnología (antes Artes Industriales)	•Educación en Tecnología	•Educación en Tecnología	1. Una (1) concentración o especialidad en Educación en Tecnología, que incluya tres (3) créditos en Metodología de la Enseñanza en el área a certificarse. 2. Quince (15) créditos en cursos de educación, que incluya los fundamentos filosóficos, sociológicos y psicológicos de la educación. 3. El curso de Práctica Docente en el área a certificarse o su equivalente.	Estos maestros atienden la fase de exploración ocupacional a nivel elemental, intermedio y superior en el área de la educación ocupacional y técnica.
Educación para la Familia y el Consumidor (antes Economía Doméstica)	•Educación para la Familia y el Consumidor o; •Ecología Familiar y Nutrición	•Educación para la Familia y el Consumidor o; •Ecología Familiar y Nutrición	1. Una (1) concentración o especialidad en educación para la Familia y el Consumidor o Ecología Familiar y Nutrición, que incluya tres (3) créditos en Metodología de la Enseñanza en el área a certificarse. 2. Quince (15) créditos en	Estos maestros atienden la fase de exploración ocupacional a nivel elemental, intermedio y superior en el área de la educación ocupacional y técnica.

Educación para la Familia y el Consumidor Ocupacional: • Artes Culinarias • Pastelería • Diseño Floral • Coordinación de Eventos y Convenciones • Servicios de Cuidado del Niño • Modista • Administración de Hoteles	No aplica	• Ver alternativa en columna de requisitos particulares adicionales*	cursos de educación, que incluya los fundamentos filosóficos, sociológicos y psicológicos de la educación. 3. El curso de Práctica Docente en el área a certificarse o su equivalente. 1. Una (1) concentración o especialidad en Educación para la Familia y el Consumidor, que incluya tres (3) créditos en metodología de la enseñanza en el área a certificarse. 2. Quince (15) créditos en cursos de educación, que incluya los fundamentos filosóficos, sociológicos y psicológicos de la educación. 3. Un (1) curso internado ocupacional en el área a certificarse o Certificación de Experiencia Ocupacional. 4. Un (1) curso de Práctica Docente en Ecología Familiar y Nutrición Ocupacional o su equivalente.	* La ruta de recertificación requiere: 1. Certificado Regular de Maestro en Educación para la Familia y el Consumidor. 2. Curso Internado Ocupacional o Certificación de Experiencia Ocupacional en el área de especialidad a certificarse. Esta certificación tiene que ser expedida por una Institución debidamente reconocida por el Estado.
Educación Comercial en:	•Educación Comercial en Administración de Sistemas	• Educación Comercial con concentración o	1. Una especialidad o concentración en	Las rutas: tradicional, de recertificación y alterna

• Administración de Sistemas de Oficina • Contabilidad	de Oficina o Educación Comercial en Contabilidad	especialidad en Administración de Sistemas de Oficina o Contabilidad, que incluya tres (3) créditos de Metodología de la Enseñanza del Teclado de la Computadora y tres (3) créditos de metodología de la enseñanza en el área a certificarse.	Administración de Sistemas de Oficina o Contabilidad, que incluya tres (3) créditos de Metodología de la Enseñanza del Teclado de la Computadora y tres (3) créditos de metodología de la enseñanza en el área a certificarse. 2. Quince (15) créditos en cursos de educación, que incluya los fundamentos filosóficos, sociológicos y psicológicos de la educación. 3. Un (1) curso de Práctica Docente en Administración de Sistemas de Oficina o Contabilidad o su equivalente.	requieren la aprobación de un (1) curso de internado ocupacional en Administración de Sistemas de Oficina o Contabilidad o una Certificación de Experiencia Ocupacional. Para las rutas: tradicional, de recertificación y alterna deberán tomar y aprobar una prueba de destrezas técnicas administrada por el Programa. Este requisito sólo aplica para el Certificado de Educación Comercial: Administración de Sistema de Oficina.
Educación en Mercadeo	No aplica	•Mercadeo*	1. Bachillerato, Maestría o Doctorado en Administración de Empresas o Comercial y una concentración o especialidad en Mercadeo. 2. Dieciocho (18) créditos en cursos de educación, que incluya los fundamentos filosóficos, sociológicos y	* La ruta de recertificación requiere: 1. Certificado Regular de Maestro de Nivel Secundario. 2. Un (1) curso de Internado Ocupacional o Certificación de Experiencia Ocupacional en el área a certificarse.

		psicológicos de la educación y tres (3) créditos de metodología de la enseñanza en el área a certificarse. 3. Un (1) curso de Práctica Docente en Educación en Mercadeo o su equivalente. 4. Un (1) curso de Internado Ocupacional o Certificación de Experiencia Ocupacional.	3. Seis (6) créditos en Fundamentos de Educación Vocacional.
Educación en Mercadeo Con Especialidad en Hospitalidad y Turismo	No aplica	•Ver alternativa en columna de requisitos particulares adicionales* 1. Concentración en Hospitalidad y Turismo. 2. Dieciocho (18) créditos en cursos de educación que incluya los fundamentos filosóficos, sociológicos y psicológicos de la educación y tres (3) créditos de metodología de la enseñanza en Educación en Mercadeo. 3. Un (1) curso de práctica docente en Educación en Mercadeo o su equivalente. 4. Un (1) curso de internado ocupacional en el área a certificarse o Certificación de Experiencia Ocupacional. Esta certificación tiene que ser expedida por una	* La ruta de recertificación requiere: 1. Certificado Regular de Maestro de Educación en Mercadeo. 2. Concentración menor en Hospitalidad y Turismo. 3. Un curso de Internado Ocupacional o Certificación de Experiencia Ocupacional en el área a certificarse. Esta certificación tiene que ser expedida por una Institución debidamente reconocida por el Estado.

Educación Industrial:	Educación Industrial	•Educación Industrial*	Institución debidamente reconocida por el Estado.	* La ruta de recertificación requiere poseer un certificado regular de maestro de nivel secundario.
A. Conllevan Junta Examinadora: •Dibujo Arquitectónico (Delineante) •Plomería •Electricidad •Refrigeración y Acondicionadores de Aire • Cosmetología • Barbería y Estilismo • Electrónica • Colisión Automotriz • Mecánica de Automóvil • Mecánica de Maquinaria Pesada • Mecánica de Motores • Electromecánica de Automóvil B. No conllevan Junta Examinadora • Diseño Gráfico • Carpintería			1. Concentración en Educación Industrial, que incluya un (1) curso de metodología de la enseñanza en el área a certificarse. 2. Quince (15) créditos en cursos de educación, que incluya los fundamentos filosóficos, sociológicos y psicológicos de la educación. 3. Un (1) curso de Práctica Docente en el área a certificarse o su equivalente. 4. Certificación de Experiencia Ocupacional en el área a certificarse	Las rutas: tradicional, de recertificación y alterna requieren: • Licencia vigente de la Junta Examinadora correspondiente en el caso de ocupaciones reglamentadas por ley y estar debidamente colegiado. En el caso del maestro de Refrigeración y Acondicionadores de Aire, deberá poseer licencia correspondiente a nivel federal (EPA) • Certificación de Experiencia Ocupacional en el área a certificarse.

• Mantenimiento y Reparación de Edificios • Tapicería y Talabartería • Ebanistería • Corte y Soldadura • Mecánica de Láminas de Metal • Mecánica Herramentista • Corte, Diseño y Confección de Ropa • Mecánica de Motores Pequeños		
Educación Agrícola – No Ocupacional	No aplica	No aplica	1. Doctorado, Maestría o Bachillerato en Ciencias Agrícolas. 2. Nueve (9) créditos en cursos de Educación Agrícola, que incluya, un curso de Metodología de la Enseñanza en Ciencias Agrícolas. 3. Un (1) curso de Práctica Docente en Educación Agrícola o su equivalente. 4. Licencia de Agrónomo expedida por la Junta Examinadora de Agrónomos, estar debidamente colegiado y tener las cuotas al día.

Educación Agrícola Ocupacional: • Técnico en Mecánica Agrícola • Horticultura Ornamental • Industrias Pecuarias • Conserva-ción de Recursos Naturales • Procedimien-to y Elabora-ción de Productos Agrícolas • Producción Agrícola General • Jardinería Paisajista • Mantenimiento de Campos de Golf • Floristería	No aplica	No aplica	1. Doctorado, Maestría o Bachillerato en Ciencias Agrícolas. 2. Quince (15) créditos en cursos de Educación Agrícola, que incluya • un curso de Metodología de la Enseñanza en Ciencias Agrícolas. • un (1) curso en Seguridad Agrícola. 3. Nueve (9) créditos en el área a certificarse. 4. Un (1) curso de Práctica Docente en Educación Agrícola o su equivalente. 5. Un (1) curso de Internado Ocupacional o un total de doscientas cuarenta (240) horas en una experiencia ocupacional en el área a certificarse. 6. Licencia de Agrónomo expedida por la Junta Examinadora de Agrónomos, estar debidamente colegiado y tener las cuotas al día.
Cursos Especializados en Manteni-miento Técnico Aeronáutico	• Educación Industrial	No aplica	1. Doctorado, Maestría o Bachillerato en Gerencia de Mantenimiento en Aviación. Para las rutas tradicional y alterna se requiere:

Ofrecerá cursos especializados en Técnicas de Mantenimiento Aeronáutica, de acuerdo con las reglamentaciones de la Administración Federal de Aviación	No aplica	2. Quince (15) créditos en educación que incluyan los fundamentos filosóficos, sociológicos y psicológicos de la educación. 3. Un (1) curso de práctica docente en el área a certificarse o su equivalente.	• Estar graduado de una escuela de mantenimiento aeronáutico certificada por la Administración Federal de Aviación (FAA, por sus siglas en inglés). • Licencia vigente de la Administración Federal de Aviación como Mecánico de Aviación, Motores y Estructuras *(A&P Mechanic)* y demostrar que nunca ha tenido violaciones o penalidades *(Blue Ribbon Package)*. • Tres años o más de experiencia en la industria a jornada completa certificada por el Programa.
Ocupaciones Relacionadas con la Salud	No aplica	1. Bachillerato, Maestría o Doctorado en Ciencias de Enfermería. 2. Concentración en Educación Industrial o especialidad en Educación Ocupacional, que incluya la metodología de la enseñanza en Educación Ocupacional. 3. Certificación de Experiencia Ocupacional.	

			4. Licencia vigente de la Junta Examinadora de Enfermería.
Ocupaciones relacionadas con la Salud: Asistente Dental	No aplica	No aplica	1. Bachillerato, Maestría o Doctorado en Ciencias de la Salud. 2. Concentración en Educación Industrial o especialidad en Educación Ocupacional, que incluya la metodología de la enseñanza en Educación Ocupacional. 3. Certificado de Asistente Dental otorgado por una Institución debidamente reconocida por el Estado. 4. Certificación de Experiencia Ocupacional. 5. Licencia vigente de la Junta Examinadora de Asistente Dental.
Ocupaciones relacionadas con la Salud: Técnico de Farmacia	No aplica	No aplica	1. Bachillerato, Maestría o Doctorado en Ciencias de la Salud. 2. Concentración en Educación Industrial o especialidad en Educación Ocupacional, que incluya la metodología de la enseñanza en Educación Ocupacional.

			3. Certificado de Técnico de Farmacia otorgado por una Institución debidamente reconocida por el Estado. 4. Certificación de Experiencia Ocupacional. 5. Licencia vigente de la Junta Examinadora de Farmacia.
Ocupaciones relacionadas con la Salud: Técnico de Emergencias Médicas - Paramédico	No aplica	No aplica	1. Bachillerato, Maestría o Doctorado en Enfermería o en Ciencias de la Salud. 2. Concentración en Educación Industrial o especialidad en Educación Ocupacional, que incluya la metodología de la enseñanza en Educación Ocupacional. 3. Certificado de Paramédico otorgado por una Institución debidamente reconocida por el Estado. 4. Certificación de Experiencia Ocupacional. 5. Licencia vigente de la Junta Examinadora de Emergencias Médicas - Paramédico.

Artículo XI. Certificados para Maestros de Programa Montessori.
Autorizan al poseedor para ejercer como maestro en el Programa de Educación Montessori en los niveles preescolar, elemental, intermedio y superior. Las categorías incluidas en este Artículo deberán aprobar las Pruebas para la Certificación de Maestros (PCMAS), como requisito para obtener la certificación solicitada, conforme a la Carta Circular aprobada por el Secretario a esos efectos. Además, se incluye la certificación para poder laborar como Director de Escuela Montessori. La institución universitaria que ofrece el grado y los cursos tiene que estar afiliada a la Asociación Montessori Internacional (AMI) o a la American Montessori Society (AMS).

Certificado de Maestro	Ruta Tradicional	Ruta de Recertificación	Ruta de Alterna
	Bachillerato o Maestría en Educación con concentración o especialidad, que incluya Metodología de la Enseñanza en la disciplina y un curso de Práctica Docente en el área a certificarse o su equivalente en:	Certificado regular de maestro y aprobar los siguientes cursos en educación Montessori:	Poseer un grado de Bachillerato, Maestría o Doctorado y haber aprobado los siguientes requisitos:
Montessori Infantes y Andarines (0-3 años)	•Montessori (0-3 años)	• Filosofía Montessori; • Observación del niño; • Diseño y manejo del ambiente Montessori para el infante y el andarín; • Diseño del currículo para niños de 0 a 3 años de edad: 　*Sensorial 　*Lenguaje 　*Vida práctica e independencia • Literatura infantil; • Música y arte; • Neurología del aprendizaje; o • Poseer el Certificado de Guía Montessori (0-3 años) emitido por una institución afiliada a la	• Veinticuatro (24) créditos en Educación Montessori o el Certificado de Guía Montessori (0-3 años); • Quince (15) créditos básicos en educación que incluya los fundamentos filosóficos, sociológicos y psicológicos de la educación; • Un (1) curso de Práctica Docente en un ambiente Montessori de 0-3 años.

		AMI o AMS.	
Montessori Casa del Niño: (3-6 años)	• Montessori (3-6 años)	• Filosofía Montessori; • Lenguaje y cultura del niño de 3 a 6 años; • La vida práctica y el desarrollo de los sentidos y la independencia; • Área sensorial; • Las matemáticas y el niño de 0 a 6 años; • Los estudios culturales; • Observación y avalúo; • Diseño y manejo del ambiente Montessori; • Literatura infantil; • Música, arte y teatro o movimiento; • Neurología del aprendizaje; o • Poseer el Certificado de Guía Montessori (3-6 años) emitido por una institución afiliada a la AMI o AMS.	•Veinticuatro (24) créditos en Educación Montessori o el Certificado de Guía Montessori (3-6 años); •Quince (15) créditos básicos en educación que incluya los fundamentos filosóficos, sociológicos y psicológicos de la educación; •Un (1) curso de Práctica Docente en un ambiente Montessori de 3-6 años.
Montessori Elemental: 6-9 años	• Montessori (6-9 años)	•Historia de la niñez; •Filosofía Montessori; •Contenido y metodología Montessori en la enseñanza de: *Matemáticas que incluya conceptos de Geometría; *Lenguaje (lecto-escritura); *Sensorial; *Geografía e Historia; *Educación Física; *Artes, Música, Teatro o Movimiento; *Vida práctica; *Investigación; • Observación y avalúo; • Diseño, preparación y manejo del ambiente Montessori; • Literatura Infantil; • Neurología del aprendizaje; o • Poseer el Certificado de Guía Montessori (6-9 años) emitido por una	•Veinticuatro (24) créditos en Educación Montessori o el Certificado de Guía Montessori (6-9 años); •Quince (15) créditos básicos en educación que incluya los fundamentos filosóficos, sociológicos y psicológicos de la educación; •Un (1) curso de Práctica Docente en un ambiente Montessori de 6-9 años.

		institución afiliada a la AMI o AMS.	
Montessori Elemental: 9-12 años	•Montessori (9-12 años)	•Filosofía Montessori; •Metodología Montessori; •Contenido y metodología Montessori en la enseñanza de: *Matemáticas que incluya conceptos de geometría; *Lenguaje (lecto-escritura, gramática y ortografía); *Geografía e Historia; *Artes, Música, Teatro o Movimiento; • Observación y avalúo; • Diseño, preparación y manejo del ambiente Montessori; • Neurología del aprendizaje; o • Poseer un Certificado de Guía Montessori (9-12 años) emitido por una institución afiliado a la AMI o AMS.	•Veinticuatro (24) créditos en Educación Montessori o el Certificado de Guía Montessori (9-12 años); •Quince (15) créditos básicos en educación que incluya los fundamentos filosóficos, sociológicos y psicológicos de la educación; •Un (1) curso de Práctica Docente en un ambiente Montessori de 9-12 años.
Montessori Casa del Joven: 12-17 años	•Montessori (12-17 años)	• Psicología y desarrollo del adolescente; • Neurología del aprendizaje; • Filosofía Montessori y teorías de la educación; • Currículo Montessori escuela secundaria; • Metodología: seminario socrático, aprendo trabajando; • Pedagogía del lugar; • Estructura y organización Montessori; • Avalúo del joven; • Diseño y manejo del ambiente Montessori; • Literatura; • Música, arte y teatro o movimiento;	•Veinticuatro (24) créditos en Educación Montessori o el Certificado de Guía Montessori (12-17 años); •Quince (15) créditos básicos en educación que incluya los fundamentos filosóficos, sociológicos y psicológicos de la educación; •Un (1) curso de Práctica Docente en un ambiente Montessori de 12-17años.

Certificado	Preparación Académica	Otros Requisitos Adicionales
	• Investigación educativa para maestros Montessori; o • Poseer el Certificado de Guía Montessori (12-17 años) emitido por una institución afiliada a la AMI o AMS.	

Director de Escuela Montessori (K-12)	• Maestría o Doctorado en Administración y Supervisión Escolar o;
	 • Maestría o Doctorado en Liderazgo Educativo o;
	 • Maestría o Doctorado en Gerencia y Liderazgo Educativo o;
	 • Maestría o Doctorado y una especialidad en Administración y Supervisión Escolar; o Liderazgo Educativo o Gerencia Escolar.
		1. Certificado Regular de Maestro.
		 2. Cinco años de experiencia como maestro.
		 3. Práctica supervisada como director.
		 4. Aprobar los siguientes cursos Montessori:
		   a. Historia de la niñez
		   b. Montessori: filosofía y metodología
		   c. El Currículo Montessori (todos los niveles)
		   d. Liderazgo educativo en la escuela Montessori
		   •Observación y avalúo
		   •Diseño del ambiente Montessori
		   •Organización para el niño/joven
		   •Cultura de paz
		   •Formación de comunidad de trabajo

Artículo XII. Certificados para Personal de Apoyo a la Docencia.

Estos certificados autorizan al poseedor a ejercer funciones técnicas o administrativas en el Sistema, conforme a la Ley Núm. 94, supra. Las categorías incluidas en este Artículo están exentas de tomar las Pruebas de Certificación de Maestros (PCMAS). Para la ruta de recertificación contenidas en los Artículos VIII, IX, X y XI no podrá utilizarse los certificados expedidos para personal de apoyo a la docencia.

Certificados	Preparación Académica	Requisitos Adicionales
Especialista en Tecnología Educativa	•Maestría en Tecnología Educativa o; •Maestría en Educación y una especialidad en Tecnología Educativa.	1. Certificado Regular de Maestro. 2. Dos (2) años de experiencia como maestro en la sala de clases o como Maestro Recurso en el Uso de la

		Computadora.
Trabajador Social Escolar	•Bachillerato o Maestría con concentración o especialidad en: •Trabajo Social o; •Bienestar Social	1. Licencia vigente de la Junta Examinadora correspondiente y estar debidamente colegiado. 2. Nueve (9) créditos en fundamentos filosóficos, sociológicos y psicológicos de la educación.
Consejero Escolar	•Maestría en Consejería Educativa o Consejería Escolar o; •Maestría en Orientación y Consejería o en Consejería que incluya nueve (9) créditos en consejería educativa y un curso de internado o práctica docente en un escenario escolar o su equivalente.	1. Licencia vigente de la Junta Examinadora correspondiente y estar debidamente colegiado.
Especialista en Currículo*	•Maestría o Doctorado en Currículo o Currículo y Enseñanza o; •Maestría o Doctorado y una especialidad en Currículo o Currículo y Enseñanza	1. Certificado Regular de Maestro en el programa o asignatura. 2. Quince (15) créditos graduados en la asignatura o programa donde posee el *Se expedirá por asignaturas o programas donde el aspirante posea certificado regular.
Especialista en Investigaciones docentes	•Maestría o Doctorado en Educación con especialidad en Investigación Educativa o; •Maestría o Doctorado en Educación y una especialidad en Investigación Educativa.	
Especialista en Investigaciones de Educación Especial	• Maestría o Doctorado en Educación con especialidad en Educación Especial o; • Maestría o Doctorado en Educación y una especialidad en Educación Especial.	1. Certificado Regular de Maestro de Educación Especial. 2. Tres (3) años de experiencia en investigaciones relacionadas a los servicios y procedimientos de educación especial.
Evaluador de Educación Especial	•Maestría o Doctorado en Educación con especialidad en Educación Especial o; •Maestría o Doctorado en Educación y una especialidad en Educación Especial.	1. Certificado Regular de Maestro de Educación Especial. 2. Dos (2) años de experiencia como Maestro de Educación Especial.

Coordinador de Programas Ocupacionales	No aplica	1. Certificado Regular de Maestro de un Programa de Educación Industrial. 2. Cinco (5) años de experiencia como Maestro de un Programa de Educación Industrial.

Artículo XIII. Certificados para Personal Docente Administrativo

Autorizan al poseedor para ejercer funciones administrativas y de supervisión en el Sistema, conforme a la Ley Núm. 94, supra.

Certificados	Preparación Académica	Requisitos Adicionales
Director Escolar (K-12) (Para ejercer como director en las escuelas elementales y secundarias académicas)	•Maestría o Doctorado en Administración y Supervisión Escolar o Liderazgo Educativo o Gerencia y Liderazgo Educativo o; •Maestría o Doctorado y una especialidad en Administración Supervisión Escolar o Liderazgo Educativo o Gerencia y Liderazgo Educativo.* *NO se podrán convalidar créditos medulares por los de especialidad.	1. Certificado Regular de Maestro de Programas Académicos (Art. VIII), Educación Especial (Art. IX), Principios de Educación en Tecnología (Artes Industriales), Educación para la Familia y el Consumidor (Economía Doméstica), Programas y Montessori (Art. XI), Consejero Escolar y Trabajo Social Escolar. 2. Curso de Práctica Supervisada como Director Escolar o su equivalente. 3. Cinco (5) años de experiencia como Maestro de la sala de clases.
Director de Escuela Especializada (K-12) (Para ejercer como director en las escuelas especializadas, centros de educación de adultos y educación y especial. Se expedirá por programas o especialidad, según aplique).	• Maestría o Doctorado en Administración y Supervisión Escolar o Liderazgo Educativo o Gerencia y Liderazgo Educativo o; • Maestría o Doctorado y una especialidad en Administración y Supervisión Escolar o Liderazgo Educativo o Gerencia Liderazgo Educativo.* *NO se podrán convalidar créditos medulares por los de especialidad.	1. Certificado Regular de Maestro en el programa o especialidad en el cual solicita el certificado de Director. 2. Curso de Práctica Supervisada como Director Escolar o su equivalente. 3. Cinco (5) años de experiencia como Maestro en el programa o especialidad, según aplique. 4. Dieciocho (18) créditos a nivel graduado en la especialidad.

Director de Escuelas Ocupacionales o Director de Escuelas Ocupacionales Especializadas* *Escuela Agrícola, Escuela de Comercio y otras.	•Maestría o Doctorado en Educación Ocupacional o Administración y Supervisión Escolar o Liderazgo Educativo o Gerencia y Liderazgo Educativo o; •Maestría o Doctorado y una especialidad en Educación Ocupacional o Administración y Supervisión Escolar o Liderazgo Educativo o Gerencia y Liderazgo Educativo.** **NO se podrán convalidar créditos medulares por los de especialidad.	1. Certificado Regular de Maestro en una de las categorías de los programas ocupacionales. Para este certificado NO se considera el Certificado de Maestro en Educación en Tecnología, ni el de Maestro en Educación para la Familia y el Consumidor no ocupacional. 2. Curso de Práctica Supervisada como Director Escolar o su equivalente. 3. Cinco (5) años de experiencia como maestro en la enseñanza de cursos ocupacionales. 4. Dieciocho (18) créditos a nivel graduado en la especialidad. Este requisito aplicará solo a los aspirantes a certificarse como Director de Escuelas Ocupacionales Especializadas.
Facilitador Docente* *Se expedirán por programas.	•Maestría en la materia o programa o; •Maestría y una especialidad en la materia o Programa.	1. Una especialidad en Administración y Supervisión Escolar o Liderazgo Educativo. No se podrán convalidar créditos medulares por los de especialidad. 2. Certificado Regular de Maestro en la materia o programa correspondiente. 3. Cinco (5) años de experiencia como Maestro en la materia o programa.
Superintendente de Escuelas* *Autoriza al poseedor a ejercer como Superintendente o Superintendente Auxiliar de Escuelas en conformidad con la reglamentación	No aplica	1. Poseer un certificado de Director de Escuela. 2. Cinco (5) años de experiencia como Director Escolar.

vigente.		

Artículo XIV. Certificados para Personal Docente del Nivel Postsecundario.

Autorizan al poseedor para ejercer en los Institutos Tecnológicos de Puerto Rico o en la Escuela de Troquelaría y Herramentaje en las categorías que se mencionan. Las categorías incluidas en este Artículo están exentas de tomar las Pruebas de Certificación de Maestros (PCMAS).

Certificados	Preparación Académica	Requisitos Adicionales
Educación General en: • Español • Inglés • Matemáticas • Ciencias Sociales e Historia* • Biología • Física	• Maestría en la especialidad o; • Maestría y dieciocho (18) créditos en el área de especialidad.*	1. Un (1) año a jornada completa o dos (2) años a jornada parcial de experiencia como profesor postsecundario en la enseñanza de la asignatura con evaluaciones satisfactorias en su desempeño docente en una institución autorizada por organismos reconocidos. *Se podrán considerar las siguientes especialidades: Ciencias Sociales o Historia.
Tecnologías de Ingeniería en: • Eléctrica • Mecánica • Química • Electrónica	• Bachillerato o Maestría en la especialidad.	1. Dos (2) años de experiencia en la industria a jornada completa o tres (3) años a jornada parcial en el área técnica relacionada, certificada por la Secretaría Auxiliar • Civil de Educación Ocupacional y Técnica. 2. Un (1) año a jornada completa o dos (2) años a jornada parcial de experiencia como profesor postsecundario en la enseñanza de la asignatura con evaluaciones satisfactorias en su desempeño docente en una institución autorizada por organismos reconocidos. 3. Licencia vigente de la Junta Examinadora correspondiente, en el caso

		de ocupaciones reglamentadas por ley y/o estar debidamente colegiado, cuando aplique.
Tecnologías de Ingeniería en: • Instrumentación	•Bachillerato o Maestría en la especialidad o; • Bachillerato o Maestría en Educación con concentración o especialidad en Educación Ocupacional o Industrial y un Certificado o Grado Asociado en Instrumentación otorgado por una institución autorizada para operar en Puerto Rico o Estados Unidos de Norteamérica o; • Bachillerato o Maestría con concentración o especialidad en Electrónica y un Certificado o Grado Asociado en Instrumentación otorgado por una institución autorizada para operar en Puerto Rico o Estados Unidos de Norteamérica.	1. Dos (2) años de experiencia en la industria a jornada completa o tres (3) años a jornada parcial en el área técnica relacionada, certificada por la Secretaría Auxiliar de Educación Ocupacional y Técnica. 2. Un (1) año a jornada completa o dos (2) años a jornada parcial de experiencia como profesor postsecundario en la enseñanza de la asignatura con evaluaciones satisfactorias en su desempeño docente en una institución autorizada por organismos reconocidos. 3. Licencia vigente de la Junta Examinadora correspondiente, en el caso de ocupaciones reglamentadas por ley y/o estar debidamente colegiado, cuando aplique.
Tecnologías de Ingeniería en: • Telecomunicaciones	•Bachillerato o Maestría en la especialidad o; •Bachillerato o Maestría en Educación con concentración o especialidad en Educación Ocupacional o Industrial y un Certificado o Grado Asociado en Telecomunica-ciones otorgado por una institución autorizada para operar en Puerto Rico o Estados Unidos de Norteamérica o; •Bachillerato o Maestría con concentración o especialidad en Electrónica y un Certificado o Grado Asociado en Telecomunicaciones otorgado por una institución autorizada para operar en Puerto Rico o Estados Unidos de Norteamérica.	1. Dos (2) años de experiencia en la industria a jornada completa o tres (3) años a jornada parcial en el área técnica relacionada certificada por la Secretaría Auxiliar de Educación Ocupacional y Técnica. 2. Un (1) año a jornada completa o dos (2) años a jornada parcial de experiencia como profesor postsecundario en la enseñanza de la asignatura con evaluaciones satisfactorias en su desempeño docente en una institución autorizada por organismos reconocidos. 3. Licencia vigente de la Junta Examinadora

		correspondiente, en el caso de ocupaciones reglamentadas por ley y/o estar debidamente colegiado, cuando aplique.
Tecnologías de Ingeniería en: •Refrigeración y Aire Acondicionado	•Bachillerato o Maestría en la especialidad o; •Bachillerato o Maestría en Educación con concentración o especialidad en Educación Ocupacional o Industrial y un Certificado o Grado Asociado en Refrigeración y Aire Acondicionado otorgado por una institución autorizada para operar en Puerto Rico o Estados Unidos de Norteamérica o; • Bachillerato o Maestría en Ingeniería Mecánica y Certificado o Grado Asociado en Refrigeración y Aire Acondicionado otorgado por una institución autorizada para operar en Puerto Rico o Estados Unidos de Norteamérica.	1. Dos (2) años de experiencia en la industria a jornada completa o tres (3) años a jornada parcial en el área técnica relacionada certificada por la Secretaría Auxiliar de Educación Ocupacional y Técnica. 2. Un (1) año a jornada completa o dos (2) años a jornada parcial de experiencia como profesor postsecundario en la enseñanza de la asignatura con evaluaciones satisfactorias en su desempeño docente en una institución autorizada por un organismos reconocidos. 3. Licencia vigente de la Junta Examinadora correspondiente, en el caso de ocupaciones reglamentadas por ley y/o estar debidamente colegiado, cuando aplique.
Tecnologías de Ingeniería en: • Biomédica	• Bachillerato o Maestría en la especialidad o; • Bachillerato o Maestría en Ingeniería Electrónica o Eléctrica con concentración o especialidad en Biomédica otorgado por una institución autorizada o; • Bachillerato o Maestría en Educación con concentración o especialidad en Educación Ocupacional o Industrial y un Certificado o Grado Asociado en Biomédica otorgado por una institución autorizada para operar en Puerto Rico o Estados Unidos de Norteamérica o; • Bachillerato o Maestría en Ingeniería Mecánica y un	1. Dos (2) años de experiencia en la industria a jornada completa o tres (3) años a jornada parcial en el área técnica relacionada certificada por la Secretaría Auxiliar de Educación Ocupacional y Técnica. 2. Un (1) año a jornada completa o dos (2) años a jornada parcial de experiencia como profesor postsecundario en la enseñanza de la asignatura con evaluaciones satisfactorias en su desempeño docente en una institución autorizada por organismos reconocidos.

	Certificado o Grado Asociado en Biomédica otorgado por una institución autorizada para operar en Puerto Rico o Estados Unidos de Norteamérica.	3. Licencia vigente de la Junta Examinadora correspondiente, en el caso de ocupaciones reglamentadas por ley y/o estar debidamente colegiado, cuando aplique.
Ciencias de la Salud: *Enfermería	• Bachillerato o Maestría en Ciencias de Enfermería.	1. Dos (2) años de experiencia en la industria a jornada completa o tres (3) años a jornada parcial en el área técnica relacionada certificada por la Secretaria Auxiliar de Educación Ocupacional y Técnica. 2. Un (1) año a jornada completa o dos (2) años a jornada parcial de experiencia como profesor postsecundario en la enseñanza de la asignatura con evaluaciones satisfactorias en su desempeño docente en una institución autorizada por organismos reconocidos. 3. Licencia vigente de la Junta Examinadora correspondiente, en el caso de ocupaciones reglamentadas por ley y/o estar debidamente colegiado, cuando aplique.
Ciencias de la Salud: Tecnología *Radiológica	• Bachillerato o Maestría en Radiología o; • Bachillerato dirigido a una de las ramas de las Ciencias de la Salud y un Grado Asociado en Radiología otorgado por una institución autorizada para operar en Puerto Rico o Estados Unidos de Norteamérica.	1. Dos (2) años de experiencia en la industria a jornada completa o tres (3) años a jornada parcial en el área técnica relacionada certificada por la Secretaría Auxiliar de Educación Ocupacional y Técnica. 2. Un (1) año a jornada completa o dos (2) años a jornada parcial de experiencia como profesor postsecundario en la enseñanza de la asignatura con evaluaciones satisfactorias en su desempeño docente en una institución autorizada por

		organismos reconocidos. 3. Licencia vigente de la Junta Examinadora correspondiente, en el caso de ocupaciones reglamentadas por ley y/o estar debidamente colegiado, cuando aplique.
Artes Gráficas	• Bachillerato o Maestría en la especialidad o; • Bachillerato o Maestría en Educación con concentración o especialidad en Educación Ocupacional o Industrial y un Certificado o Grado Asociado en Artes Gráficas otorgado por una institución autorizada para operar en Puerto Rico o Estados Unidos de Norteamérica o; • Bachillerato o Maestría en Comunicaciones con concentración o especialidad en Artes Gráficas.	1. Dos (2) años de experiencia en la industria a jornada completa o tres (3) años a jornada parcial en el área técnica relacionada, certificada por la Secretaría Auxiliar de Educación Ocupacional y Técnica. 2. Un (1) año a jornada completa o dos (2) años a jornada parcial de experiencia como profesor postsecundario en la enseñanza de la asignatura con evaluaciones satisfactorias en su desempeño docente en una institución autorizada por organismos reconocidos. 3. Licencia vigente de la Junta Examinadora correspondiente, en el caso de ocupaciones reglamentadas por ley y/o estar debidamente colegiado, cuando aplique.
Administración de Empresas •Sistema Administrativos de Oficina, *Contabilidad, *Gerencia o Mercadeo	• Maestría en Administración de Empresas con especialidad en la categoría a certificarse (Sistemas Administrativos de Oficina, Contabilidad, Gerencia o Mercadeo) o; • Maestría en Educación Comercial con especialidad en la categorías a certificarse (Sistemas Administrativos de Oficina, Contabilidad, Gerencia o Mercadeo) o; • Maestría en Educación y dieciocho (18) créditos en la categoría a certificarse (Sistemas Administrativos de Oficina, Contabilidad, Gerencia	1. Dos (2) años de experiencia en la industria a jornada completa o tres (3) años a de jornada parcial en el área técnica relacionada certificada por la Secretaría Auxiliar de Educación Ocupacional y Técnica. 2. Un (1) año a jornada completa o dos (2) años a jornada parcial de experiencia como profesor postsecundario en la enseñanza de la asignatura con evaluaciones satisfactorias en su desempeño docente en una

	o Mercadeo) o;	institución autorizada por organismos reconocidos. 3. Licencia vigente de la Junta Examinadora en caso de ocupaciones reglamentadas por ley y/o estar debidamente colegiado, cuando aplique.
Tecnología en Sistemas de Información	• Bachillerato o Maestría en Sistemas de información o; • Bachillerato o Maestría en área relacionada a Ciencias de Computadoras.	1. Dos (2) años de experiencia en la industria a jornada completa o tres (3) años a jornada parcial en el área técnica relacionada, certificada por la Secretaría Auxiliar de Educación Ocupacional y Técnica. 2. Un (1) año a jornada completa o dos (2) años a jornada parcial de experiencia como profesor postsecundario en la enseñanza de la asignatura con evaluaciones satisfactorias en su desempeño docente en una institución autorizada por organismos reconocidos. 3. Licencia vigente de la Junta Examinadora correspondiente, en el caso de ocupaciones reglamentadas por ley y/o estar debidamente colegiado, cuando aplique.
Tecnología en Calidad Ambiental	• Bachillerato o Maestría en la especialidad o área relacionada.	1. Dos (2) años de experiencia en la industria a jornada completa o tres (3) años a jornada parcial en el área técnica relacionada, certificada por la Secretaría Auxiliar de Educación Ocupacional y Técnica. 2. Un (1) año a jornada completa o dos (2) años a jornada parcial de experiencia como profesor postsecundario en la enseñanza de la asignatura con evaluaciones satisfactorias en su

		desempeño docente en una institución autorizada por organismos reconocidos. 3. Licencia vigente de la Junta Examinadora correspondiente, en el caso de ocupaciones reglamentadas por ley y/o estar debidamente colegiado, cuando aplique.
Troquelería y Herramentaje	• Bachillerato o Maestría en Educación con concentración o especialidad en Educación Ocupacional o Industrial y un Certificado o Grado Asociado en Troquelería y Herramentaje otorgado por una institución autorizada para operar en Puerto Rico o en Estado Unidos de Norteamérica o; • Bachillerato o Maestría en Ingeniería Mecánica.	1. Dos (2) años de experiencia en la industria a jornada completa o tres (3) años a jornada parcial en el área técnica relacionada, certificada por la Secretaría Auxiliar de Educación Ocupacional y Técnica. 2. Un (1) año a jornada completa o dos (2) años a jornada parcial de experiencia como profesor postsecundario en la enseñanza de la asignatura con evaluaciones satisfactorias en su desempeño docente en una institución autorizada por organismos reconocidos. 3. Certificación de Adiestramiento prescrito por el Consejo de Aprendizaje de Puerto Rico o Estados Unidos de Norteamérica.

Artículo XV. Certificados para Personal Docente Administrativo del Nivel Postsecundario

Autorizan al poseedor para ejercer funciones administrativas y de supervisión en el **Instituto Tecnológico de Puerto Rico** o en la **Escuela de Troquelaría y Herramentaje.**

Certificados	Preparación Académica	Requisitos Adicionales
Director Postsecundario	• Maestría o Doctorado en Administración y Supervisión Educativa o Gerencia Educativa o Liderazgo Educativo o Gerencia y Liderazgo Educativos o;	1. Tres (3) años de experiencia a jornada completa o cinco (5) años a jornada parcial como profesor postsecundario con evaluaciones satisfactorias de

	• Maestría o Doctorado en Administración de Empresas y una especialidad en Administración y Supervisión Educativa o Gerencia Educativa o Liderazgo Educativo o Gerencia y Liderazgo Educativos o; • Maestría o Doctorado en Educación con especialidad en Gerencia de Instituciones Postsecundarias o; • Maestría o Doctorado en Educación Ocupacional y una especialidad en Administración y Supervisión.	su desempeño docente en una institución autorizada por organismos reconocidos. 2. Un (1) año de experiencia a tiempo completo o dos (2) años a jornada parcial como Director, Decano, Rector o Supervisor en una institución postsecundaria autorizada por organismos reconocidos.
Facilitador Docente Postsecundario	• Maestría o Doctorado en Administración y Supervisión Educativa o Gerencia Educativa o Liderazgo Educativo o Gerencia y Liderazgo Educativo o; • Maestría o Doctorado en Educación y dieciocho (18) créditos en Administración y Supervisión Educativa o Gerencia Educativa o Liderazgo Educativo o Gerencia y Liderazgo Educativo o; • Maestría o Doctorado en Educación Ocupacional y una especialidad en Administración y Supervisión.	1. Tres (3) años de experiencia a jornada completa o cinco (5) años a jornada parcial como profesor postsecundario con evaluaciones satisfactorias de su desempeño docente en una institución autorizada por organismos reconocidos. 2. Un (1) año de experiencia a jornada completo o dos (2) años a jornada parcial como facilitador en la Secretaría de Educación Ocupacional y Técnica o como Director, Decano, Rector o Supervisor en una institución postsecundaria autorizada por Educativo o; organismos reconocidos. 3. Poseer Certificado de Profesor del Nivel Postsecundario.
Especialista en Currículo Postsecundario	• Maestría en Currículo y Enseñanza con una especialidad en una de las áreas de Educación General o; • Maestría o Doctorado en una de las especialidades del nivel postsecundario y una especialidad en Currículo o; • Maestría en Currículo y	1. Tres (3) años de experiencia a jornada completa o cinco (5) años a jornada parcial como profesor postsecundario con evaluaciones satisfactorias de su desempeño docente en una institución autorizada por organismos reconocidos.

	Enseñanza con una especialidad en una de las categorías postsecundarias que contiene este Reglamento: 1. Tecnologías de Ingeniería 2. Ciencias de la Salud 3. Artes Gráficas 4. Administración de Empresas 5. Tecnología en Sistemas de Información 6. Tecnología en Calidad Ambiental 7. Troquelería y Herramentaje	

Artículo XVI. Certificados Para Personal de Apoyo a la Docencia del Nivel Postsecundario

Autorizan al poseedor a ejercer en el **Instituto Tecnológico de Puerto Rico o en la Escuela de Troquelaría y Herramentaje.**

Certificados	Preparación Académica	Requisitos Adicionales
Trabajador Social Postsecundario	• Maestría con especialidad en Trabajo Social o; • Bienestar Social.	1. Dos (2) años de experiencia como Trabajador Social en el nivel postsecundario a jornada completa o tres (3) años a jornada parcial con evaluaciones satisfactorias en una institución autorizada por organismos reconocidos. 2. Licencia vigente de la Junta Examinadora correspondiente y estar debidamente colegiado.
Consejero Profesional Postsecundario	• Maestría en Orientación y Consejería o; • Consejería.	1. Dos (2) años de experiencia como Consejero en el nivel postsecundario a jornada completa o tres (3) años a jornada parcial con evaluaciones satisfactorias en una institución autorizada por organismos reconocidos. 2. Licencia vigente de la Junta Examinadora correspondiente y estar debidamente colegiado.
Coordinador de Educación Técnica y Colocaciones	• Maestría o Doctorado en Educación y dieciocho (18) créditos en Recursos Humanos o; • Maestría en Administración de Empresa con una	1. Un (1) año de experiencia a jornada completa o dos (2) años a jornada parcial como profesor postsecundario con evaluaciones satisfactorias en una institución autorizada por

	especialidad en Recursos Humanos y dieciocho (18) créditos en Educación a nivel graduado.	organismos reconocidos. 2. Dos (2) años de experiencia a jornada completa o tres (3) años a jornada parcial en Recursos Humanos o como Coordinador de Programas Ocupacionales.
Bibliotecario Postsecundario	• Maestría en Biblioteco-logía o Bibliotecología e Información o Ciencias Bibliotecarias y de la Información o Tecnología de Información y Servicios Bibliotecarios o; • Maestría y una especialidad en Bibliotecología o de Bibliotecología e Información o Ciencias Bibliotecarias y de la Información o Tecnología de Información y Servicios Bibliotecarios.	1. Dos (2) años de experiencia a jornada completa o tres (3) años a jornada parcial en Ciencias Bibliotecarias y de la Información o Tecnología de una biblioteca postsecundaria o centro de acceso a la información postsecundario Información y Servicios Bibliotecarios o; de una Institución autorizada para operar. 2. Evaluaciones satisfactorias en su desempeño como bibliotecario durante los años de la experiencia presentados para su certificación.
Coordinador de Deportes y Recreación	• Bachillerato o Maestría en Educación Física o área relacionada.	1. Un (1) año de experiencia a jornada completa o dos (2) años a jornada parcial como profesor de Educación Física o coordinador de deportes en una institución postsecundaria con evaluaciones satisfactorias en su desempeño.

Artículo XVII. Certificados Para Personal Docente de Escuelas Privadas.

A. Consideraciones Generales

1. La Ley Núm. 49 de 30 de junio de 1988, que regula el establecimiento y la operación de instituciones educativas privadas de nivel preescolar, elemental, secundario o postsecundario no universitario, regula la certificación del personal docente de estas escuelas.

2. La Ley Núm. 49, supra, otorga a las escuelas privadas la libertad académica para seleccionar su cuerpo docente conforme a su filosofía.

3. El personal docente de la escuela privada podrá voluntariamente solicitar el certificado regular de maestro bajo la Ley Núm. 94, supra, conocida como "Ley de Certificación de Maestros".

4. El Secretario podrá expedir certificados provisionales por un término de tres (3) años a maestros que trabajan en escuelas privadas autorizadas para operar por un organismo reconocido en el Estado Libre Asociado de Puerto Rico al amparo de la Ley Núm. 49, supra. En estos casos el certificado provisional tendrá vigencia para la escuela privada, a nombre de la cual se expida el mismo.

5. Los requisitos generales y procesos para la solicitud y expedición de certificados provisionales para personal docente de las escuelas privadas autorizadas para operar en Puerto Rico se definen en la Ley 49, supra.

Artículo XVIII. Cláusula de Separabilidad

La declaración por un tribunal competente de que una disposición de este Reglamento es inválida, nula o inconstitucional, no afectará las demás disposiciones del mismo, las que conservarán toda su validez y efecto.

Artículo XIX. Cláusula Transitoria

El Secretario concederá tiempo adicional, que no excederá de un (1) año natural, a partir de la fecha de vigencia de este Reglamento, a todo candidato que se encuentre en el proceso de completar los requisitos establecidos en el Reglamento de Certificaciones de Personal Docente Núm. 6760 de 5 de febrero de 2004, para aprobar y evidenciar los mismos. Se dispone que esta dispensa aplique sólo en aquellos casos en que el Reglamento implique aprobación de cursos adicionales a los específicos en el Reglamento de 2004, según enmendado. En ningún caso se aplicarán ambos reglamentos en forma simultánea y parcial a un candidato para un mismo certificado.

Artículo XX. Cláusula Derogatoria

Este Reglamento deroga el Reglamento de Certificación del Personal Docente, Núm. 6760 de 5 de febrero de 2004, y cualquiera otra disposición reglamentaria que esté en conflicto con lo aquí expuesto.

Artículo XXI. Vigencia

Este Reglamento entrará en vigor inmediatamente después de su radicación en el Departamento de Estado, de conformidad con la sección 2.13 de la Ley Núm. 170 de 12 de agosto de 1988, según enmendada, conocida como "Ley de Procedimiento Administrativo Uniforme del Estado Libre Asociado de Puerto Rico". [Ahora Ley Núm. 38 de 2017, según enmendada, conocida como "Ley de Procedimiento Administrativo Uniforme del Gobierno de Puerto Rico"].

Aprobado en San Juan, Puerto Rico, a 12 de enero de 2012.

[Firma Omitida]
Edward Moreno Alondo, Ed.D.

Secretario

NOTA ACLARATORIA

Para propósito de carácter legal en relación con la Ley de Derechos Civiles del 1964, el uso de los términos maestro, director, facilitador y cualquier otro que pueda tener referencia a ambos géneros, incluye tanto el masculino como el femenino.

LexJuris de Puerto Rico
Hecho en Puerto Rico
Marzo, 2022

Made in the USA
Middletown, DE
15 October 2024